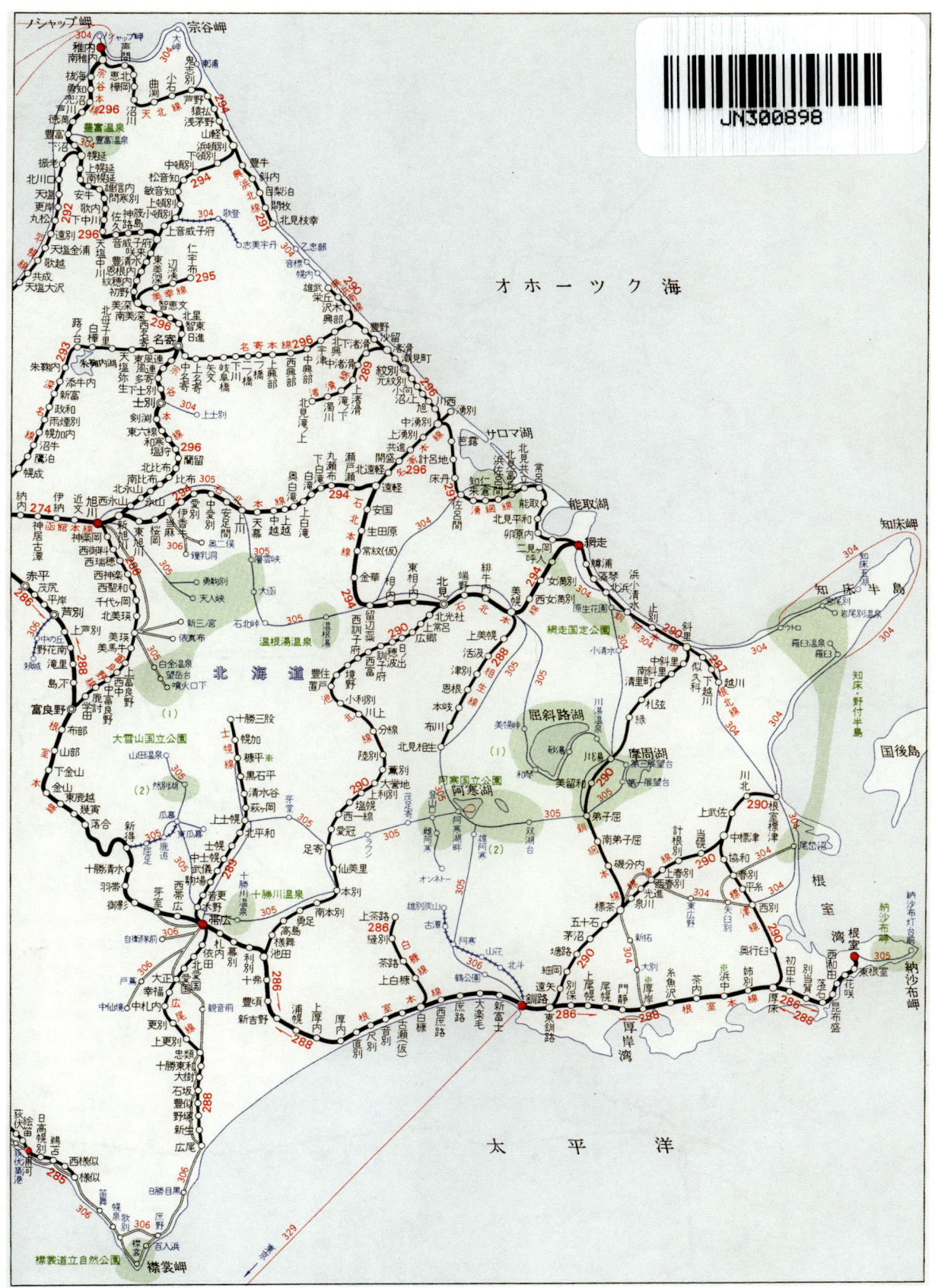

『交通公社の時刻表』1967年10月号（日本交通公社）より転載

新 鉄道廃線跡を歩く

北海道・北東北編

新 鉄道廃線跡を歩く 1
北海道・北東北編

Contents

今尾恵介の地形図でたどる廃線跡 ▶幌内線	4
天北線【音威子府～南稚内】	14
興浜北線と興浜南線【浜頓別～北見枝幸】【未成区間：北見枝幸～雄武】	20
歌登町営簡易軌道 歌登線【小頓別～歌登】幌呂線【歌登～志美宇丹】	26
美幸線【美深～仁宇布】【未成区間：仁宇布～北見枝幸】	29
名寄本線【名寄～興部】	32
鴻紋軌道【紋別～元山】	36
深名線【深川～名寄】	39
羽幌線【幌延～留萌】	44
湧網線【網走～中湧別】	50
根北線【斜里～越川】【未成区間：越川～第1幾品川橋梁】	54
標津線【厚床～中標津】【標茶～根室標津】	56
鶴居村営軌道【雪裡線：新富士～下幌呂～中雪裡】【幌呂線：下幌呂～新幌呂】	61
雄別炭礦鉄道【釧路～大祥内】	64
白糠線【白糠～北進】	68
北海道ちほく高原鉄道ふるさと銀河線【池田～北見】	72
士幌線【帯広～十勝三股】	78

『新 鉄道廃線跡を歩く』シリーズ（1～5巻）は、平成7年（1995）から15年（2003）にかけて発行された、キャンブックス『鉄道廃線跡を歩く』シリーズ（Ⅰ～Ⅹ）をベースにして、その後廃線になった路線を含めて、今回新規取材・編集したものです。各路線の本文は、既刊の『鉄道廃線跡を歩く』シリーズ各路線の文章を基に、今回新たに取材し写真はすべて撮り直して、加筆・修正を行いました。文末に記載した、■A（B）の著者名は、Bが既刊の文章の著者、Aが今回の著者を表します。路線によっては大部分をAの著者による文章を基にしているものもあります。なお、AとBが同一である場合、名前の表記は一回としました。

広尾線【帯広〜広尾】	86
根室本線旧線【新得〜狩勝信号場】【落合〜狩勝信号場】	90
函館本線旧線【近文〜神居古潭〜納内】	98
三菱鉱業芦別鉱業所専用鉄道【上芦別〜辺渓三坑】【辺渓〜油谷炭鉱】	104
三井芦別鉄道【芦別〜頼城】	108
三菱鉱業美唄鉄道【美唄〜常盤台】	112
歌志内線と函館本線上砂川支線【砂川〜歌志内】【砂川〜上砂川】	115
夕張鉄道【野幌〜夕張本町】	120
三菱鉱業大夕張鉄道【清水沢〜大夕張炭山】	126
当別町営軌道【当別〜大袋】	130
定山渓鉄道【苗穂〜東札幌〜定山渓】	134
手宮線【南小樽〜手宮】	137
函館本線旧線【比羅夫〜ニセコ〜昆布】【熱郛〜目名】【野田生〜石倉〜石屋〜桂川】	140
苫小牧港開発臨海鉄道と日高本線旧線【新苫小牧〜石油埠頭】【苫小牧〜勇払】	148
胆振線【倶知安〜伊達紋別】【京極〜脇方】	152
室蘭本線旧線【洞爺〜豊浦〜大岸〜礼文】	157
瀬棚線【国縫〜瀬棚】	162
大沼電鉄【大沼〜鹿部】	165
松前線【木古内〜松前】【未成線：松前〜江良】	168
津軽森林鉄道【青森貯木場〜蟹田貯木場〜喜良市貯木場】	171
奥羽本線旧線【大釈迦〜鶴ケ坂】【津軽湯の沢〜陣場】	174
東北本線旧線【金田一温泉〜目時】【西平内〜浅虫温泉〜青森】	179
南部縦貫鉄道と東北本線旧線【野辺地〜七戸】【旧千曳（西千曳）〜現・千曳】	184
松尾鉱業【大更〜東八幡平】	188
岩手軽便鉄道【花巻〜遠野〜仙人峠】	190
生保内林用手押軌道【神代〜夏瀬温泉付近】	194
横黒線（現・北上線）旧線【和賀仙人〜陸中川尻（現・ほっとゆだ）】	196
羽後交通雄勝線と横荘線【湯沢〜梺】【横手〜老方】	199
東北本線旧線 有壁トンネル付近【清水原〜一ノ関】	204
小坂精錬小坂線と同和鉱業花岡線【大館〜小坂】【大館〜花岡】	206
「国鉄・私鉄の廃線停車場一覧」石野 哲編	209

今尾恵介の地形図でたどる廃線跡

文・写真｜今尾恵介

幌内線

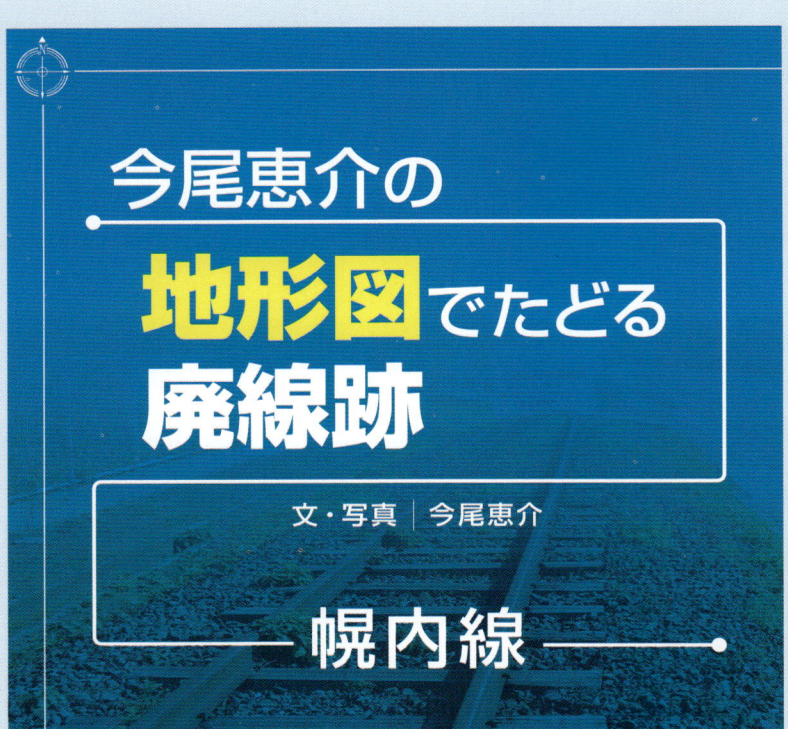

小樽港全景／北海道炭礦汽船株式会社『創立満三十年記念写真帖』（大正9年3月）より転載／所蔵：山口雅人

炭鉱が最盛期を過ぎた頃の幾春別駅付近。石炭を満載した貨車が並ぶ構内には蒸気機関車を回したターンテーブルが見える。駅前には賑やかな商店街と整然と並ぶ炭鉱住宅、右上方にはたくさんの子どもで賑わった小中学校も見える。昭和37年（1962）5月20日撮影（国土地理院 MHO 622-C 6-42）縮尺は約1：6,700

今尾恵介の地形図でたどる廃線跡

【図1】北海道庁地理課作製1：200,000「札幌」明治24年発行×1.56　幌内鉄道が幾春別まで全通した2年後。石狩平野の開拓も緒に就いたばかりの時代で、広大な森と湿地が印象的。アイヌ語由来地名の表記はSorapchiやpetなど原語の発音に近い。当時は集治監の置かれた市来知が賑わっていた。

明治22年12月に営業を開始した幌内礦の様子／北海道炭礦汽船株式会社『創立満三十年記念写真帖』（大正9年3月）より転載／所蔵：山口雅人

▲【図2】1:200,000 帝国図「札幌」昭和7年鉄道補入×1.65
明治39年に市来知・幌内・幾春別の3村が合併して三笠山村が誕生した。当時は岩見沢〜幾春別間に旅客列車が1日4往復（所要約55分）。唐松駅はまだ新しいが周囲の新炭鉱で発展した。同駅から北側にも運炭線が伸びている。

▼【図3】1:200,000 地勢図「札幌」昭和38年編集×1.65
三笠市は昭和32年（1957）の市制施行だが、当時の人口は6.1万を数えた。戦後に弥生・幌内住吉の2駅が新設され、少し減り始めたがまだ5万人台を維持していた頃である。その後は閉山で人口減少が止まらず、今では1万少々。

　幌内線は北海道で最初に敷設された鉄道である。明治13年（1880）という早い時期に小樽の桟橋駅たる手宮から札幌に至る区間を開業、2年後に幌内まで開通した。官営鉄道としてのスタートであったが、なぜ手宮〜幌内間かといえば、アメリカ人地質・鉱山学者ライマンが見立てた優良炭田の存在である。
　幌内で採れた石炭を積出港たる小樽へ運ぶのがこの鉄道の使命だったが、当初は幌内で運んだ石炭を、石狩川の支流イクシュンペッ（幾春別川）の幌向太（現幌向駅）まで鉄道で運び、そこで船に積み替える案が有力だったという。しかし石狩川でしばしば起きていた、あたり一面を沼にする激しい増

今尾恵介の 地形図でたどる廃線跡

【図4】昭和37年の三笠駅付近。分岐点の右側・幾春別方に駅があり、幌内行きの列車は一旦左側へ進んでスイッチバックしていた。幌内方は谷を遡っていくルートだが、両側に炭鉱住宅がびっしり並んでいるのがわかる。駅前から幾春別川を渡った北側が中心市街。昭和37年（1962）5月28日撮影（国土地理院 MHO 622-C8-34）縮尺は約1：9,400

水を考慮し、結局は全区間を鉄道とした。その後は北海道炭礦鉄道を経て再度国が買収、岩見沢以西の大半は函館本線となり、以東の区間が幌内線と定められた。明治42年（1909）のことである。

【図1】は幌内開業から9年後の明治24年（1891）に発行された道庁地理課作製の20万分の1地図だが、ハタザオ線（いわゆる国鉄記号）の脇に「止」とあるのが停車場の記号だ。他の記号も、以後の陸地測量部（国土地理院の前身）とほとんど違うので読みにくいが、岩見沢の「止」を出た列車は「戸」（戸長役場。今の村役場）などを過ぎて現在の函館本線から分かれ、マゴペツ、イチキルシ川を渡

って直進する。線路北側の「タプコプ山」とは後の達布山だ。タプコプという山は道内および東北地方北部に多く分布する名称で、これはぽっこり出た小山。それに達古武などの字が当てられ、場合によって単純化して達布となる。

全体にまだアイヌ語の原形をよく保った表記がこの「道庁図」の特徴だが、ローマ字表記のPoronai（幌内。ポロナイは大川の意）、Poronaiputo（幌内太）、大きな字で記された広域地名SORAPCHI（ソラプチ＝空知）などが原語に近い響きを教えてくれる。それらも時代を経るにつれて当てた漢字に影響され、読みが和風になっていく。この谷を流れる川

もIkushumpet（幾春別）であり、子音の後に母音のない表記である。ちなみにpetは川の意であり、今のように「幾春別川」などと二重の表現にはなっていない。幌内駅の読みも「ポロナイ」だったのではないだろうか。

現在の三笠市街の少し北西に市来知という小市街地があるが、ここは明治15年に空知集治監（監獄）の建設を機に移住者が増えて始まった集落で、同年末には官舎と市街を合わせて617人を擁した。無人境が多かった一帯では、ちょっとした都市である。図にも集治監の記号（自動車のハンドル型）、学校（♀に似た図形の上に×印）、神社（天秤に似た記号）

7

【図5】1：50,000「岩見沢」大正5年測図 ×1.2 当時はまだ三笠の中心市街地がなく、「集治監町」の名残の市来知に若干の市街が見られる程度だが、これに比べて炭鉱町の幾春別や幌内の発展は著しい。唐松駅はまだ設置される以前で、三笠炭坑、弥生炭坑から運炭のためのトロッコ線が伸びている。

などがひしめき、都市的景観を持っていたことがわかる。明治22年（1889）には夕張郡役所も開設された。しかし同34年に集治監が廃止されてからは急速に衰退し、その後は幌内太駅（後の三笠駅）に近い一帯が中心となった。明治39年からは三笠山村となっている。塀の中の住人が故郷を懐かしみ、裏山を奈良の三笠山に似ているとして、そう呼んだのが起源という。

幌内Poronaiには幌内炭山の文字と鉱山マークがあるが、×印は「交番」ではなく、鉱山記号と組み合わせて使われる鉱種記号。これはもちろん石炭だ。十字架印は寺である。幾春別（当初は郁春別）への線路は明治22年と古いが、炭鉱開発も早くから進み、同年に熊本県人が約900人、徳島県人約200人などが集団移住、人口は1000人を超えた。

次の【図2】は昭和7年（1932）鉄道補入版だが、萱野と唐松の2駅が加わっている。このうち唐松は大正に入って住友が幾春別川右岸（北側）の藤松沢を開発するようになってから（【図2】に石炭運搬用軌道が見える）唐松と表記されるようになり、駅は昭和4年（1929）に開業した。当初は貨物駅で、その頃に左岸で新幌内炭鉱が開発、急速に市街地となっていく。旅客扱いは翌5年からだが、駅舎は廃止23年後の今も保

今尾恵介の 地形図でたどる廃線跡

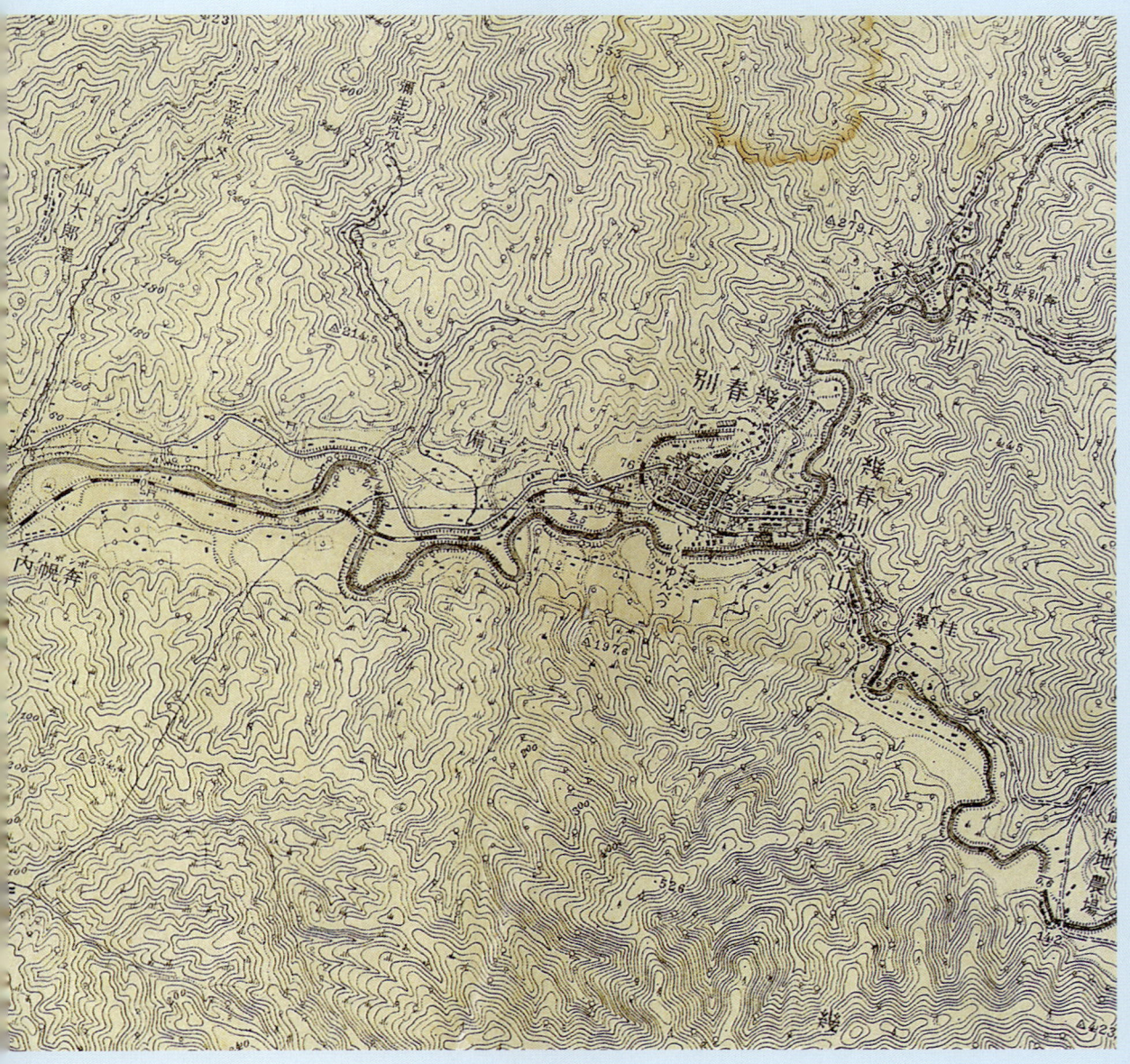

存されている。【図5】ではほとんど何もないが、その直後から新幌内炭鉱として急激に市街化。戦後に駅が新設された弥生は大正5年（1916）の採炭開始と古いが、掘り始めが3月だったので弥生の名が付いたという。今は「弥生駅跡」の記念碑が立つのみである。

分岐駅である幌内太は戦時中の昭和19年（1944）に三笠と改称されるが、三笠山村が町制施行して三笠町となったのはその2年前

であった。それにしてもこの駅は不思議な位置にある。分岐駅はふつう分岐する手前にあるが、地形図でも駅は幾春別側に分岐した先に描かれている。しかしよく立地条件を観察してみよう。線路の北側には幾春別川が迫り、南は崖だ。さらに幌内方面へ分岐するために半径約150mの急カーブが必要で、支流に沿って上るためすぐ勾配にかかるので、石炭満載の貨車を何編成も留め置くスペースは分

岐点の東側にしか確保できなかったのではないだろうか。

駅構内の様子を昭和37年（1962）の空中写真（国土地理院撮影【図4】）でよく見ると、カーブして幌内方面へ分かれる分岐点の右側に広いスペースの三笠駅があり、列車が停まっているのが見える。そんな変則的な構造だったため、三笠から幌内へ行く列車は岩見沢方向へ進み、一旦停止してから向きを変えて幌内へ、という

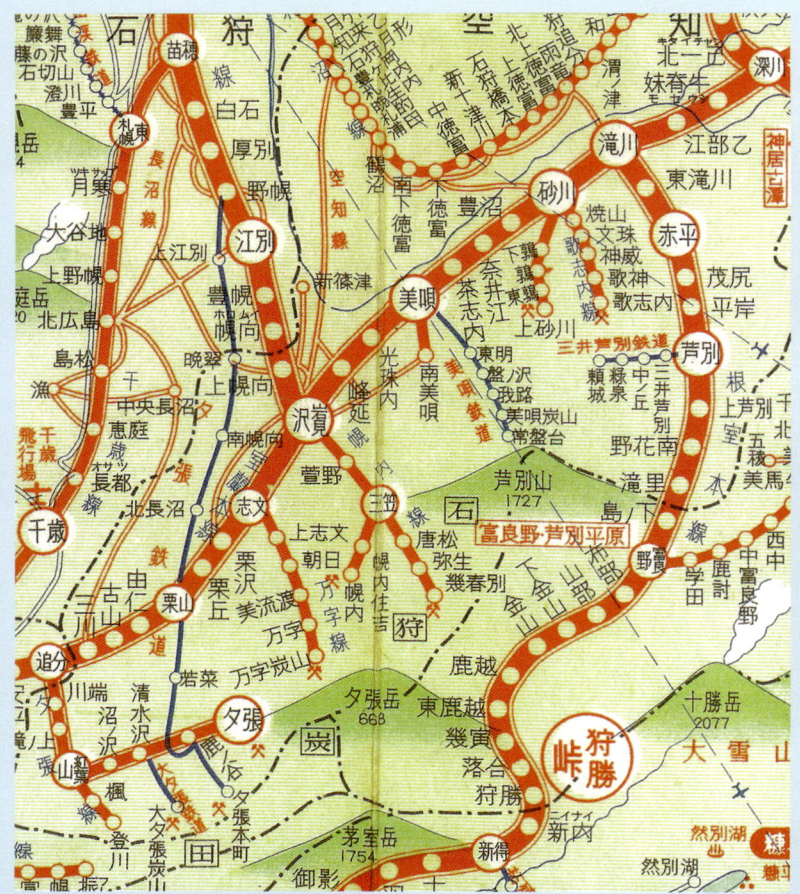

【図6】『全国旅行案内図』（観光展望社／昭和38年発行）
石狩炭田に何本もの路線が伸びていた頃。国鉄では幌内線の他に夕張線・万字線・歌志内線など、私鉄は三菱美唄・大夕張の各鉄道、三井芦別鉄道、札幌から夕張への近道だった夕張鉄道などの路線が賑わっている。これらの炭鉱線のうち現在も生き残っているのは石勝線（旧夕張線）のみだ。

駅舎が保存されている唐松駅。バス道路に面した駅舎（上）と、今も残るホーム（下）

幾春別川に面した弥生柳町の炭鉱住宅

弥生駅跡地に建てられた石碑。駅前の家は残っているが、他は跡形もない

スイッチバック運転を行っていたのである。右ページに昭和39年改正の時刻表を掲載したが、これによれば三笠〜幌内住吉間のわずか1.2kmにどの列車も7分かけている。機関車牽引の列車であるから、その折り返しもゆったりしたものだったのだろう。表定時速はわずか10.3kmにしかならない。こんな風に地形図と時刻表があれば、往時の風景を偲ぶことはできる。駅の跡地は現在、北海道の鉄道建設に尽力した米国人技師の名をとったクロフォード公園となり、キハ80系や炭車などの車両が保存されている。

分岐地点の少し南から幌内へ行ってみると、驚いたことにレールがまだ残っていた。地形図では「休止中の鉄道」は描かれるが、「廃止されてもレールのある線路」は規定がないので載せない。思えばJR北海道が昭和62年（1987）に誕生してわずか3カ月後に幌内線が廃止され、すでに23年が経った。終点・三笠駅構内には三笠鉄道村ができたが、道内で活躍した特急気動車から各種機関車、ラ

今尾恵介の **地形図でたどる廃線跡**

【図7】1:50,000「岩見沢」
　　　 昭和43年編集×1.2

各地で閉山が始まった頃だが、まだまだ今の4倍の人口を擁していた頃。同年10月にダイヤ大改正があったが、幾春別行きは10往復の列車が運転されていた。当時は幾春別から北へ入った谷間にも奔別の町が広がっていた。

昭和40年の幌内線下り時刻表

39・10・1改正	(幌内線・下り) 岩見沢―幌内 岩見沢―幾春別	キロ数	駅　名	611D	613D	615D	617		619D	621	623	625
		0.0	岩見沢発	535	719	838	932		1028	1240	1532	1646
		6.3	萱　野〃	542	731	845	942	小樽発	1044	1249	1542	1655
		10.9	三　笠着	549	737	852	950	637	1051	1257	1550	1704
			発	549'	740	853	955	849D	1055	1258	1556	1705
		14.8	唐　松〃	555	746	859	1007		1102	1307	1605	1713
		16.8	弥　生〃	559	750	903	1012		1106	1312	1610	1718
		18.1	幾春別着	602	753	906	1015		1109	1315	1613	1721
		キロ数	駅　名	723	725	727	729	731	733	735	737	739	741
		0.0	三　笠発	632	750	953	1132	1302	1429	1605	1817	2033	2227
		1.2	幌内住吉〃	639	757	1000	1139	1309	1436	1612	1824	2040	2234
		2.7	幌　内着	644	803	1005	1144	1314	1441	1617	1829	2045	2239

難読駅　幾春別(いくしゅんべつ)　唐松(とうまつ)　幌内(ほろない)

ッセル車などに至るまでの車両が、かつて石炭車が出発を待っていたであろう場所に陳列されている。麓の三笠駅跡のすぐ手前まで続くレールは、いつでも「下山」できるために残してあるかのようだ。

【図5】は昭和43年編集で、谷間の炭鉱住宅群は現在よりも密度が濃い。三笠市の人口は昭和32年（1957）のピーク時には6.1万人を超えた。図の少し前の40年でも4.8万人だった。それが今は約1万人である。炭鉱町の地形図はいずれも整然と並ぶ「炭住」が印象的だが、閉山とともに櫛の歯が欠けるように少なくなっていく。

幾春別駅跡の北東に隣接する奔別地区は最大で8千人を超え、奔別小学校の児童数は「東洋一」だったことがあるというが、一帯はすでに更地となった。炭鉱の閉山は昭和46年、坑内の深部の総合計画を図るべく昭和35年に設けられた奔別竪坑もわずか11年で用済みとなり、今は大きな廃墟となっている。駅舎は跡形もなくなった。バスの待合所と、折り返し所にしてはだだっ広いスペースが、かつて多くの炭車が往来した幾春別駅構内を偲ぶのみだが、駅がなくなっても駅前はまだ「余熱」があり、往時の賑わいを知る人たちの暮らしは今日も続いている。

【図8】1：25,000「幾春別」平成6年修正（上）と「三笠」平成6年修正×0.84

図7と比較すると、縮尺は異なるが町が全体に疎らになった。幾春別方の廃線跡は唐松駅舎などを除いて痕跡が徐々に消えつつあるが、三笠〜幌内間は今もレールが残っている。ただし地形図には表記されていない。

幾春別には岩見沢からバス路線があり、バス停にほど近い商店街の北側には炭鉱住宅が残っている

幾春別川の堤防から見た三笠市の商店街。人口が今の6倍あった頃を思い浮かべてみる

昭和35年に大深度の炭層での採掘のため建てられた奔別（ぽんべつ）立坑の大きな櫓（やぐら）。しかし11年後に閉山

今尾恵介の 地形図でたどる廃線跡

再建された幌内太（後の三笠）駅の様子。かつての姿が忠実に再現されているわけではない（上）。構内で展示されているホキ746（中）とキハ80（下）

三笠駅からすぐの分岐点付近（上・下）。ここから幌内まで錆び付いたまま線路がそのまま残されている

バス通りに沿って線路が残る。昭和33年に設置された幌内住吉駅付近から幌内方を望む

踏切も警報機こそ撤去されたものの、廃止されたそのままの姿で間もなく四半世紀を迎える

幌内駅から一段高い所にある炭鉱住宅。空き家も多いが、まだ竈の煙が立ち上っていた

13

樺太連絡鉄道の役割も担って建設された最北の鉄路
天北線【音威子府〜南稚内】

【C地点】天北峠を貫く天北トンネルは天北線唯一のトンネルだ

天北線の建設が始まったのは明治45年(1912)のこと。日露戦争の勝利によって樺太の南半分が日本の領土となり、これと連絡するために稚内までの幹線鉄道の必要性が高まった頃だ。

旭川から音威子府まで順調に延びてきた宗谷線だが、ここから稚内までの地形上、浜頓別経由のオホーツク回りか、手塩経由の日本海回りの2ルートが考えられた。この両者の誘致合戦の末、一足先に着工されたのがこの天北線なのだ。

ちなみに遅れて建設がスタートした日本海回りが現在の宗谷本線である。当初「宗谷線」と呼ばれていたオホーツク回り線はやがて昭和5年(1930)に「北見線」と改称、昭和36年(1961)に「天北線」の名前となった。

この天北線は、難工事のため順次開業を繰り返し、稚内(現・南稚内)までの全通は大正11年(1922)11月1日のことだった。路線は音威子府から天北峠を越え、いったん頓別の海岸地帯を走り鬼志別から再び宗谷丘陵を越えて稚内に向かうという、起伏の多い路線でもあった。

時は過ぎ、昭和3年(1928)の日本海回りの宗谷線開通後はローカル線の地位に甘んじていた天北線にも昭和36年(1961)からは札幌直通の急行「天北」が走り始め、当時は連日満員の盛況ぶりだったという。しかし、昭和40年代になると利用客も減少し、他のローカル線同様に廃止予定線にリストアップされる。やがて「稚内〜音威子府間に2つの鉄道路線は不要」となった時点で、天北線の命運は尽きた。

廃止はJR発足後の平成元年(1989)5月1日。全通から67年にわたって走り続けた全長148.9kmの北の長大路線が消えた。

【A地点】音威子府駅にはかつての駅のジオラマや天北線の資料も展示

（右）【B地点】ホームだけが残る上音威子府駅跡

【E地点】キャンプ場の一角にあった敏音知駅跡の碑

【D地点】天北線を越えていた敏音知の跨線橋

【F地点】敏音知岳と松音知駅舎。天北線で唯一残存する駅舎だ

今回は南側の音威子府から天北線の跡を巡ってみた。機関区のあった音威子府駅には今も広い構内が空き地として残り、地元の木材を使って建て直された音威子府駅舎の一角には「天北線記念館」が設けられ（Ⓐ）、過去の写真と共に昭和30年代の音威子府駅がジオラマで再現されている。現状と見比べるのに好都合だ。

宗谷本線に沿って北西に向かうと500mほどで線路は音威子府川を渡る。天北線は音威子府川橋梁の手前で北側に分岐していた。現在この場所は高規格道路が建設中で、一角からクマザサに覆われた築堤が伸びている。ここからは日本海側とオホーツク側を分ける分水嶺を成す天北山地に分け入った谷で、打ち捨てられた開拓地が音威子府川に沿って続く寂しい所だ。

音威子府から1つ目の駅、上音威子府（末期は臨時駅）の駅舎は廃止後も残されていたが、訪問時はすでに撤去されて、草の中にホームだけが駅跡であることを告げていた（Ⓑ）。

この上音威子府からは音威子府川の支流、天北川の谷筋に入る。築堤や擁壁として続く線路跡はこの天北線建設の最大の難所、天北峠に近づいてきた。『中頓別町史』によると「人跡未踏の付近に土留や石垣に使う石材がなく、音威子府から軽便鉄道をひいて資材を運搬。また工区全域にわたって地質不良箇所が続き、特に天北トンネルは軟弱な地質と強大な土圧に苦しみ、全長367mのすべてにレンガ積壁面とした」と書かれている。

その天北トンネルは国道275号の峠近くに残る跨線橋からうかがうことができる。大きなフキが茂る線路敷に下って200mほど歩くとトンネルの入り口だ。全長376mの天北トンネルはいささか不気味な雰囲気。内部をのぞくと煉瓦の天井はSL時代のススで黒く汚れていた（Ⓒ）。

このトンネルを含め天北線は過酷なタコ部屋労働の管理下で建設された鉄道で、全線で約4万人が動員されたといわれている。北海道庁の資料によると、タコ部屋作業員の死亡率は8％に及んだという。忘れてはならない悲惨な歴史だ。

天北線唯一のトンネル、天北トンネルの浜頓別側は国道とは離れた全くの山中で、次の駅があった小頓別までの約4kmの峠区間は深い森の中だ。ただ地元の人によると、トンネル北側には今もなおスノーシェッドが残っているという。

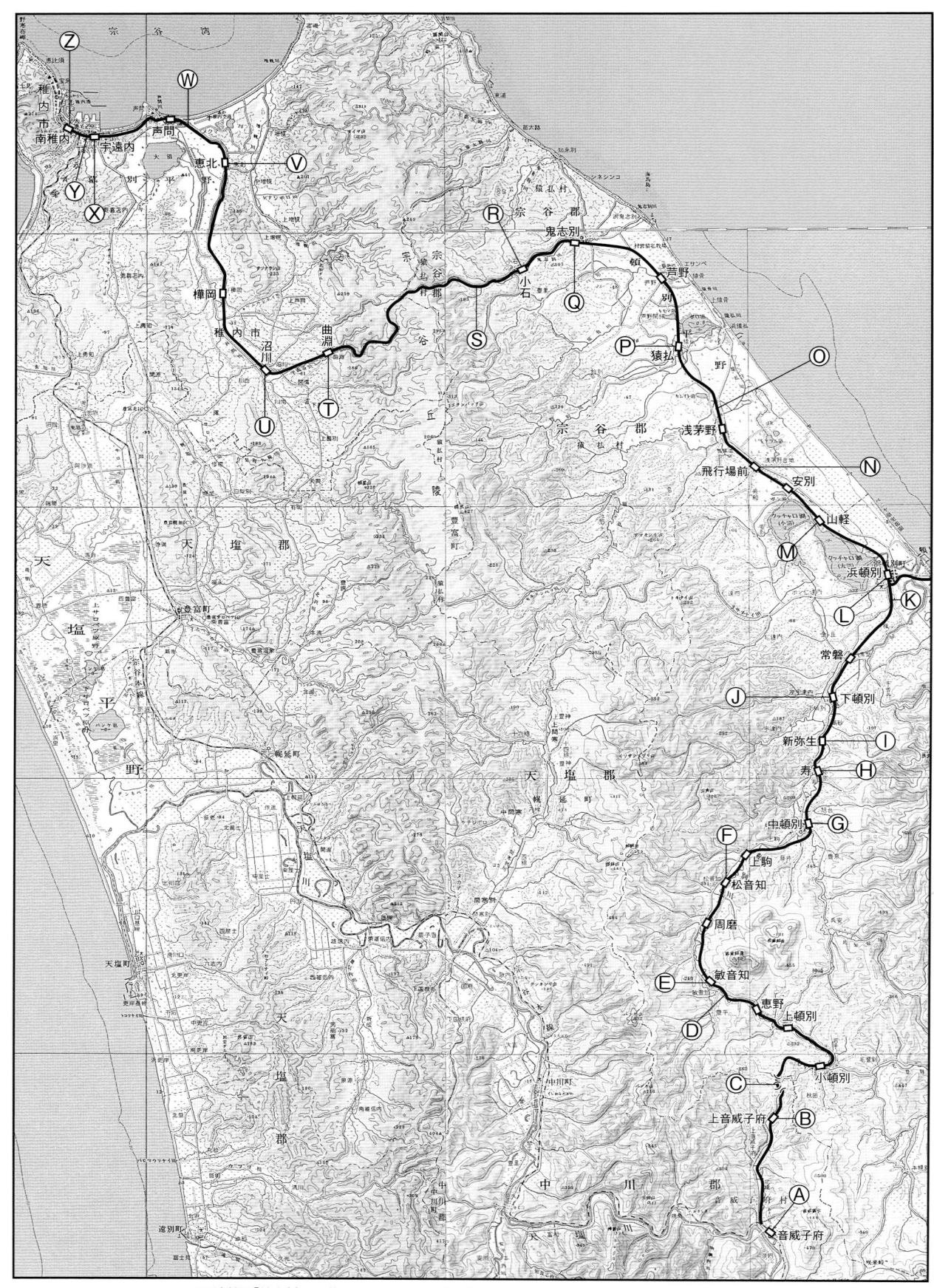

1/20万地勢図「枝幸」(H13修正、H15.3.1発行)+「稚内」(H15修正、H16.2.1発行)+「天塩」(H18編集、H21.1.1発行)×0.8

【G地点】中頓別駅に保存展示されるキハ22

【H地点】小さなガーダー橋も点在する

(右)【I地点】コンクリートのホームが残る新弥生駅

【J地点】ホームと駅名標示板だけの下頓別駅跡

(上)【K地点】軌道敷の築堤を横切る浜頓別郊外の道路　(右)【L地点】浜頓別跡のバスターミナル。ここから興浜北線も分かれていた

　かつては歌登町営簡易軌道歌登線が連絡していた小頓別駅跡はバスターミナルとなり、駅に隣接していた製材工場は今でも操業していた。線路はここから端正な姿の敏音知岳（標高703m）の西側に迂回して伸びていた。国道275号に沿った築堤や小鉄橋に名残をとどめる天北線だが、長らくライダーハウスとして利用されていた上頓別駅舎は撤去されていた。

　その先、かつて天北線をオーバークロスしていた国道の跨線橋に「天北線」の文字を見ながら行くと(D)、敏音知駅は「道の駅」に姿を変え、オートキャンプ場の一角に鉄道を記念するホームが築かれていた(E)。続く松音知駅は現役当時の姿を保っている(F)。レールや腕木式信号機も一部分残され、これらはすべて個人が所有している模様だ。沿線随一の町だった中頓別だが、市街の東側から回り込んできた線路跡は、周辺の再開発のためよく分からなくなっている。中頓別駅跡は木造のバスターミナルが建ち、廃止後に設けられた「天北線メモリアルパーク」にはキハ22が1両展示されていた(G)。

　これ以後線路跡は破壊されて目視では確認できないが、旧版地図によると自動車教習所のある寿公園から国道と離れて頓別川の東岸の原野に伸びている。やがて頓別川の支流、己内川に架かる小鉄橋(H)からはっきりと線路跡の築堤が分かるようになる。このあたりは地盤軟弱な泥炭地帯で、建設当時は盛土が一夜にして沈む「化物現場」と呼ばれて工事は難航を極めた所だ。

　ホームだけの新弥生駅や(I)、駅名標示板が残る下頓別駅(J)を過ぎると、線路跡は頓別川の下流に広がる原野の中を一直線に伸びている。やがて河岸段丘の森林を抜けた天北線の廃線跡は(K)、浜頓別市街に入っていく。大正7年(1918)、鉄道開通とともに市街地が整備された浜頓別は、駅跡の空き地からいかにも駅前通りといった商店街が続いている。

　浜頓別駅跡にあるバスターミナル(L)から伸びる天北線跡はサイクリングロードに整備され、クッチャロ湖東岸の湿原地帯に伸びている。今ではラ

【M地点】待合室も荒廃していた山軽駅

（右）【N地点】駅名標示板の枠と木製ホームだけの飛行場前駅

【O地点】サイクリングロードの橋は鉄道橋を流用

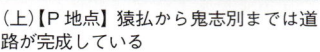

（上）【P地点】猿払から鬼志別までは道路が完成している

（右上）【Q地点】鬼志別駅跡のバスターミナルには天北線の展示も

（右）【R地点】小石駅跡に残された「望郷」の碑

　ムサール条約登録湿原を探訪する恰好の道にもなっていた。浜頓別の先の山軽駅はクッチャロ湖から離れて森を抜けた平原にあった（Ⓜ）。ホームや看板、待合小屋も残るが、周囲は無人の草むらで荒涼とした風景になっている。サイクリング専用道路となった天北線は、ここから北オホーツクの湖沼地帯を緩やかにアップダウンを繰り返しながら続いていく。

　ブロック造りの待合所が残る安別駅やホームだけになった飛行場前（戦時中近くに飛行場が建設された）（Ⓝ）、そして浅茅野駅は交流センターの裏にホームだけを残している。きれいに舗装されたサイクリングロードはそんな遺構とは無関係のように線路跡をたどっているが、浅茅野駅跡から約1km先の猿払川に堂々とした鉄道用プレートガーター橋で渡っている（Ⓞ）。ここからは森の中のルートで、あちこちに小さな沼を見ながら猿払駅跡まで続いている。サイクリングロードは猿払までで、かつての駅を思わせるものは残されてはいない。

　浜頓別と猿払間の約30kmのサイクリングロードは道北有数の湖沼地帯を貫いており、その日本離れした風景は鉄道があったときとほとんど変わっていないようだ。

　さて、猿払から先は上下2車線の立派な道路が鬼志別まで完成していた（Ⓟ）。オホーツクから内陸に入った鬼志別には駅跡にバスターミナルが設けられ（Ⓠ）、その中の一角がささやかな天北線の資料コーナーになっている。ここには廃線記念に配られたレールの一部なども展示されていた。この旧天北線には音威子府や中頓別にも鉄道記念資料室があり、沿線住民の思いがひときわ深い鉄道だったようだ。

　天北線は芦野から宗谷丘陵の山に向かって進路を変えていた。線路は道道豊富猿払船に沿った築堤となって鬼志別川を遡上していき、やがて小石駅に

【S地点】小石〜曲淵間の山越え。中央に橋が見える

【T地点】曲淵駅は「曲渕ふれあい公園」になった

【V地点】恵北駅前にあった大樹と開拓の記念碑

【U地点】沼川駅の小公園。裏手にはホームも残る

【W地点】稚内空港の端を天北線跡のクマザサの築堤が伸びる

【Y地点】右から左に天北線のラインが真っすぐ南稚内駅に向かっていた

【X地点】宇遠内駅付近は「天北通」という道に

（右）【Z地点】宗谷本線との合流点。手前の畑が天北線の跡

到達する。かつて藤田・北拓の両炭鉱があった町で、駅跡には「望郷」と書かれた地元自治会の石碑が建立されている（Ⓡ）。天北線が現役当時、この小石駅と次の曲淵駅間17.7kmが日本最長駅間として知られていたが、それはこの区間がほとんど無人の峠だったことを意味している。

小石から峠付近までの約8kmは道道が並行しているが、その先は宗谷丘陵の深い谷に入っていき、軌道跡をたどることは難しくなっている。しかし谷底に延々と伸びる線路跡を道道から望むことができた（Ⓢ）。

再び線路跡と合流できるのは曲淵に入ってからで、駅は「曲渕ふれあい公園」に姿を変えていた（Ⓣ）。曲淵もかつて炭鉱があった所で、町外れには露天掘り鉱山の跡を見ることができる。このように天北丘陵の石炭の存在も天北線のルート選定に影響したようだ。

さて天北線はここから築堤となって緩やかに下っていく。次の沼川駅は、声間川の河岸段丘にある集落の下にホームと看板だけの小公園になっていた（Ⓤ）。平地に出た天北線のラインは築堤となって畑の中に続き、樺岡駅、恵北駅（Ⓥ）と集落に駅跡を残しながら北上し、宗谷湾の直前で稚内空港の誘導燈の列を横切っている（Ⓦ）。空き地となっている声間駅跡を過ぎると次第に人家も増え、線路跡も住宅街の裏の空間となって続いている。市街地にあった宇遠内駅は跡形もなく、「天北通」という道路に変わっていた（Ⓧ）。

しかしその天北通のラインは真っすぐ南稚内駅に向かっていた。大きくカーブして南稚内に入っていく宗谷本線に対して、どちらが先に出来たかを教えるような廃線跡だった（Ⓨ・Ⓩ）。

■杉崎行恭

興浜北線・興浜南線

時代に翻弄された未完のオホーツク縦貫線

【浜頓別〜北見枝幸】　【未成区間：北見枝幸〜雄武】【雄武〜興部】

【A地点】天北線と興浜北線が分岐していた浜頓別。駅跡は規模の大きなバスターミナルに

【B地点】豊牛〜浜頓別間の海岸。廃線跡を利用して風力発電機が並ぶ

【C地点】小集落に残されていた豊牛駅舎。簡便だがしっかりとした造りの小駅舎だ

【D地点】山が迫る所に立つ斜内駅舎。まだ利用されていて建物の状態は良好だ

　北海道で赤字線の廃止ラッシュが始まる直前の昭和60年(1985)の鉄道路線図を見ると、津々浦々に巡らされた路線だけで北海道の地形に見えるほどだった。今ではとても考えられないが、昭和40年代以前は石炭や農・林・漁業の生産高で北海道のバランスシートは黒字だったという。つまり、北海道に投資すれば儲かったのである。このため鉄道も積極的に建設され、人口の割に濃密度の鉄道網が出来上がった。

　その鉄道網の右上、オホーツク沿岸を走る鉄道線が一部切れている所があった。ここが本来オホーツク海岸縦貫の興浜線となるべき北線と南線を隔てる未開業区間だった。

　この興浜線の着工は昭和8年(1933)のこと。天北線の浜頓別と名寄本線の興部という南北から建設された興浜線は、昭和10年(1935)に興部〜雄武間が開業し、興浜南線となった。また北側の浜頓別〜北見枝幸間は翌昭和11年(1936)に開業して、興浜北線と名乗るようになる。

　しかし、両者をつなぐべき50kmあまりの未成区間はその後の戦中戦後の混乱で建設が後回しになっていた。

　やがて昭和41年(1966)になって雄武方から着工、鉄道建設公団の手によ

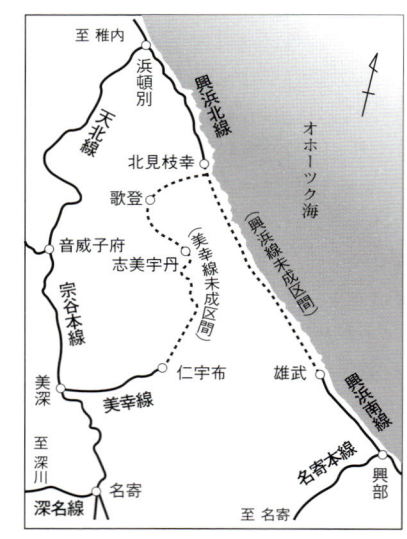

【E地点】絶景が展開する北見神威岬。灯台の下を列車は急カーブで走り抜けた

【F地点】北見神威岬から目梨泊まで勾配を下る。山肌に線路のラインが見える

り音標付近まで路盤工事が完成したところで興浜南・北線そのものが廃止の方針となり、昭和52年(1977)度で工事が凍結された。

いわゆる盲腸線として細々と走っていた興浜南・北線の廃止は、昭和60年(1985)7月のこと。北海道では相生線、渚滑線、美幸線、万字線、岩内線などが消えた年だった。

興浜北線【浜頓別～北見枝幸】

旧天北線の浜頓別駅のあった場所はバスターミナル(Ⓐ)になっていて、南北に伸びていた駅構内は、新しい道路などに整備されている。浜頓別駅を出た興浜北線は天北線と並行して南下し、町内の旭ガ丘付近で大きな曲線を描いて分岐していた。現在の興浜北線のルートは「浜頓別アメニティー公園」という緑地公園になって、頓別川を渡る前後の湿地に続いている。

その先、海岸を走る国道238号の内陸側を並行する線路跡を利用して5基の風力発機が並んでいる(Ⓑ)。興浜北線はここから終始東側にオホーツク海を見ながら走ることになる。やがて国道沿いの小集落に小駅規格の豊牛駅舎がたたずんでいた(Ⓒ)。やがて西側から山が迫ってくると前方に、斜内山道を回り込むひときわ海に突き出た北見神威岬が見えてくる。その手前には斜内駅舎が残っていた(Ⓓ)。ここも豊

F地点とほぼ同じ地点を行く49644。手前のオホーツク海は流氷で覆われている。斜内～目梨泊。昭和50年2月22日／写真：奥野和弘

牛駅と同型の駅舎だが、現在は個人が利用している様子で、ホームなどはない。以前、列車の撮影のために多くの鉄道ファンがこの斜内駅から岬まで歩いた思い出の駅だ。その神威岬は比較的平坦なオホーツク沿岸で唯一といってもいい難所で、標高400mを超す斜内山が一気に海に落ちている。線路跡は次第に山腹を走り、岬の灯台直下を急カーブする(Ⓔ)。今も道床ははっき

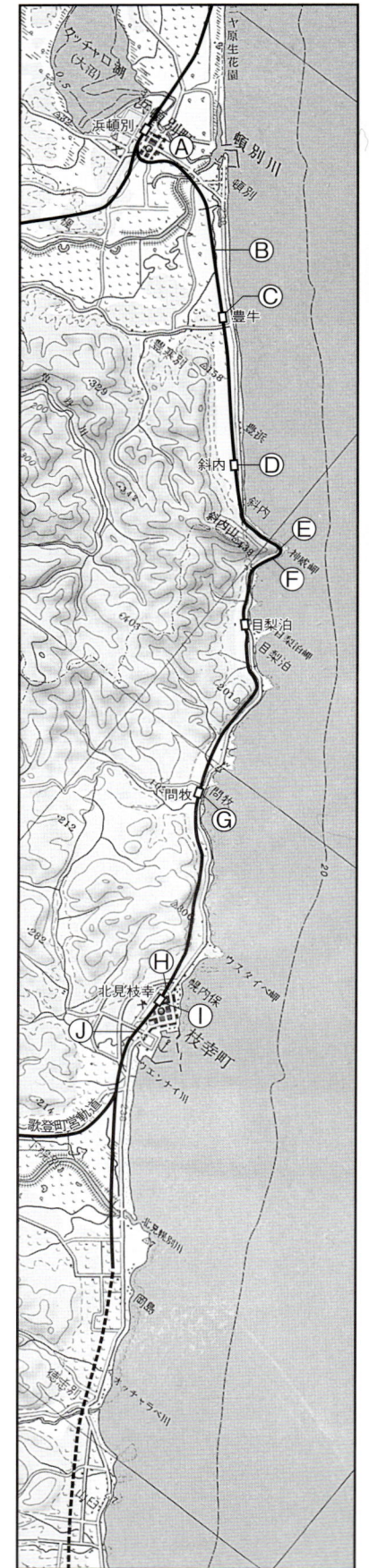

1/20万地勢図「枝幸」(H13修正、H15.3.1発行)
原寸

【G地点】コミュニティセンターになっている問牧駅跡

【H地点】北見枝幸の市街地に入ると国道の跨線橋をくぐり、道路となって続いている

【I地点】北見枝幸駅前の食堂は今も営業中、駅跡は公園になっている

りと残り、極力トンネルを避けた時代の苦労ぶりを伝えている。

そして岬の山腹に線路のラインを刻んで下ってきた線路(F)は、目梨泊の集落に空き地になった駅跡を残している。すでに枝幸町内に入った線路跡は国道の山側に断続的に築堤を残し、次の問牧駅はコミュニティセンターとなっていた(G)。再びクマザサの築堤となったラインはウスタイベの千畳敷海岸に沿って続いている。

やがて国道の跨線橋(H)をくぐり、枝幸町の市街地に入っていく線路跡は「興浜通り」という道路となり、駅跡の小公園には「北見枝幸駅跡」の碑を残している。その前にはかつての駅前食堂も残り(I)、向かい側のバスターミナルには「交通記念館」があって、興浜北線の資料を展示していた。

興浜南線【未成区間:北見枝幸～雄武】

北見枝幸の駅跡から南側にあった未成区間のラインは、市街再開発によって失われているが、枝幸中学

【J地点】枝幸中学校の南側にオープンカットされた未成区間を見ることができる

(右)【K地点】風烈布付近では、鉄道用地は牧草地の中のクマザサのラインとして続く

(下左)【L地点】音標駅になるはずだった音標緑地公園
(下右)【M地点】枝枝幸の牧草地の鉄道橋。昭和50年代に造られた頑丈なコンクリート橋だ

【N地点】開業を待つばかりだった北幌内のコンクリート橋

(左)【O地点】撤去が難しい未成線のコンクリート橋が点在する雄武町内の牧草地

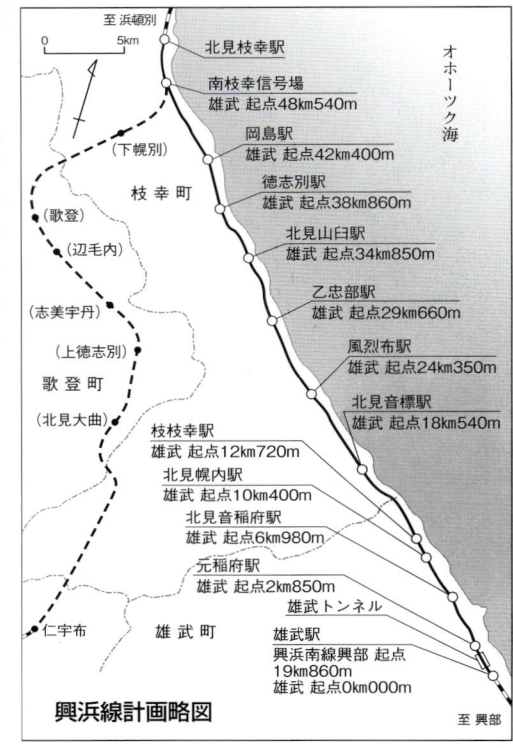

興浜線計画略図

校の前から伸びる草むした一本道が予定線跡地に造られ(J)、その先は砂利道となっていた。ただしこれは美幸線の工事のもので、この付近は興浜線としての工事は行われなかったようだ。

計画では美幸線と分岐する北見幌別川近くに南枝幸信号場を設ける予定だったが、その付近は国道バイパス工事で予定地すら分からなく

1/20万地勢図「枝幸」(H13修正、H15.3.1発行)+「名寄」(H17修正、H19.2.1発行)+「紋別」(H18編集、H20.2.1発行)原寸

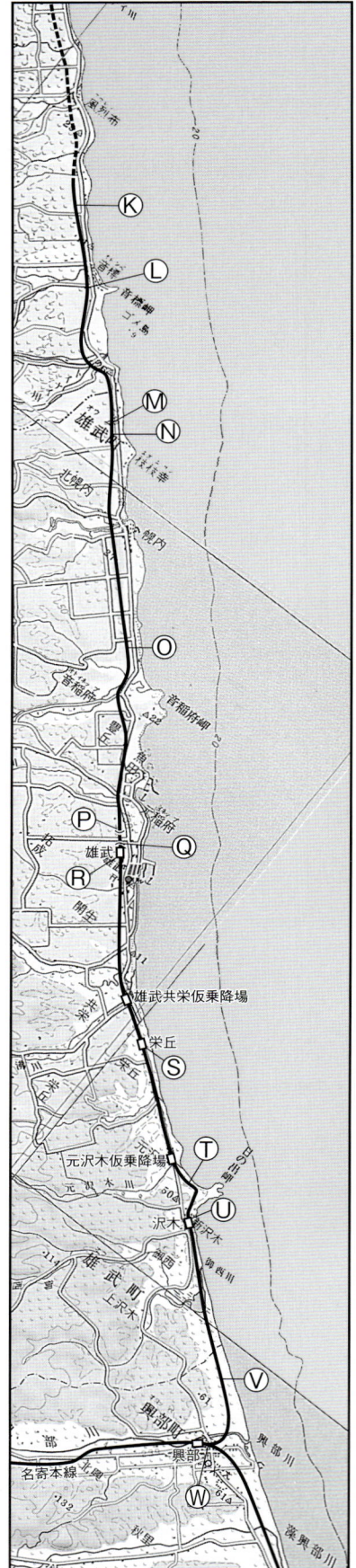

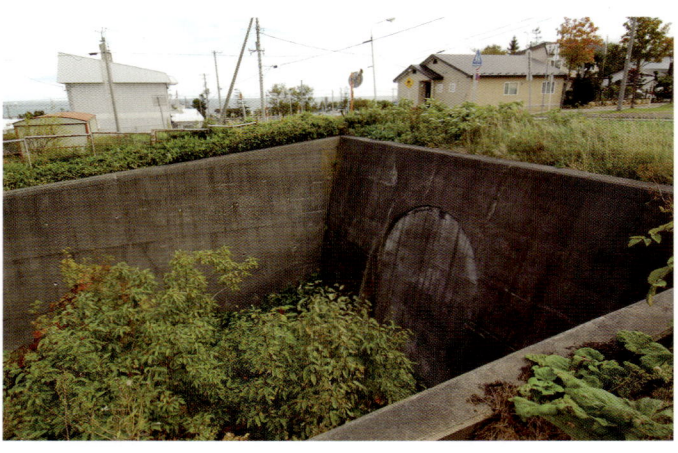

【P地点】市街地の踏切を避けるために雄武トンネルを設けていた。北の坑口は封鎖されていた

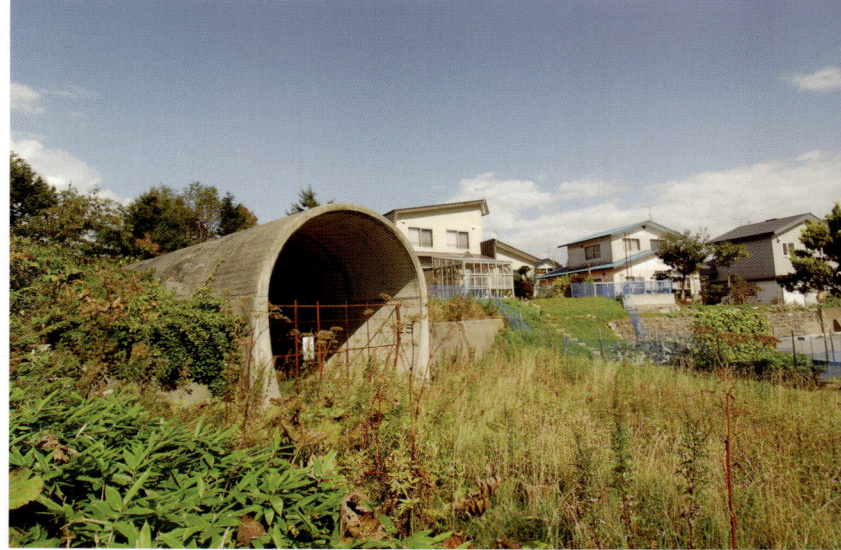

【Q地点】雄武トンネル南の坑口。ここから興浜南線の終着雄武駅は近い

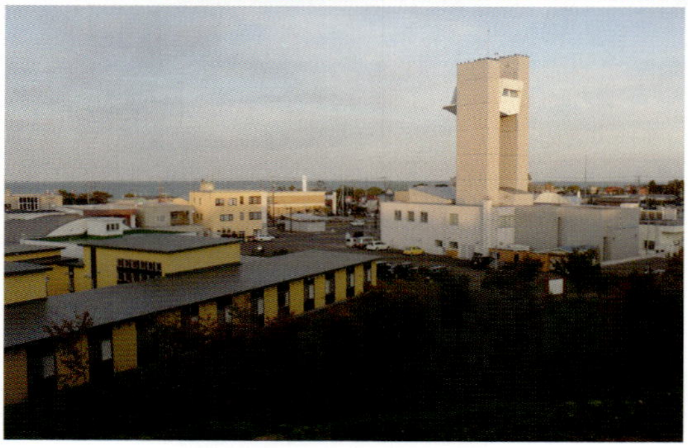

(左)【R地点】「道の駅 おうむ」になっている雄武駅跡。駅付近は新しい建物が集まっている

なっている。これより南は工事未着手の区間で、オホーツク海岸と牧草地に挟まれた街道が延々と続いている。計画では岡島、徳志別、北見山臼、乙忠部、風烈布と集落ごとに駅を設けて進むはずだった。

さて、興浜線未完成区間で最初に見た工事の跡は、音標から2kmほど北側で、特徴的な築堤が牧草地の中に残されていた。さらにそこからラインを推定した延長線上に線路用地が断続的に見え始め(Ⓚ)、この付近まで工事が進んでいたことを教えている。音標の町には北見音標駅予定地を利用した「音標緑地公園」があり(Ⓛ)、敷地まで用意して待っていた地元の無念さを見る思いがした。

さて、その先は防雪林の内側を路盤

【S地点】国鉄時代は仮乗降場だった栄丘駅跡。今はバス停があるだけだ

【T地点】日の出岬のホテルに向かう道路がかつての線路。ここも車窓絶景の地だった

【U地点】公園になっている沢木駅跡。すぐ近くには小さな漁港がある

【V地点】国道は内陸に離れ、ひとり鉄道だけが海岸を走っていた興部〜沢木間

(左)【W地点】興浜南線跡のサイクリングロードと名寄本線(左手の草地)が合流していた興部市街

跡は進み、雄武町に入った所で牧草地に消滅している。しかし、これも駅予定地だった枝枝幸の北側、廃屋になっている民家裏手の牧草地に唐突にコンクリートの小橋梁があった(Ⓜ)。この付近はかなり建設工事が進んでいたようだ。その南側にも砂利の線路工事跡は再び姿を現し、北幌内地区の小河川にコンクリート橋を残しながら(Ⓝ)、幌内川に至っている。ちなみに幌内川には長い鉄道橋が完成していたが、すでに撤去されている。

その先、北見幌内や北見音稲府にも駅が設けられるはずだったが、はっきりとした予定地は分からなくなっていた。それでも残された築堤やコンクリート橋(Ⓞ)をたどっていくと次第に雄武の市街地に入り、高台にある雄武小学校の前は興浜線唯一の全長325mのトンネルで抜けていた(Ⓟ・Ⓠ)。そして雄武駅は周囲とは不釣り合いなほど立派な地域交流センターに変身していた(Ⓡ)。

興浜南線【雄武〜興部】

雄武駅から南下していた興浜南線は、市街地にあるオコツナイ川を越え、砂利道となって雄武川に向かって南下していた。しかし、すでに雄武川の橋は撤去されている。その先の雄武共栄仮乗降場のあたりから線路のラインは道路より海側に移り、オホーツク海を背景に栄丘駅(Ⓢ)、元沢木仮乗降場といった寂しげな無人駅が続いていた。しかしそれぞれの駅は跡形もない。

単調な興浜南線だったが、その先で海岸線に飛び出す日の出岬は沿線の名所だった。今では岬にリゾートホテルが建ち、そこに向かう道路がかつての線路跡になっている(Ⓣ)。しかし、岬を過ぎて沢木の漁港に下る所から線路跡は遊歩道として整備され、手作り風の小公園になっている沢木駅跡に続いていた(Ⓤ)。

ここから線路は道路と分かれ、御西沼の荒涼とした湖沼地帯を横断し、未舗装の道となって興部川の河口に至っていく(Ⓥ)。かつて、北海道らしい最果ての鉄道風景を見せた所だ。

しかし、その先の撤去された興部川橋梁からは築堤が断続的にサイクリングロードとなって興部市街に向かっていた(Ⓦ)。

■杉﨑行恭

枝幸・歌登の開拓地と天北線を結んだ殖民軌道

歌登町営簡易軌道 【歌登線：小頓別〜歌登】
【幌呂線：歌登〜志美宇丹】

【A地点】小頓別駅構内にあった本庫鉱山の鉱石置き場

(右)【C地点】毛登別トンネルの小頓別側。不思議な十字の印が付けられていた

【B地点】頓別川に軌道が渡っていた橋の橋台が残る

毛登別トンネルの補修工事の様子。人の背丈と比べるとその断面の小ささが分かる。昭和24〜27年／写真：枝幸町教育委員会

　北海道では、開拓の進展を図るため、鉄道幹線からそれた奥地に、軽便な殖民軌道が数多く敷設されていた。歌登町営簡易軌道もその一つで、最盛期には、昭和4年(1929)12月に開業した小頓別〜歌登(当初は上幌別六線)間16.2kmと、昭和5年(1930)9月に開業した歌登(同上)〜枝幸間16.2kmの本線のほかに、昭和8年(1933)開業の歌登(同上)〜志美宇丹間(12.5km)と昭和10年(1935)8月開業の上幌別〜本幌別間(9.9km)の支線も敷かれ、総延長は約57km以上にも及んでいた。

　しかし、歌登〜枝幸間と上幌別〜本幌別間は、比較的早く昭和30年(1955)までに廃止となり、さらに歌登〜志美宇丹が昭和43年(1968)12月まで、小頓別〜歌登間が昭和45年(1970)10月

まで運行されたのを最後に、この歌登町営簡易軌道は姿を消した。また、開業当初はどの線も馬鉄であったが、すぐに動力化されている。しかし、歌登〜志美宇丹間のみは、昭和40年（1965）まで動力化されず、馬鉄のまま運行されていた。

歌登線【小頓別〜歌登】

起点となるべき天北線も廃止となり、JRの小頓別駅の跡も消えてしまったが、歌登町営簡易軌道の駅跡には、積み出していた鉱石置き場が残っている（Ⓐ）。

小頓別駅跡から500mほど東に進めば、かつては頓別川を渡っていた橋のコンクリートの橋台を見ることができる（Ⓑ）。さらに国道と分かれて道道12号を300mほど歌登側に進むと、長さ396mの毛登別トンネルが現れる（Ⓒ）。このトンネルが完成する以前は、トンネル北側の峠を越えて昭和41年（1966）まで亜炭を採掘していた旭炭鉱を経由していた。しかし急勾配のために難儀し、連結ピンが外れて車両が逆走する

（右）【D地点】道道のかたわらに軌道の橋台跡が点在

（下）【E地点】毛登別川の河川敷に残る大型の橋台

【F地点】歌登駅跡には今も当時の車庫が使われていた

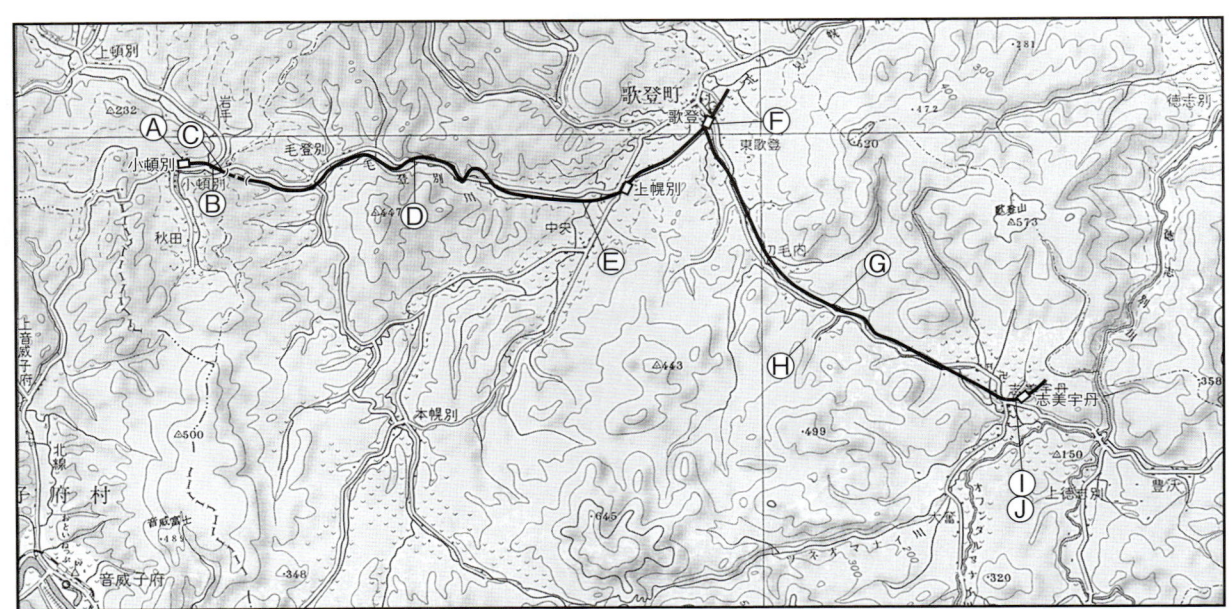

1/20万地勢図「枝幸」（H13修正、H15.3.1発行）原寸

【G地点】歌登から志美宇丹に向かう途中、豊橋付近の橋台

【H地点】「うたのぼり健康回復村」に保存されている歌登町営簡易軌道のDL

【I地点】民家になっている志美宇丹駅の車庫

(右)志美宇丹峠付近を行く歌登町営簡易軌道。5人も乗れば満員のようだ。昭和26年／写真：枝幸町教育委員会

【J地点】志美宇丹駅構内にあったターンテーブル跡

事故なども起こっていた。このトンネルの開通により、距離も約2.6km短縮されることとなった。現在小頓別側のトンネル入り口はパネルでふさがれ、道床部分は湿地になっている。しかし以前は露出していた歌登側の坑口は道道12号の拡幅工事で埋められている。

トンネルを抜けた軌道跡は、クマザサの列となって歌登方面に続いているが、その先は道路に取り込まれたり、牧草地に削り取られたりして部分的にしか軌道跡を追うことができない。それでも道道12号に沿った毛登別川には各所でコンクリートの橋台部分がむき出しになって残っている(D・E)。

上幌別停留場駅の先から道路になった軌道跡は、真っすぐに歌登駅跡に向かう。現在は歌登総合支所となっている駅の構内跡には、ブロックによって嵩上げされた車庫などが、当時のままの姿をとどめている(F)。

幌呂線【歌登～志美宇丹】

歌登から志美宇丹方面へ向かう幌別線の軌道跡も、道路や未開通のまま建設が中止になった旧国鉄美幸線の跡に取り込まれながら、ところどころに跡を追うことができる(G)。

特に、終点の志美宇丹駅は、集落の中に駅と車庫が民家としてそのまま現存し(I)、さらに30mほど先に小さなターンテーブルの跡を見ることもできる(J)。

■杉﨑行恭(村田正博)

昭和30年代に建設された「日本一の赤字路線」
美幸線　【美深〜仁宇布】
【未成区間：仁宇布〜北見枝幸】

【A地点】美深駅。保線作業車が停まる位置に美幸線が走っていた

【B地点】ペンケニウプ川を渡る廃線跡のコンクリート橋。辺渓駅はこの近くにあった

【C地点】七線沢川を渡る緑線橋に美幸線の橋台が残されていた

（左）【D地点】高広の滝付近から各所にコンクリートの鉄道橋が続いている

（右）【E地点】仁宇布駅跡から約5kmの線路を使って「トロッコ王国美深」のエンジントロッコを運転できる

北海道のローカル線区間の多くは、大正時代や昭和初期の開拓期に建設されたものだった。しかし、いくつかの路線は昭和30年代になっても建設が続けられた。その中の一つが美幸線である。

計画では宗谷本線の美深から仁宇布を経て天北国境を越え、歌登を経由して北見枝幸に至る総延長79kmの鉄道になるはずだった。工事開始は昭和32年（1957）、美深〜仁宇布間21.2kmの開業が昭和39年（1964）のこと。その後も工事は続けられ、昭和51年（1976）までにほとんどの路盤工事が完成していた。

しかし、昭和55年（1980）に国鉄再建法が公布され、未完部分を含めて美幸線は一挙に廃止予定線となり、工事も凍結された。一時「日本一の赤字路線」として全国的に有名になったこの線の廃止は、昭和60年（1985）9月17日だった。

美深〜仁宇布

美深町交通ターミナルに生まれ変わった宗谷本線美深駅だが、その美深駅の一番東側のホームが、美幸線が発着していた所だ。今はレールもなく砂利道が宗谷本線に沿って南下している。その先で線路跡は左にカーブして製材所の中に消えているが、構内の外れに立つ保線車庫がかつての美幸線に沿っていたようだ（Ⓐ）。一帯はペンケニウプ川に沿って美深盆地が広がっている所で、線路も整地され広大な畑になっている。

東美深駅はすでに跡形もなく、辺渓駅はすぐ近くの小河川を渡るコンクリート橋だけを残していた（Ⓑ）。美幸線はここから終点の仁宇布までの14.9kmは、ほとんど無人の渓谷地帯を走るために駅はない。

辺渓を過ぎた所で線路跡は再び消えているが、ところどころでペンケニウプ川を渡る橋梁を見せている。特に緑線橋では国道拡幅のために撤去された鉄道橋の橋台を真近に見ることができる（Ⓒ）。やがて、仁宇布に向かって右手に高広の滝が見えてくるあたりから道床にレールが残されていた（Ⓓ）。

ここから仁宇布駅跡までの約5kmの間は、仁宇布の住人有志が線路を町から借り受け、「トロッコ王国美深」として夏場の休日を中心にエンジン付きの軌道自転車を走らせている所だ（Ⓔ）。このため線路周辺も補修がなされ、現役当時そのままの鉄道風景を見せている。

仁宇布駅は羊の放牧が盛んな小盆地の中の、まばらに家が立つ集落にあった。駅舎はすでになく、その跡にトロッコ王国のログハウスと1面のホームを残しているだけだが、レールがあるだけに駅らしい雰囲気を漂わせている

【F地点】仁宇布駅は「トロッコ王国美深」の起点。以前の美幸線はここが終点だった

【G地点】仁宇布駅からさらに未成線の道床が続いている

（上）【I地点】フーレップ川に沿って大規模な鉄道工事が進んでいた。コンクリートの擁壁が伸びる
（下）【J地点】美幸線の未成線トンネルを拡幅して建設した「天の川トンネル」

【H地点】牧草地を貫いて徐々に高度を上げていく築堤が見える。付近は羊の飼育が盛んだ

【K地点】辺毛内の先で姿を見せたコンクリート橋。未成区間はすべて立体交差の路線だ

【L地点】建設資材が集められていた歌登駅予定地。今では空き地になっている

【M地点】全長700mの歌登トンネルの先にコンクリート橋が国道と並走

（F）。そのレールは駅跡の北側で終わっている。

未成区間：仁宇布〜北見枝幸

仁宇布駅跡からほぼ完成していた路盤が、真っすぐ北上している（G）。ここからは昭和40〜50年代に設計・施工されたものだけに、ほとんどが立体交差で、仁宇布駅から見える所に2カ所の陸橋を残していた。

そして築堤となった路盤は羊が遊ぶ牧草地を横切り、そのまま美深町と枝幸町を隔てる峠に向かって伸びている（H）。資料によると、ここを全長670mの黒岩トンネルで越えているはずだが、確認できなかった。付近は標高300m前後の丘陵地帯で人家は全く見られない。それにしてもよく、こんな所に鉄道を敷設しようとしたものだと思う。

再び線路跡のラインが見えてくるのは道路と並行するフーレップ川沿いで、狭い渓谷をいくつものトンネルとコンクリートで固めた路盤で抜けていた（I）。沿線の最深部に至った道床は再びトンネルに消え、反対側に迂回すると立派な道路になっていた。その先、全長1337m、美幸線最大の難工事といわれた第2大曲トンネルの場所は、どうも道路トンネルである「天の川トンネル」の位置らしい。案内板によるとやはり放置されていた鉄道トンネルを拡幅利用したものだという（J）。未成区間

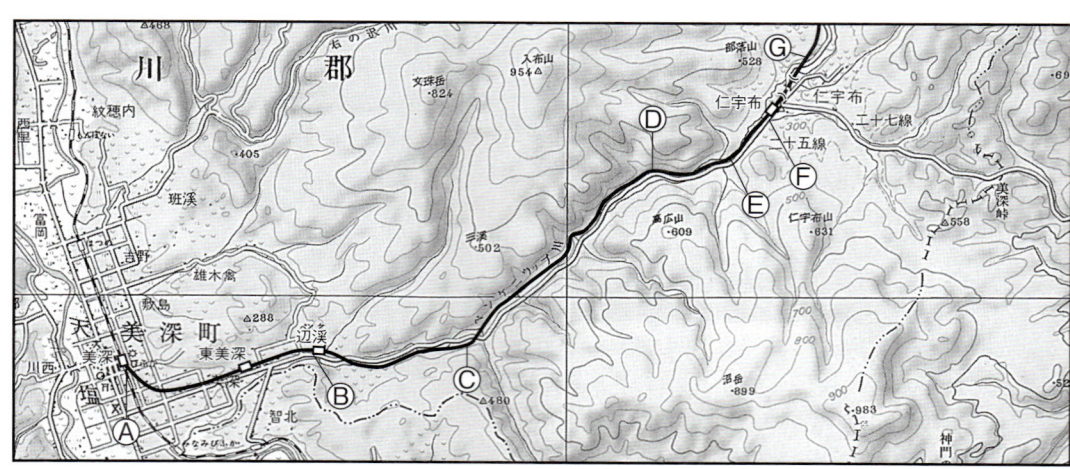
1/20万地勢図「枝幸」(H13修正、H15.3.1発行)＋「名寄」(H17修正、H19.2.1発行)原寸

(左)【N地点】下幌別駅の予定地は架道橋の下あたりだったという　(右)【O地点】枝幸の市街地に入るウエンナイ川の川岸に美幸線の築堤が見える

の遺物も全く無駄にはならなかったようだ。

　トンネルを抜けてしばらく進むと北見大曲(きたみおおまがり)駅予定地があるはずだったが、これも分からなかった。しかし、築堤や切通しを繰り返して線路跡は進み、駅予定地だった上徳志別(かみとくしべつ)や辺毛内(ぺんけない)の小集落を過ぎると、もう歌登の市街地だ。この町はかつて天北線から町営簡易軌道が伸びていた所で、美幸線が完成した際には沿線最大の町になるはずだった。

　歌登駅は北見幌別川に沿って大きくカーブする所が予定地だったらしい(Ⓛ)。未成線のラインはそのまま河原の茂みの中に隠れてしまうが、国道脇にトンネルとコンクリート橋が姿を見せている(Ⓜ)。しかし、長い間残されていた鉄道用のスノーシェッドはすべて撤去されていた。

　ここを過ぎると前方に広々とした平原が見えてくる。仁宇布から見て最後の駅予定地は下幌別(しもほろべつ)だが、ここは跨線橋とバス停を残すのみだ(Ⓝ)。道床は北見幌別川の河口デルタを進み、やがて北にカーブして北見枝幸市街に吸い込まれていった。かつて興浜線(こうひん)と分岐するはずだったウエンナイ川のかたわらには、まだ立派な築堤を残している(Ⓞ)。

■杉崎行恭

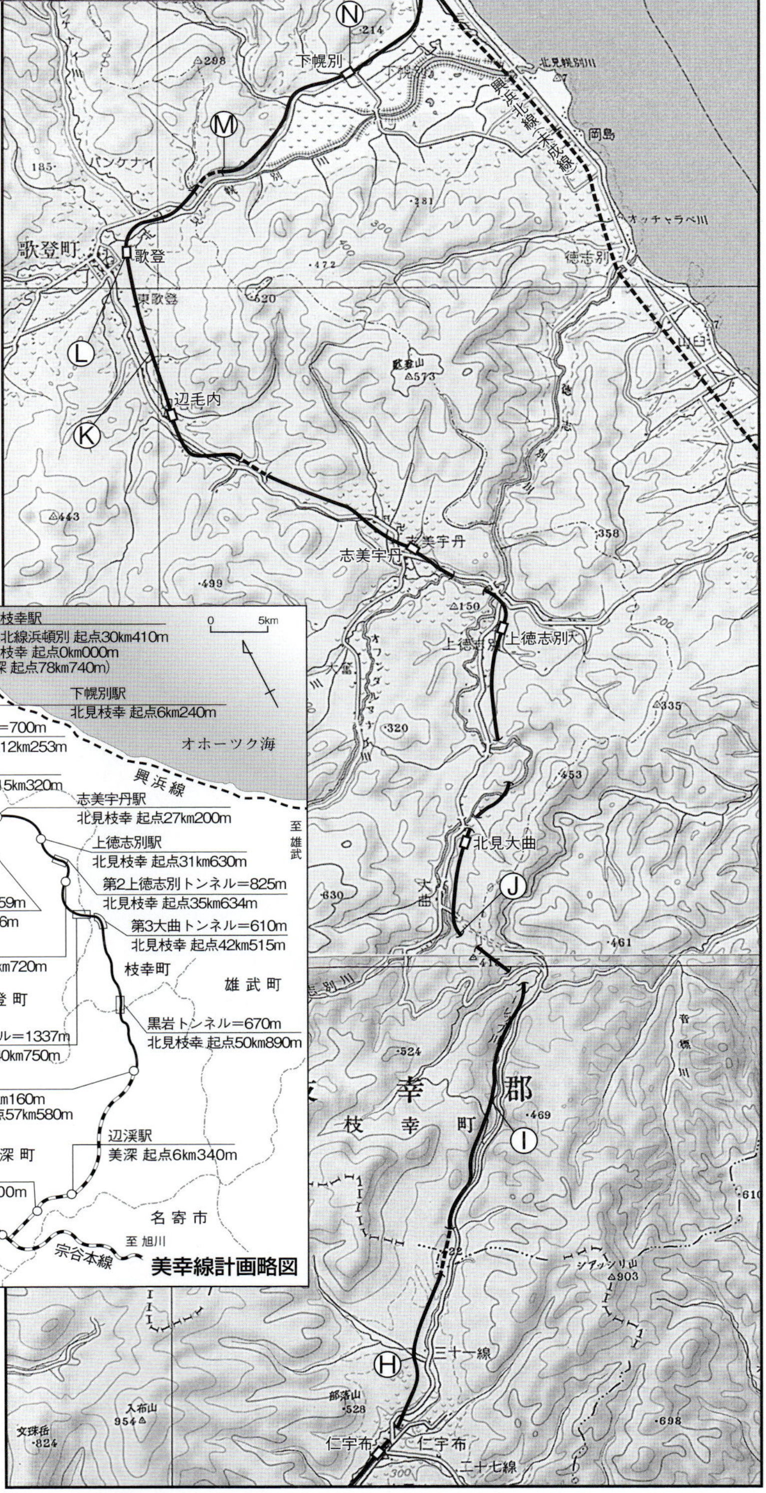

1/20万地勢図「枝幸」(H13修正、H15.3.1発行)+「名寄」(H17修正、H19.2.1発行)原寸

オホーツク開拓の使命を果たした峠越えの幹線鉄道
名寄本線【名寄～興部】

【E地点】時折現れる印象的なガーダー橋で線路跡を知る

（上）【A地点】名寄駅の構内。手前が宗谷本線で車両がいる引上線が名寄本線だった　（下）【B地点】名寄公園に展示の除雪列車キマロキ編成の先を宗谷本線が走る

【C地点】簡易型駅舎の中名寄駅。北海道のローカル区間に盛んに建てられたものだ

　昭和55年（1980）に公布された国鉄再建法で、全国の数多くの路線が廃止対象となった。その中で唯一「本線」と名がつく路線だったのが、この名寄本線だ。確かに大正10年（1921）に名寄～遠軽間と中湧別～下湧別（のちの湧別）が全通したときには、札幌方面と網走方面を結ぶ幹線鉄道の歴史をもつ「本線」だった。

　その後、昭和7年（1932）に旭川と北見をショートカットする石北本線が全通すると幹線の地位を譲り、以後オホーツク沿岸の市町村を淡々と結ぶ生活路線に徹してきた。

　平成元年（1989）4月30日の営業最終日をもって廃止、このときは相前後して標津線や天北線が廃止され、鉄道ファンにとって忘れられない春になった。

　今回は、名寄本線の天北峠越え区間、名寄～興部間を歩いてみた。

　名寄本線は、名寄駅南方の道路の跨線橋をくぐった所から上り勾配となって分岐していた。その分岐線は構内入換えの引上線として現在も利用されている（Ⓐ）。その線路の先は名寄公園として整備され、線路をそのまま使ってSLと除雪車を組み込んだ「キマロキ」5

【D地点】国鉄時代の官舎が中名寄駅跡に残る

【F地点】バス停に駅名標示板があった。上名寄駅跡近く

【G地点】下川駅はキハ22が2両並ぶバスターミナルになった。車体もかなり痛んできている

(右)【H地点】名寄川の支流・下糠川に架かる鉄道橋。レールは外されている

(左)【I地点】見事な枝ぶりの開業記念樹が一ノ橋駅跡にあった

(右)【J地点】国道239号と併走していた天北峠。左手の橋の下を名寄本線が通っていた

両編成の除雪列車が堂々と保存展示されている(B)。線路跡はそのまま「名寄市北国博物館」の脇を抜けてパークゴルフ場になっている森を抜け、畑の中をカーブして下川まで続く広い谷を進んでいく。

最初の駅が名寄から5.8kmの中名寄駅だ。ここには北海道のローカル線の末期によく設けられた共通設計の小型駅舎がきれいに残され(C)、裏手にはブロック造りの古びた鉄道官舎が残っていた(D)。

ここから断続的な築堤となって続く線路跡は、やがて水田地帯に消えている。それでも用水路を渡る小さなトラフガーダー橋が取り残され(E)、その位置から線路の方向を判断することができる。続く上名寄駅は国道のバス停に駅名標示板を残すだけで、跡形もない(F)。また、これに続いていた矢文駅、岐阜橋駅というホームだけの無人駅も同様に姿を消している。

次に鉄道の名残を見るのは下川駅跡で、バスターミナル合同センターという立派な施設に生まれ変わっていた。中のロビーには鉄道コーナーがあり、旧駅の写真が展示されていた。すぐ隣には、キハ22が2両保存されている(G)。下川市街は鉄道跡がすっかり再開発されているが、家並みが途切れると再び草に覆われた築堤となって線路跡が現れる。そして、下糠川には鉄桁が残っていた(H)。

このあたりから左右に森が迫って、次第に山線の様相になってくる。線路と並行して走る国道239号は列車の走らない跨線橋を何度も越える。無人駅だった二ノ橋駅や幸成仮乗降場は跡形もなく、次の一ノ橋には大正9年(1920)

【K地点】急行形気動車キハ27が保存されている上興部駅。駅舎は鉄道資料館に

【L地点】西興部駅の西側には廃止後20年を経ても大型鉄橋が残っている

(左)【M地点】西興部駅跡一帯が西興部村の公営ホテルや美術館になっている

の駅開業時に植えられた「夫婦松」が記念樹となっていた(Ⓘ)。

ここを過ぎると天塩と北見を隔てる天北峠だ。25‰の急勾配が連続する線路跡はクマザサの線となって木立の中に残り、やがて標高239mの峠に出る。標高が低く山がなだらかなのでこの峠にトンネルはなく、国道のすぐ脇を切通しで線路が通過していた(Ⓙ)。

分水嶺を越えて下っていくと小盆地の上興部に出た。木造駅舎の上興部駅は2面2線のホームも健在で、自由に見学できる鉄道資料館になっていた。かつて駅の北にあった石灰石鉱山から専用軌道が伸びていたことも伝えている(Ⓚ)。

線路跡のラインは牧草地や畑に寸断されながらも続き、西興部駅の名寄側にはプレートガーダー橋を残していた(Ⓛ)。さて、橋を渡った所にある西興部駅は仰天するほどの変貌を遂げていた。駅跡は真新しいホテルや複合施設が建ち(Ⓜ)、線路用地に沿って行政の敷地が並んでいる。

ここから線路跡は興部川に沿って北東方向に大きく方向を変える。線路は興部川の支流を幾度も渡っているが、ほとんど橋台が残るだけだ。谷筋を線路跡と国道、それに興部川が並んで進み、次第に高度を下げていく。仮乗降場だった六興は場所も分からなくなっているが、中興部駅は旧木造駅舎がほぼ完全な形で残されていた(Ⓝ)。ホームや植え込みまでもあってまるで映画のセットのようだ。今でも近くの人が定期的に掃除をしている様子で好感がもてる。

しかし、次の宇津駅は駅舎までの舗装道路を残すだけで、建物は消失していた。廃止後の駅跡利用もさまざまのようだ。この宇津駅の先で最後の狭隘部を抜け、興部の平野に出る。今では古いバス停のみとなった北興駅を過ぎると、線路のラインは途切れ途切れに

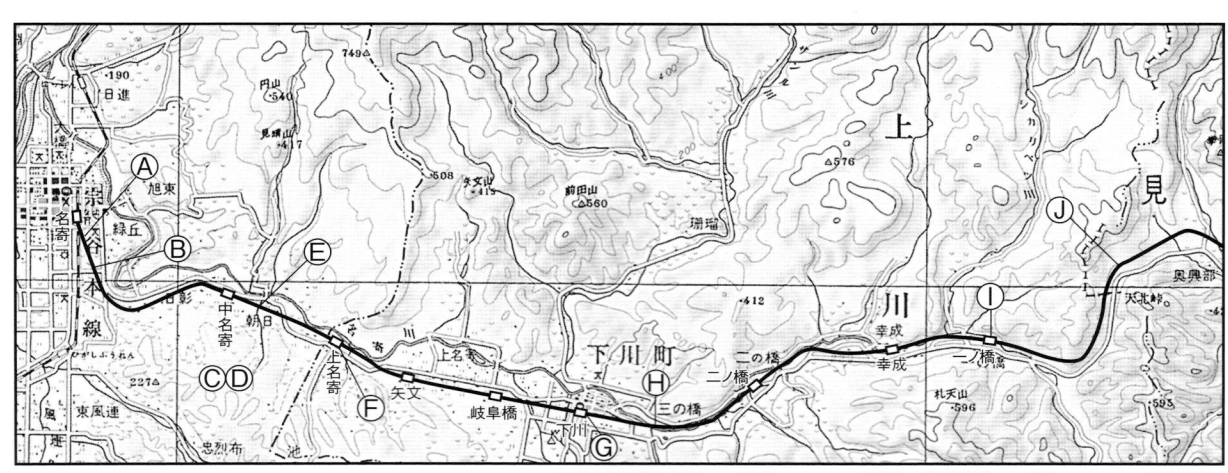

1/20万地勢図「名寄」(H17修正、H19.2.1発行)+「紋別」(H18編集、H20.2.1発行)原寸

【N地点】よく手入れされていた中興部の駅舎は、近隣の住民が利用している

（右上）【O地点】今も「天北跨線橋」の名が残る。下は旧名寄本線のサイクリングロード
（右下）【P地点】トレインハウスという宿泊所となっていた興部駅跡の気動車

続き、やがてサイクリングロードに変わる。そして跨線橋を過ぎると（Ｏ）、オホーツク沿岸の町・興部だ。

かつて興浜南線の分岐駅だった興部駅は、バスターミナル兼用の「道の駅おこっぺ」になっていて、ここにも車両が残され、鉄道資料館が併設されていた（Ｐ）。ホームが120mはあったというだけにその跡地は広く、公園などに生まれ変わっていた。

名寄本線はさらにここからオホーツク沿岸を走り、石北本線と接続する遠軽まで続いていた。その遠軽まではまだ70kmの彼方である。

■杉﨑行恭

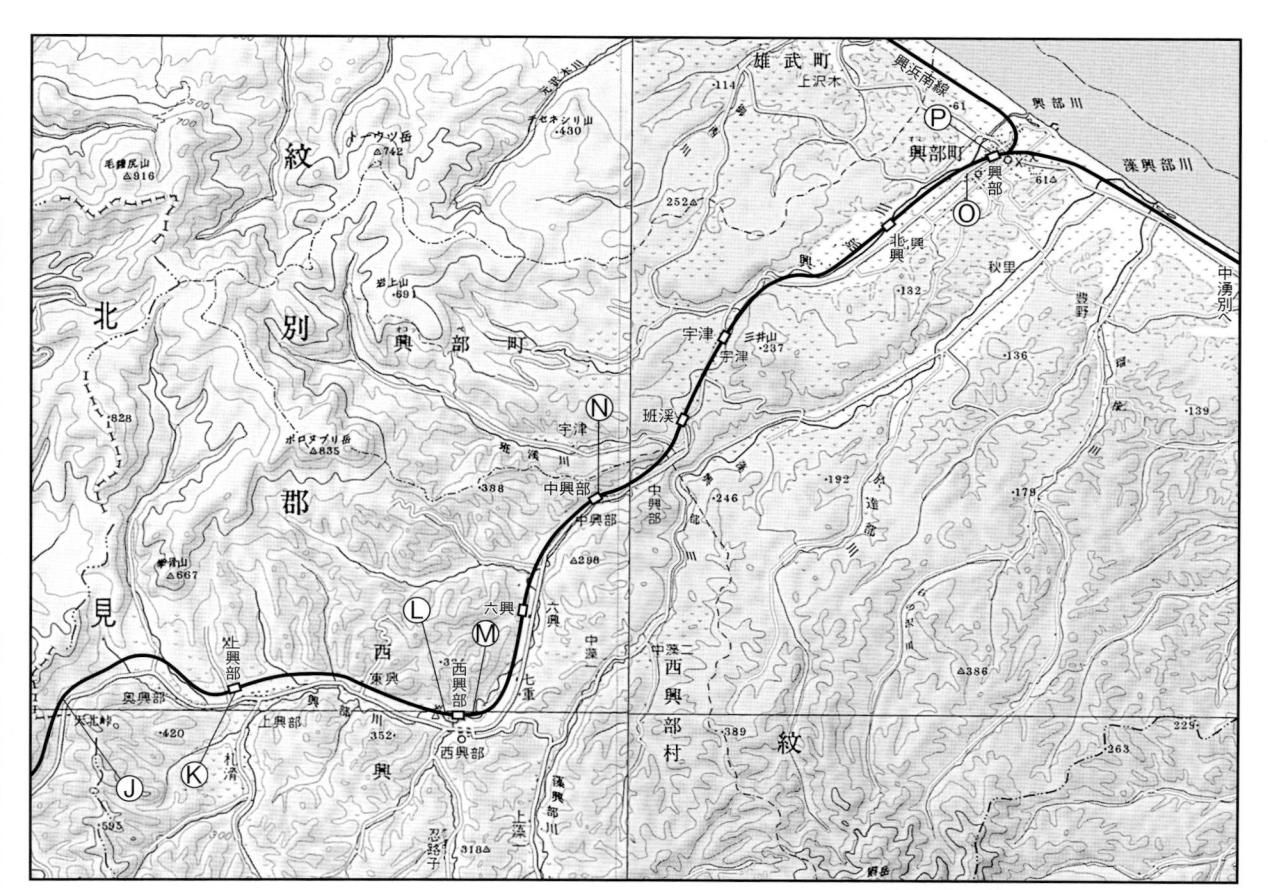

1/20万地勢図「紋別」(H18編集、H20.2.1発行)原寸

35

太平洋戦争末期に出現した金鉱山を結ぶ謎深き専用軌道

鴻紋軌道【紋別〜元山】

【A地点】鴻紋軌道の紋別駅跡。今は国鉄名寄本線跡の道路になっている

【C地点】国道238号のバイパスを横切る廃線跡、痕跡は消えかかっている

(左)【B地点】宮川 泰の『銀色の道』記念碑が紋別駅跡にある。鴻之舞金山の鉱石も置かれている

(上)【D地点】紋別市街を抜けた廃線跡は農道となって、紋別ゴルフ場の丘に向かっていく

(右)【E地点】藻鼈川沿いに出た軌道跡は農場の中の築堤として続いていた

【F地点】草鹿農場前乗降場に近い小川に残るコンクリートの橋台

　オホーツク海沿岸の紋別は、流氷とカニの輸入港として知られているが、かつては東洋一といわれた金鉱山があったことはあまり知られていない。

　住友金属鉱山鴻之舞鉱山は紋別市と遠軽町の境に近い山中にあり、昭和17年(1942)頃の最盛期には、網走地方の経済の中心になるほどの繁栄を見せた。当時は藻鼈川の上流に人口1万4千人もが住む町があり、精錬所を中心に南北5.5kmにわたって市街地が広がっていた。鴻紋軌道はこの鴻之舞鉱山と名寄本線紋別駅とを結ぶために計画された全長28kmの軽便鉄道だった。

　当時250万円を投じたという鉄道工事の着工は昭和15年(1940)10月で、完成は昭和18年(1943)6月。しかし、工事は太平洋戦争のさなかにあたり、皮肉なことに軌道が完成する前に、戦局悪化に伴う鉱山整備令によって鴻之舞金山の休山が決まっていた。鉱石を搬出する目的の鉄道だったが、開通するともっぱら鉱山設備を転用するための搬出輸送に使われたのだった。

　しかし、鴻之舞地区には多くの住民が残っていたため鴻紋軌道は運転され、終戦後に鉱山が再開したのち、自動車による輸送が主力になる昭和25年

【J地点】最大の遺構は道路を横断する5号坑橋。今は導水管の橋として利用されている

【G地点】旧上藻別駅逓所の庭に展示されている鴻之舞金山のバッテリー機関車と人車(鴻紋軌道の車両とは異なる)

【H地点】円柱のピアが川に立つ桜橋跡。かつては周辺に鉱山住宅が集まっていた

(右)【I地点】宝橋の跡にも橋脚が立つ。ここから奥が鉱山の中心部になる

(左)【K地点】鉱山跡から出る酸性水の中和施設の池。柵にレールが使われていた

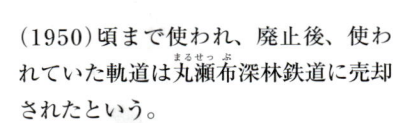

(1950)頃まで使われ、廃止後、使われていた軌道は丸瀬布深林鉄道に売却されたという。

写真で見ると住友マークを付けた小型の蒸気機関車が使われ、無蓋貨車のほかに小型の木造客車もあった。しかし、専用軌道のため旅客は便乗扱いで、みな無料で乗っていたようだ。

鴻之舞金山はその後本格的に復活し、昭和29年(1954)には年間2973kgという最大年間産出量を記録したが、やがて鉱脈は枯渇して、昭和48年(1973)8月をもって閉山された。現在の鴻之舞地区は坑道から湧き続ける水の中和施設のほかには、無数の廃墟があるだけの谷になっている。

平成元年(1989)に廃止された名寄本線の紋別駅跡は、バスターミナルと「紋別市場」という観光施設になっている(Ⓐ)。その国鉄の駅舎があった位置に、鴻紋軌道を記念する金鉱石のモニュメントが置かれている(Ⓑ)。これは鴻之舞で少年時代を過ごした作曲家・宮川 泰による昭和41年(1966)のヒット曲『銀色の道』を記念したもので、廃止された鴻紋軌道の線路をイメージした曲だった。

その鴻紋軌道の紋別駅は、国鉄紋別駅の山側にあるホームだけの簡単なものだったという。場所はバスターミナ

37

【N地点】元山にあった発電所の煙突。紋別から遠軽に抜ける街道沿いに鉱山跡が残る

(左上)【L地点】旧元山乗降場と住吉乗降場の中間に設けられた「鴻紋軌道記念碑」。平成15年(2003)の閉山30周年に建立された

(左下)【M地点】オホーツク沿岸最大の産業遺産として鴻之舞鉱山跡にも案内看板が立てられている

ル横の交番のあたりで、ここから伸びる「新市街地通り東2号」という道路が、かつての軌道跡だ。線路のラインは紋別市街地を通り、やがて国道238号バイパスを横切っている(C)。その部分には丘を切り開いた跡が残されていた(D)。海を見下ろすような高台を越えた軌道跡は、その先で紋別ゴルフ場を農道となって横切っている。かつてはこの付近に小規模な銅鉱山があり、銅山という乗降場が設けられていたという。

ゴルフ場の管理道路となった軌道跡の道はやがて行き止まりとなるが、草に覆われた軌道跡はさらに続いていた。その先、藻鼈川の端に下りてきた軌道跡は断続的に細長い土盛を見せながら続いているが(E)、草鹿農場前乗降場のあたりからは牧草地の中に消えている。

しかし、藻鼈川の支流を渡る草鹿橋(F)や万盛橋、桜橋(H)、宝橋(I)などにコンクリートの橋台や橋脚が残されていた。その途中、開拓時代からの旧上藻別駅逓所が保存会の手によって復元され、鴻紋軌道や鴻之舞金山の車両や資料が展示されていた(G)。

やがて牧草地は終わり次第に山が迫ってくると、草むらの中にコンクリートの廃墟が見え隠れしてくる。そして、道路を横切る陸橋となって軌道跡が現れる。今では送水管の橋になっている鴻紋軌道の5号坑大橋(91.4m)で、4本のコンクリート橋脚を利用したものだった(J)。

かつて軌道は、末広や住吉など鴻之舞の市街地に乗降場を置いていた。そして発電所跡の大煙突(N)が今も残る旧・元山精錬所の下に終点の元山乗降場(鴻之舞乗降場)を置いていた。今では学校や映画館、商店街があったという一帯は、廃墟が点在する雑木林となり(M)、その一角には「鴻紋軌道記念碑」が建立されていた(L)。しかし、現在も営々と操業を続ける鉱毒水中和処理場に隣接する沈殿池の柵に、赤錆びた古レールが使われているのが印象的だった(K)。

現在、鴻紋軌道の姿は地元有志の調べでかなり分かってきたものの、乗降場の位置や数などは不確定のままとなっている。その中で駅舎のあった所は紋別、桜町、末広、元山の4つとされ、残りはわずかの運行期間でも設置されたり、なくなったりしたものが多かったようだ。戦争末期に現れ、占領下時代に消えた軌道の謎はまだ多い。

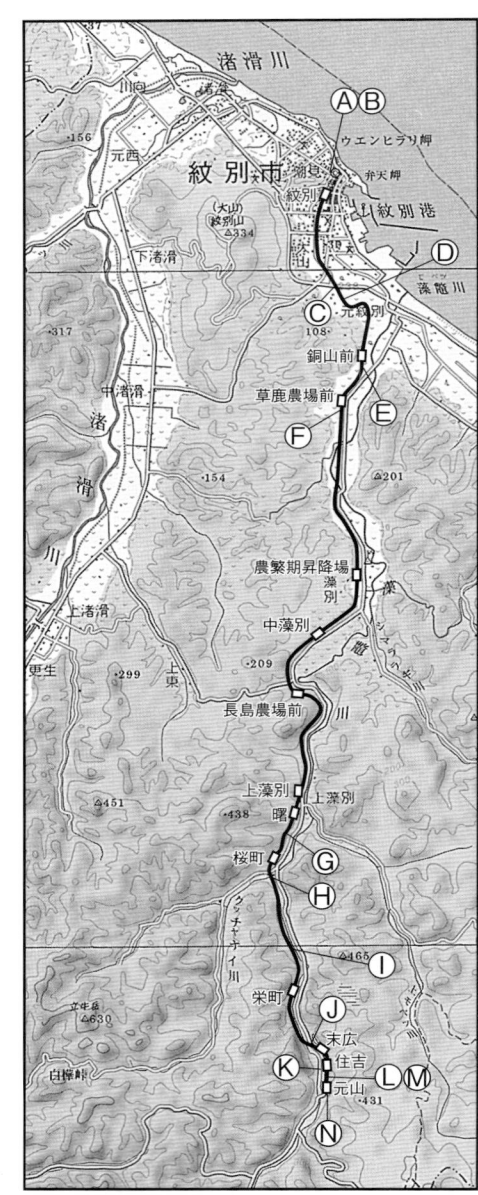

■杉﨑行恭

1/20万地勢図「紋別」(H18編集、H20.2.1発行)原寸

北海道内陸の秘境を貫く最後の大ローカル線

深名線【深川〜名寄】

（左）【A地点】深川駅の深名線用5番ホームはすでに廃止されて久しい。側線のあった場所は駐車場になっている所

（下）【B地点】開設時は仮乗降場だった円山駅跡から深川方向に線路跡の道が伸びる

　平成7年（1995）9月4日に廃止された深名線は、北海道にある廃止対象路線の中で最後まで残った121.8kmだった。しかし、ここまで生き残ったのはひとえに冬期の代替輸送機関が確保できなかったことによる。それほどまでに山奥を走る鉄道で、ローカル線の魅力を存分に備えた鉄道として北海道を旅する人たちから愛された路線だった。

　深名線の歴史は朱鞠内ダムの建設計画に始まる。これは石狩川水系の雨竜川上流域の水を、天塩川水系に落として発電しようという壮大な計画だった。まずダム建設用として深川〜多度志間が大正13年（1924）に開通、昭和6年（1931）に添牛内、翌年の昭和7年（1923）には朱鞠内と順次路線を延ばした。また名寄側からも工事が進み、開通から17年目の昭和16年（1941）になってついに名寄〜深川間が全通した。

　最初は雨龍線、やがて幌加内線、そして名雨線と工事が進捗するたびに線名も変わり、晴れて深名線となったのは全線開通の時だった。

　深名線が発着していた深川駅7番ホームはすでにレールはない。ちなみに6番線は留萌本線が発着している（Ⓐ）。そこから1kmほどの所で深名線は左に分かれて北上していた。現在は再開発で軌道敷は失われているが、わずかに舗装道路の補修跡でかつてここに踏切があったと分かる程度だ。しかしその先は、

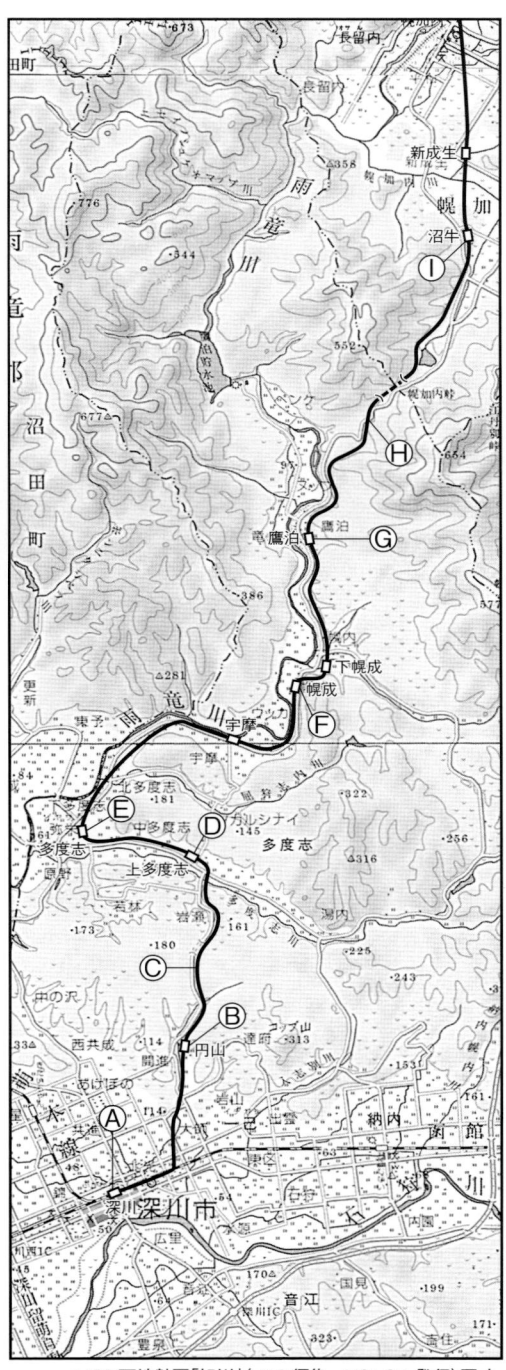

1/20万地勢図「旭川」（H18編集、H21.3.1発行）原寸

【C地点】硬質ブロックを積み上げた多度志トンネルの幌加内側

【D地点】駅前の農業倉庫だけが残る上多度志駅跡。線路跡も道路化される模様

【E地点】土盛と大木があった多度志駅跡。整地されて変貌が著しい

【F地点】国道沿いの機械修理工場に移転した幌成駅の車掌車転用待合所

【G地点】ホーム側から見た鷹泊駅。現在は倉庫として使われている模様

【H地点】国道275号の鷹泊跨線橋からかつての深名線跡を見る。この先に幌加内トンネルがあった

【I地点】駅と小集落がそのまま残る沼牛駅。ここから深名線は幌加内の盆地に入っていく

広々とした耕地に消えていた。

　前方には背の低い丘陵が広がるが、その山麓に深川を出て最初の円山駅があった。場所は畑の中に立つ開進会館という集会所の前あたりにあった（Ⓑ）。やがて線路跡は最初の峠である丘陵にさしかかり、森の中を進んでいく。現在この深川〜多度志間には道道875号が完成しているが、その峠区間に道路トンネルと並んで深名線の多度志トンネルを見ることができる（Ⓒ）。

　その先、平地に下った所にあった上多度志駅（Ⓓ）と多度志駅の駅舎（Ⓔ）はすでになく、空き地になっている。

　ここから深名線は雨竜川に沿って線路は北上する。川沿いの小盆地にあった宇摩仮乗降場（のちに正駅）や幌成駅跡は整地されてしまったが、わずかに幌成駅と書かれた車掌車改造の駅舎が農機具工場の事務所として利用されていた（Ⓕ）。線路跡は草に覆われた築堤となって進み、やがて木造の鷹泊駅が見えてくる。窓や扉に板が打ち付けられたまま残されていたが（Ⓖ）、駅前にあった大トド松はなくなっていた。

　線路はここから幌加内峠に挑む25‰の急勾配となって山に入っていく。山原に廃道状態の線路跡が大きくカーブして進み、峠の直下では国道275号の下をクロスしている（Ⓗ）。かつてディー

【K地点】元は仮乗降場だった上幌加内駅跡。前後の線路跡は消失している

【J地点】幌加内駅跡のモニュメント

【L地点】農業倉庫がむなしく残る雨煙別駅跡。廃線を待たず、平成2年（1990）に廃止された

（上）【M地点】土木遺産として保存されている第3雨竜川橋梁。昭和6年（1931）竣工のトラス橋だ

（左）【N地点】夏期は食堂になる政和駅舎。開拓の記念塔が駅舎前に立っている

【O地点】添牛内駅舎も健在。裏手にはホームも残る

ゼルカーが車体を大きく揺らしながら上がっていった難所だ。そして全長772mの幌加内トンネルを抜けた深名線は、一気に下って下幌加内ダムの湖畔を走り、広々とした幌加内盆地に向かっていた。しかし現在、幌加内峠付近は国道275号幌加内トンネルの大規模な工事が進行中で立ち入ることはできない。

さて、幌加内町に入って最初の駅が沼牛だった。ここにもホームと駅舎が残っている。駅前の建物もかつてのままで、一角がまるで映画のセットのようだ（①）。その先、ソバの名産地で知られるこの平原を線路跡は一気に北上する。

やがて、この地方の中心・幌加内市街に入っていく。廃止後も地域の集会所になっていた駅舎だが、平成12年（2000）に焼失して現在はモニュメントが残されているだけだ（Ⓙ）。それでも駅前には食堂も残り、今も名物のそばを味わうことができる。

幌加内から北は、しばらく国道に沿って線路跡は伸びる。かつて列車が踏切にかかって停車していた上幌加内乗降場（のちに正駅）は、ささやかなホームが残り（Ⓚ）、趣のある駅舎だった雨煙別駅はすでに撤去されて農業倉庫が1棟残るだけだった（Ⓛ）。またこの区間にあった第2雨竜川橋梁もすでに撤去されていた。

雨竜川は次の政和駅との間に小さな

41

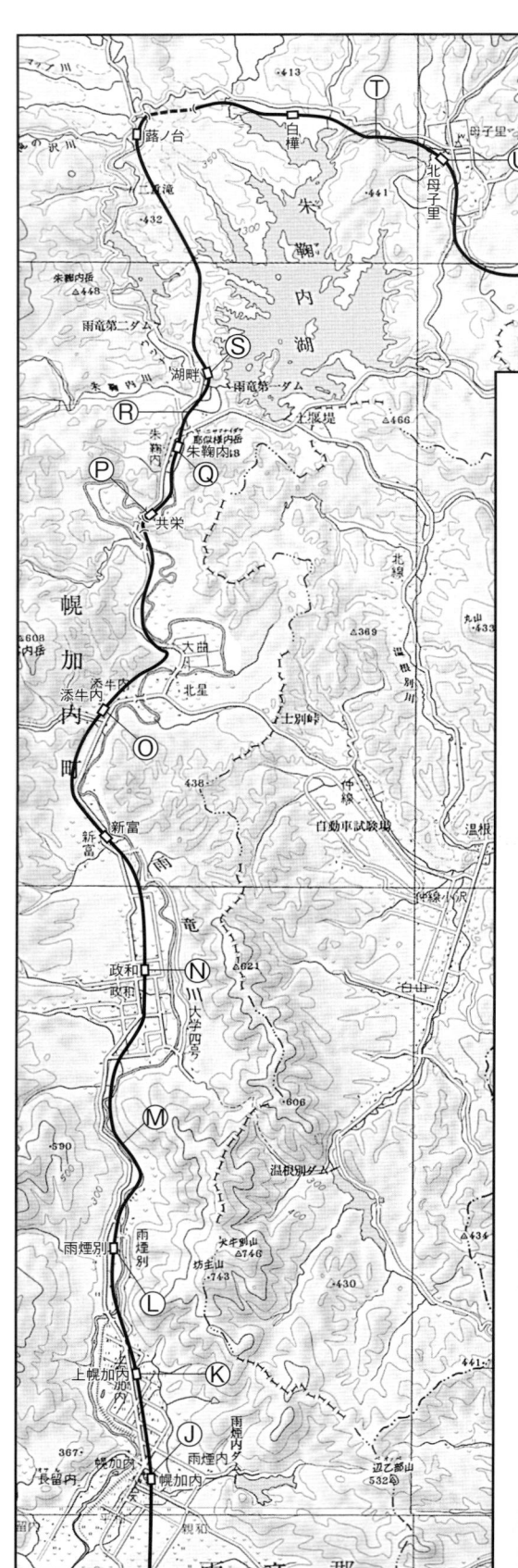

【P地点】第5雨竜川橋梁のあった場所。国道に沿った橋台が見える

【Q地点】廃止前からあった朱鞠内駅前の観光看板。駅舎のあった場所はバス待合所が建っている

【R地点】朱鞠内駅を出た築堤は二手に分かれる。手前が未成に終わった名羽線、奥が深名線

【S地点】湖畔駅の跡から廃線跡が伸びる。ここから上り勾配が続く

1/20万地勢図「旭川」(H18 編集、H21.3.1 発行) +「名寄」(H17 修正、H19.2.1 発行) 原寸

【T地点】朱鞠内湖畔を築堤で走った白樺〜北母子里間。雪の上の直線が線路のライン

(右段上から)【U地点】携帯電話の基地局になった北母子里駅跡。奥にホームが見える 【V地点】天塩弥生駅跡。民家の裏の荒廃した空き地になっていた 【W地点】名寄駅。すでに旧深名線のホームは廃止されていた。右手奥は宗谷本線

狭隘部を造っているが、ここに土木学会による「選奨土木遺産」に選定された第3雨竜川橋梁を残している(Ⓜ)。そのかたわらにはここで殉職した若い橋梁技師の碑も建立され、建設当時の苦労を伝えている。

再び平原に入った所にある政和駅舎も閉鎖されて、駅前には開拓の記念塔がむなしく残されていた(Ⓝ)。続く添牛内駅舎も閉鎖状態で残されている(Ⓞ)。この付近から森林が迫り、雨竜川も大きく蛇行しながら山に入っていく。線路の築堤もほぼそのまま残され、今は跡形もない共栄仮乗降場(のちに正駅)を過ぎた所に第1雨竜トンネルが口を開け、その先には玉石積みの第5雨竜川橋梁の橋台が見える(Ⓟ)。

そして左右から山が迫った谷を進むと、山間の鉄道基地だった朱鞠内駅の跡に到達する(Ⓠ)。かつてここには機関庫や保線事務所も置かれ、鉄道員とその家族が100人ほども暮らしていた、まさに鉄道の集落だったという。今は小ぎれいなバス待合所に変わっている。

朱鞠内を出ると、最初の踏切を過ぎたあたりから左に分岐する道床がある。これが未完成に終わった名羽線の跡だ(Ⓡ)。そして右手に朱鞠内ダムが見えてくる所に湖畔仮乗降場(のちに正駅)の跡があった(Ⓢ)。湖畔といっても、日本一の人造湖である朱鞠内湖までは30分も歩かなくてはならなかった駅だ。そして、砂利道となった路跡は深い森に入っていく。

ここから深名線は北大演習林の中を通過していて、容易に近づくことができなくなっている。現役当時は車窓から幻想的な湖が見え隠れしていた、最も深名線らしい区間だ。

次の蕗ノ台駅はその名のとおり一面にフキに覆われた湿地帯だった所で、戦時中は食用になるフキを採取するため臨時列車が走ったこともあるという。ここから第2雨竜トンネルを抜けた、次の白樺駅にはクマザサに覆われた階段が残っているだけだ。

線路跡は再び森の中に消えるが、ここからは朱鞠内湖の北岸で、入り組んだ湖畔と針葉樹が見事なコントラストを見せていた所だ(Ⓣ)。さて、線路跡と再び出会うのは、昭和53年(1978)に日本での観測史上最低のマイナス41.2度を記録した北母子里だ。その駅舎はすでに取り壊され、携帯電話の基地局に転用されていた(Ⓤ)。

深名線は北母子里を出ると、トドマツの林と牧草地が交互に現れる開拓地の中を南下して、名寄との境を成す山脈に入っていく。

この峠は長大な1530mの名雨トンネルなど4本のトンネルで抜けていたが、その場所は猛烈な茂みに阻まれて行くことができない。そこで名寄側に回り、天塩弥生駅の近くで再び山から下ってきた線路跡を見つけた。天塩弥生は小集落の駅だったが、今は跡地が残るだけだ(Ⓥ)。

このあと深名線は名寄の平原に出て真っすぐ市街に向かう。早くも廃線跡の整理が進んで西名寄駅や天塩川の橋梁もすでに撤去されているが、天塩川を越えると深名線の跡を掘り下げた豊栄川となって市街地に進み、最後は道路になって名寄駅に向かっていた。かつて深名線が発着していた名寄駅旧0番線ホームは、レールも撤去されてその役目を終えていた(Ⓦ)。

■杉﨑行恭

43

昭和とともに生涯を過ごした最果ての大ローカル線
羽幌線 【幌延〜留萌】

【F地点】トコツナイ川に残る橋台。橋の本体はすでに撤去されている

【A地点】幌延駅構内から分岐していた羽幌線跡。途切れたレールが林に向かっていた

（右）初山別〜天塩栄間にあるコンクリート橋梁を進む49673。昭和49年7月6日／写真：奥野和弘

（下左）【C地点】羽幌線を越えていた国道232号の振老跨線橋。振老〜北川口間

（下右）【D地点】牧場の空き地になっていた北川口駅跡

【B地点】天塩川を渡っていた羽幌線の跡。対岸（北側）に作返仮乗降場があった

留萌から天塩まで南北にほぼ一直線に続く一帯は、今では北海道で最も過疎化が進んだ所だ。しかしかつてはニシン漁でにぎわい、また昭和30年代までは優良炭を産出する炭鉱が集まる地方だった。

ここに鉄道が建設されたのは北海道内では比較的遅く、昭和2年(1927)のこと。羽幌線は南側の留萌〜大椴間の開業に始まり、昭和7年(1932)には羽幌まで開通している。またやや遅れて北側の工事が始まり、昭和11年(1936)には遠別まで開業。南北から未開通区間をにらみあう形になった。しかしこれ以後は戦争のため工事が中止され、羽幌地区からの石炭輸送に全力を傾注する日々が続いた。結局羽幌線141.1kmが全通したのは昭和33年(1958)になってから。部分開業から全通まで30年以上もかかった鉄道だった。

それから一時期は札幌直通の急行も走り、羽幌から名寄まで内陸部を貫く名羽線の建設も進むなど話題の多かった区間だった。やがて来る炭鉱の閉山と人口減少によって羽幌線は存在価値を失い、昭和62年(1987)全線が一挙に廃止される。まさに昭和初期に誕生し、その末期に役割を終えた鉄道だった。

宗谷本線の幌延駅西側から分岐していた羽幌線のラインは、わずか10mほどの分岐線で終わっていた(Ⓐ)。その先は雑木林となり線路のライン

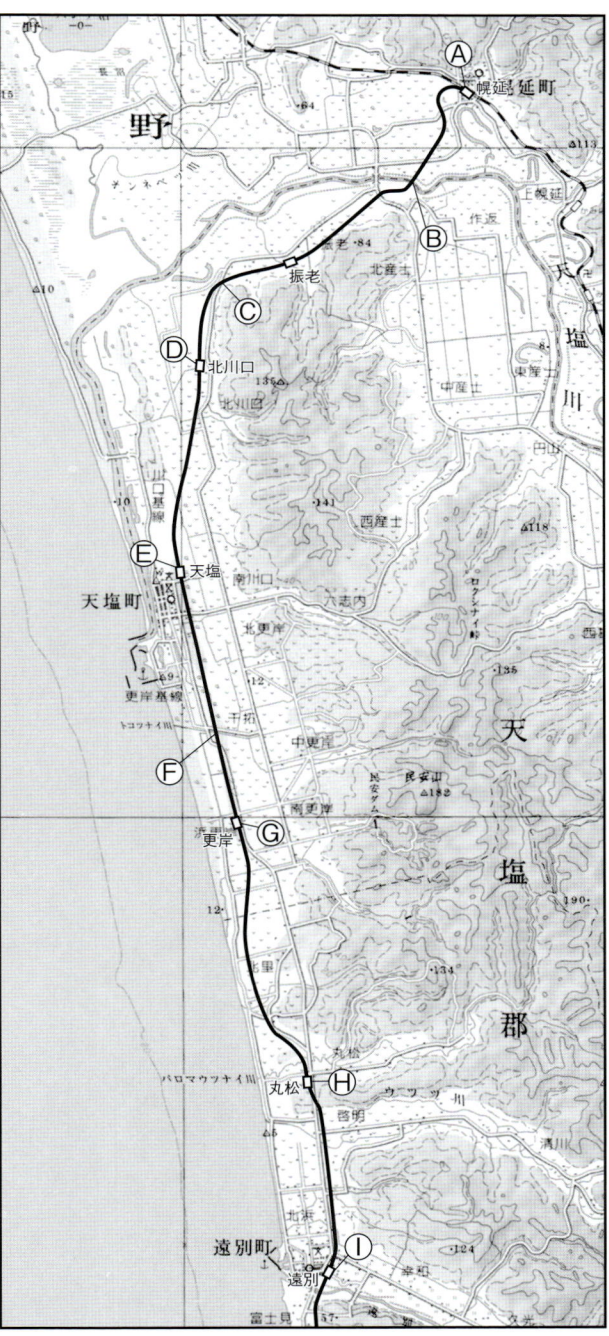

1/20万地勢図「天塩」(H18編集、H21.1.1発行)原寸

【E地点】天塩駅跡近くに残る駅前食堂と駅名標示板。クルマが停まる付近に駅舎があった

(左上)【G地点】駅までの舗装道路だけが残っていた更岸駅跡
(左下)【H地点】この商店の裏手に丸松駅があった。跡地は跡形もない

【I地点】遠別駅跡にはバスターミナルが立つ。転換されたバスも減便が続く

【J地点】遠別郊外の「道の駅 富士見」は羽幌線跡を一部利用している

45

【K地点】モオタコシベツ川に残るコンクリート橋。ほぼ完全な形で残る

【L地点】天塩大沢～豊岬間の大沢トンネル南側（豊岬側）坑口

は大きく弧を描いて南下していた。建設時は日本屈指のトラス橋といわれた羽幌線天塩川橋梁も跡形もなく撤去され（Ⓑ）、天塩川の対岸から築堤が続いているだけだった。

これより羽幌線は北海道の日本海岸を走る、通称「日本海オロロンライン」と呼ばれる国道232号に終始よ り沿って南下していた（Ⓒ）。

天塩川下流の広大な開拓地に作返や振老、西振老といった小駅を置いていた羽幌線だが、今ではバス停にしかその名を残していない。わずかに北川口駅跡が国道沿いの加藤牧場の裏手に駅スペースを残している（Ⓓ）。天塩川河口に栄えた天塩町には、コンクリートの立派な駅舎を構えていた。その天塩駅の場所は町立病院と市街地の間のバイパス付近で、駅前通りの商店が懐かしむように駅名標示板を掲げていた（Ⓔ）。

この天塩から日本海岸に出た羽幌線はトコツナイ川に橋台を残し（Ⓕ）、更岸駅や（Ⓖ）、駅前商店が1軒だけ残る丸松駅へと続いている（Ⓗ）。旧版地図にはそれぞれ集落も記載されているが、

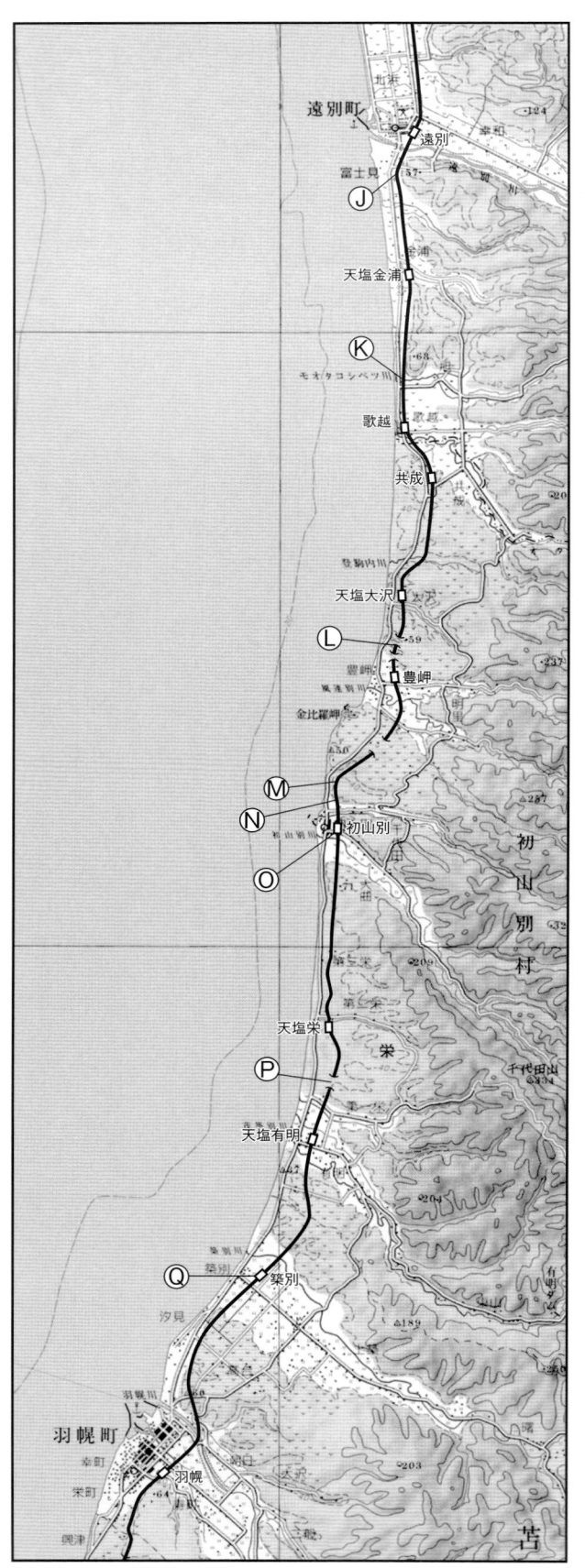

1/20万地勢図「天塩」(H18編集、H21.1.1発行)＋「羽幌」(H18編集、H19.12.1発行)原寸

【M地点】金駒内の海岸に続くコンクリート橋。現存する数少ない羽幌線の橋だ

駅舎ともども消え去っていた。
　このあたりの、国道の東側に築堤が続く情景は、まさに荒野の廃線跡といった所。廃屋や耕作放棄地、そして立派な2車線の道路という現代日本の風景が続く。
　モダンな駅舎だった遠別駅は今ではバスターミナル（Ⅰ）になり、地域交通の要となっていた。常駐する係員に聞くと、かつての遠別駅には保線班もあり、多くの鉄道員が住む町だったという。線路は砂利道となって遠別川に向かっていくが、橋梁は跡形もなく撤去されていた。
　橋を渡った所は「道の駅 富士見」の敷地で（J）、その脇から砂利道となって線路跡が姿を見せている。ちなみに富士見の「富士」とは利尻富士のことを指す。かつて列車の車窓から利尻富士が見えた所だった。次の天塩金浦駅には雪避けが寂しく残っている。
　羽幌線は、荒野に築堤といくつかのコンクリート橋台を残して、続く歌越駅の北を流れるモオタコシベツ川に堂々とした6本ピア（橋脚）のコンクリート橋を見せている（K）。駅員がいた歌越駅跡は牧場のサイレージ（干し草）置き場になっていた。
　羽幌線は廃止後、ほとんどの駅舎は転換した沿岸バスに譲渡されて、その多くがバスターミナルとなるか、解体撤去されてしまった。この遠別～初山別間は昭和33年（1958）に開業した区間だけに、共成や天塩大沢といった無人駅は簡易な小屋だけで、今となっては跡形もない。しかし築堤だけは断続的に続き、豊岬駅の北側には海岸段丘を抜ける大沢トンネルが残っている（L）。
　ここでいったん金比羅岬を避けて内陸に入った線路は、やがて海に向かって突っ込むように下っていく。曲線を描く鉄橋を過ぎると（M）、約700mものコンクリート橋が連続する金駒内陸橋で海沿いの斜面を通過していた。国道の真横に柱が神殿のように続く鉄道名所だったが、今では国道の地滑り対策工事で撤去されている（N）。
　続く初山別駅構内は細長い公園となり、駅舎のあった所はバスターミナルとなっている（O）。このあたりは稲作の北限で、次の有明地区あたりから水田が見られるようになる。その稲作が見られる天塩栄と天塩有明の間に初山別トンネルがひっそりと残っていた（P）。

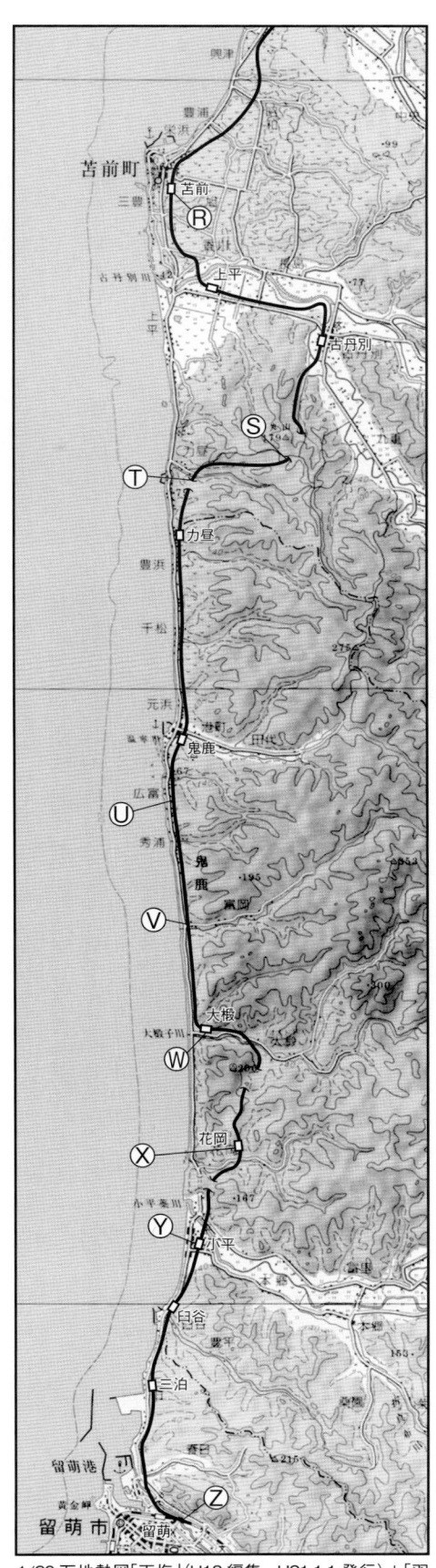

1/20万地勢図「天塩」（H18編集、H21.1.1発行）＋「羽幌」（H18編集、H19.12.1発行）＋「留萌」（H18編集、H20.9.1発行）原寸

【N地点】かつて約700mにわたって陸橋が続いていた金駒内陸橋跡。すでに撤去は終わっている

【P地点】天塩栄〜天塩有明間の初山別トンネル

(左)【O地点】昭和62年(1987)に取り壊された初山別駅。バスターミナルになっている

【Q地点】数軒の民家だけになった築別駅跡。かつては札幌への急行も停車した駅だ

【S地点】深い山中に残る古丹別トンネル。坑口から水が湧き出している

(左)【R地点】苫前駅跡は農村公園にわずかに農業倉庫が残る

　かつて羽幌炭礦鉄道が分岐していた築別駅は国道から少し入った舗装道路の行き止まりにあった。今は「中村百貨店」という商店があるだけだ(Q)。線路はこれより沿線最大の町、羽幌へと南下する。その市街地に入る所でカーブしながら川を渡っていたが橋はすでになく、大きな駅施設があった羽幌駅はすっかり公園となっている。ここも駅舎跡は沿岸バスの営業所に姿を変えている。

　次の港町、苫前は駅跡周辺が「農村公園」に整備されて、古い農業倉庫だけが駅の痕跡になっていた(R)。羽幌線はここからいったん内陸部の古丹別市街に向かう。沿岸から4kmほど入った古丹別駅は町の裏手の通りになっていた。沿岸バスのログハウスのターミナルと煉瓦の農業倉庫が、駅があったことを伝えている。線路は駅跡から真っすぐ南下して標高179mの円山の下を古丹別トンネルで通過していた(S)。

　また、線路が再び海岸沿いに戻った力昼駅の北側から、第1力昼トンネルと築堤(T)を見ることができる。

　線路はここから直線状に続く海岸段丘に沿って南下する、まさに羽幌線らしい風景だ。駅跡が町営住宅になっている鬼鹿駅を過ぎ、しばらく行くとニシン番屋を復元した「道の駅　おびら鰊番屋」がある(U)。そのすぐ裏の土手を鉄道が通っていたが、道の駅には一片の解説もなかった。

　しかしこの先で線路跡にたくさんの電柱と電線が立てられている。これはNTTの光通信試験施設で、冬期に光

【U地点】「道の駅 おびら鰊番屋」のニシン番屋裏手にも羽幌線の跡が続く

【T地点】海沿いの国道から見た第1カ昼トンネル

【Y地点】交通公園になっている小平駅跡。何棟も農業倉庫が並ぶ

【X地点】花岡仮乗降場跡に積み上げられた枕木

【V地点】鬼鹿～大椴間の小椴子川に残る橋台。台地には風力発電機が並ぶ

【W地点】大椴駅跡には農協の倉庫だけがあった

【Z地点】留萌川の鉄橋跡。対岸に築堤が残る

 ファイバーが耐えられるかどうかの実験場だった。近くには風力発電施設があって(Ⓥ)、ここが風雪厳しい場所であることを教えている。
 さて、次の大椴(おおとど)駅は羽幌線初開業時の終着駅だった所。今ではダム建設事務所になっているが、かすかにホームらしい地形と、農協の建物(Ⓦ)が残っている。線路はここから6kmほどの内陸部を迂回するが、内陸の花岡仮乗降場跡にホームの廃材が積み上げられていた(Ⓧ)。
 一帯はかつて、ひと駅ごとに内陸に炭鉱を抱えていた産炭地域だ。続く小平(おびら)駅も内陸部に天塩炭鉱があった。その名残か、交通公園に姿を変えた小平駅(Ⓨ)の裏手には炭鉱住宅が今も使われていた。
 小平を過ぎた羽幌線は臼谷(うすや)、三泊(さんとまり)といった小駅の名をバス停に残して留萌市外へと入っていく。国道と並行していた軌道敷は汐見町の北光中学脇から留萌川を渡っていたが、すでに橋は撤去され、対岸に築堤がわずかに残るだけだ(Ⓩ)。かつて100m以上もあった長い連絡橋で留萌本線のホームとつながっていた羽幌線の留萌駅ホームは、芝生の美しいパークゴルフ場に姿を変えていた。

■杉﨑行恭

オホーツク海に沿う湖を巡った人気ローカル線

湧網線【網走〜中湧別】

網走と名寄本線の中湧別駅との間を結んでいた湧網線は、車窓から網走湖、能取湖、オホーツク海、サロマ湖と、次々に現れる湖水や海の眺めを堪能できることから人気のあったローカル線だった。

オホーツク海沿岸の開発を目的に計画された湧網線は、まず網走から湧網東線として網走〜卯原内間が昭和10年（1935）10月に開通、卯原内〜常呂間が翌年10月10日に開通している。また、中湧別からは、湧網西線として、中湧別〜計呂地間が昭和10年10月に開通し、計呂地〜中佐呂間（のちの佐呂間）間が翌年10月に開通したが、残りの常呂〜中佐呂間間の工事は、路盤や橋梁、駅舎などが完成し、後はレールを敷くのみという段階で、戦争のために一時中止になってしまった。

その後、何度となく行われた陳情の結果、ようやく戦後の昭和27年（1952）7月より工事が再開され、同年12月に常呂〜下佐呂間間（のちの浜佐呂間）が開通、翌年の10月に残りの中佐呂間〜

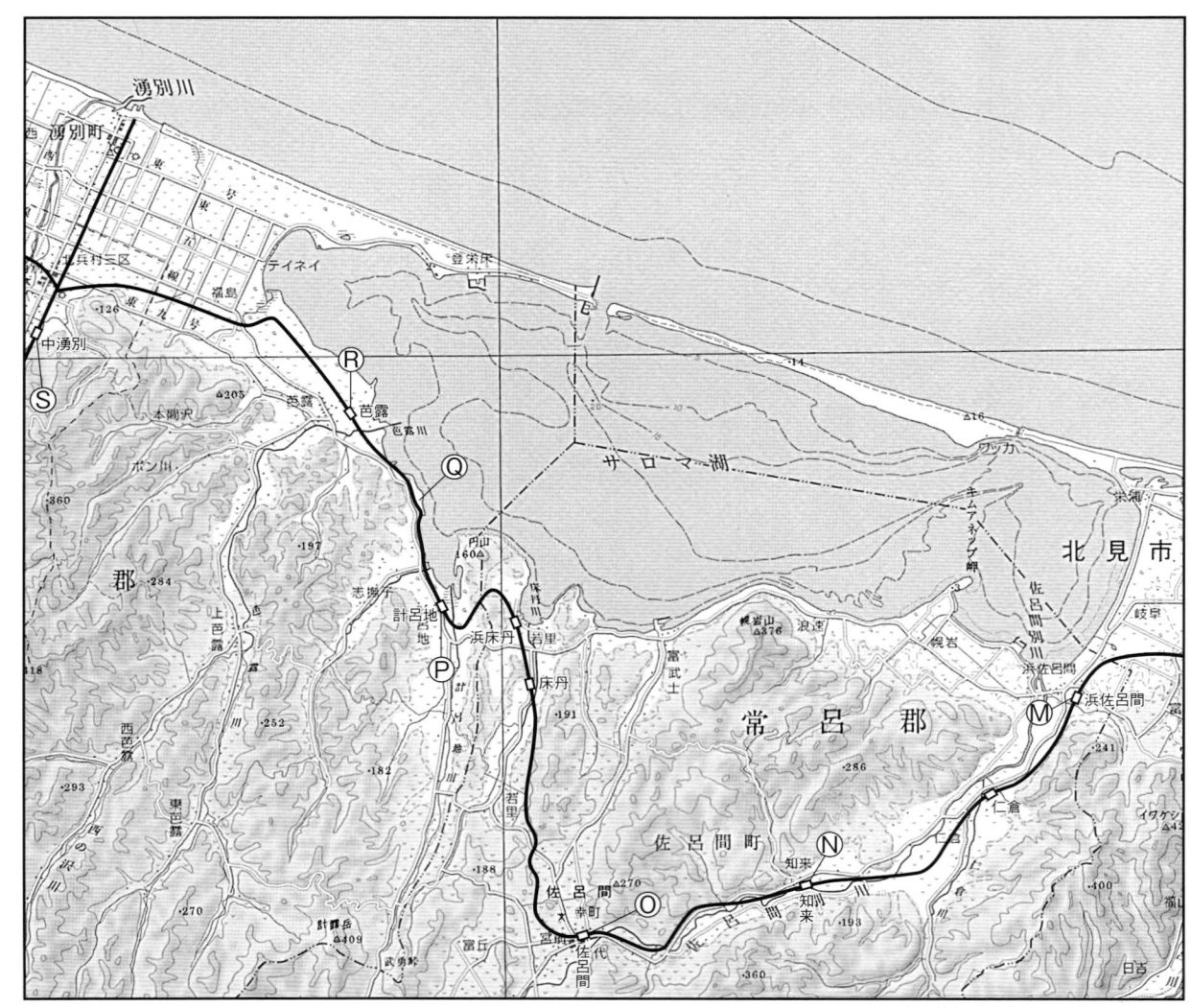

1/20万地勢図「紋別」（H18編集、H20.2.1発行）原寸

【A地点】網走駅。使われていない手前の旧0番ホームから湧網線が発着していた

【C地点】網走と常呂を結ぶサイクリングロードに転用された網走川を渡る鉄道橋

(左)【B地点】網走監獄が近い大曲から石北本線と湧網線が分岐していた

下佐呂間間が開通し、網走〜中湧別間の全線89・8kmがつながった。

しかし、道内の他のローカル線と同様、昭和56年(1981)時点で2156と営業係数の高い湧網線は、国鉄再建法に基づく第二次廃止対象路線の一つに選定され、昭和62年(1987)3月20日にバスに転換され全線廃止となった。

かつての湧網線は、網走駅の0番線ホームから出ていたが、現在の0番線ホームは、レールも撤去されて使用されていない(Ⓐ)。しばらく石北本線と並走した湧網線は、大曲仮乗降場付近(Ⓑ)で石北本線と分かれ、網走川を渡って網走湖の湖岸を走っていた。線路跡は、網走川を渡る手前からサイクリングロードになって常呂まで整備されており、その跡をたどるのはやさしい。また、網走川を渡る橋は、当時のガーダー橋をそのまま利用していた(Ⓒ)。

二見ケ岡の丘陵地帯を越えた線路跡は、秋に赤く色づくサンゴ草の群生地で知られる能取湖に沿って走る(Ⓓ)。卯原内駅跡には線路跡上に9600形の49643とオハ47508が展示されている(Ⓔ)。能取湖沿いに進む廃線跡のサイクリングロードだが(Ⓕ)、能取駅跡には、プラットホームだけが寂しく残されていた(Ⓖ)。

ポント沼を左手に見た線路跡(Ⓗ)は、やがてオホーツク海に接した常呂港仮乗降場へ下っていくが、距離の長い湧網線にしてはオホーツク海を眺められる区間は短く(Ⓘ)、常呂から先は、海から離れて内陸部へ方向を変えていく。また、常呂港から先は、線路跡からサイクリングロードが離れていくが、線路跡はしっかり分かる。なお、常呂川の橋梁は撤去されてしまっており、常呂駅の跡も交通ターミナルに

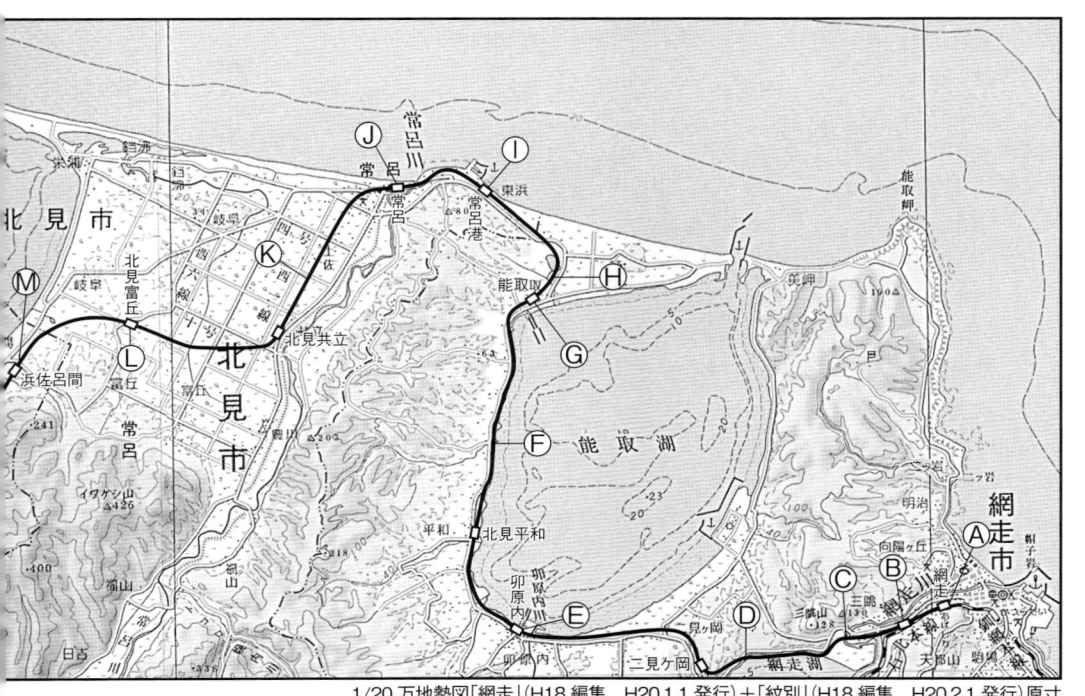

1/20万地勢図「網走」(H18編集、H20.1.1発行)+「紋別」(H18編集、H20.2.1発行)原寸

【G地点】能取駅跡には崩れかけたホームが残るだけだった

（左）【H地点】ポント沼を見ながら台地の上に上がって行く

（上から）
【D地点】網走湖畔に伸びる廃線跡のサイクリングロード
【E地点】卯原内駅跡に保存されている9600形の49643
【F地点】能取湖を半周するように進むサイクリングロード

【I地点】常呂町東浜付近でオホーツク沿岸に出る

【J地点】廃止まで有人駅だった常呂駅は交通ターミナルになっている

【K地点】広大な畑の中にコンクリート橋だけが残されていた

なっている(Ⓙ)。

　常呂から内陸部に入った線路跡は、畑に取り込まれてその跡を消した部分が多いが、用水路や小川を渡る部分に短いコンクリート橋梁や橋台などを見ることができる(Ⓚ・Ⓛ・Ⓜ)。また、各駅の駅舎も姿を消してしまったものが多いが、知来駅の駅舎は、知来ゲートボール会館となって、今も当時の場所に健在だ(Ⓝ)。さらに、佐呂間駅跡は、佐呂間町交通公園になり、湧網線に関する豊富な資料を展示する鉄道記念館が建てられているほか、D51 565やスユニ50517、ヨ8017、DE10 1677などの車両も展示されている(Ⓞ)。

　佐呂間から中湧別方面に向かう線路跡は、樹林地帯を分断する藪の帯や、築堤にその痕跡を残してサロマ湖の湖畔に向かう。なお余談であるが、途中の床丹駅近くの国道238号の踏切付近で、SLシリーズ切手の9600形の図案の元になった写真が撮られた。

　浜床丹仮乗降場付近は、その名が示すようにはサロマ湖の展望を十分に楽しむことはできず、実際にサロマ湖の湖畔に沿って湧網線が走るのは、計呂地から芭露にかけての区間だ。特に月見ケ浜付近は、湖岸に沿って美しい車窓風景が楽しめたが、この付近の線路跡は、車道の隣の幅広い歩道になっている(Ⓠ)。また、計呂地駅は、ホーム

【N地点】知来駅舎が老人クラブの集会場になっていた

【O地点】湧網線の鉄道資料館になっていた旧佐呂間駅舎

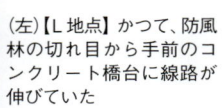

(左)【L地点】かつて、防風林の切れ目から手前のコンクリート橋台に線路が伸びていた

(下)【M地点】浜佐呂間駅近くの橋台。鉄道があったことを教えている

【P地点】C58と客車が静態保存されている計呂地駅跡

【R地点】芭露駅跡も記念碑が残されているだけだった

(左)【Q地点】佐呂間湖に沿って走っていた月見ケ浜付近

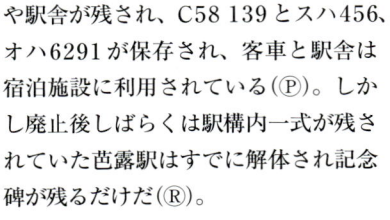

(右)【S地点】ホームと跨線橋が「道の駅 中湧別」の象徴となっていた中湧別駅跡

や駅舎が残され、C58 139とスハ456、オハ6291が保存され、客車と駅舎は宿泊施設に利用されている(Ⓟ)。しかし廃止後しばらくは駅構内一式が残されていた芭露駅はすでに解体され記念碑が残るだけだ(Ⓡ)。

終着駅の中湧別は、湧網線のほか、名寄本線や名寄本線の湧別支線の列車が発着し、保線区や車掌区、機関支区、建築支区、営林支区などの鉄道関係施設を備えた鉄道の要所でもあった。中湧別駅の北約500mの付近で、3つの線が合流していたが、真ん中の湧網線の跡は、オホーツクリラ街道と名づけられた立派な道路になり、この付近の痕跡は見当たらない。

また、中湧別駅の跡は「道の駅 中湧別」に整備され、跨線橋を中心にした2本のホームの一部と4両の緩急車が残されて、鉄道記念館に利用されている(Ⓢ)。

■杉﨑行恭(村田正博)

時代にもてあそばれた薄幸の連絡線
根北線 【斜里～越川】【未成区間：越川～第1幾品川橋梁】

(左)【A地点】知床斜里駅の東側を走る釧網本線。根北線は踏切の先を直進していた

(右)【B地点】斜里町内にわずかに残る橋台

(下左)【D地点】農道となっている下越川駅付近。駅の痕跡は全くない

(下右)【E地点】終点の越川駅も畑に。付近に人家はない

【C地点】畑の真ん中付近が以久科駅があった場所

知床半島の根元に連なる山脈を横断する根北線の建設計画は、大正2年(1913)の鉄道敷設法により「根室国厚床付近ヨリ標津ヲ経テ北見国斜里ニ至ル鉄道」として具体化した。当時は線名にもなった根室と北見の連絡とともに、千島方面への基地としてこの地方のインフラ整備が叫ばれていた時代だった。

しかし着工が大きく遅れ、昭和13年(1938)にずれ込んだことが根北線の不運の始まりだった。

斜里(現・知床斜里)～標津間56kmを結ぶこの新線は斜里側から工事が始められ、昭和15年(1940)11月までが完成した。ところが、その直後に太平洋戦争が始まり、不要不急路線として開業と延伸工事は中止されレールも供出する事態になった。

戦後も、地元の建設促進運動の結果、昭和32年(1957)に斜里～越川間に限って再着工され、5カ月の突貫工事で11月10日に開業ということになった。昭和13年(1938)の着工から実に19年目の秋だった。

しかし、残る越川～標津間はついに着工されず、昭和45年(1970)11月30日限りで、北海道の廃止線のトップとして時刻表から根北線の名が消えた。開業からわずか13年という短命な鉄道だった。

斜里～越川

知床斜里駅構内で釧網本線の北側を走っていた根北線の線路は、駅を出た東3線踏切を過ぎた所から直進していた(Ⓐ)。今では家が立ち並んで一見すると線路跡とは思えないが、裏手に回ると築堤を補強するコンクリート擁壁と小河川を渡っていた橋台が昔のまま残っている(Ⓑ)。

しかし、それから線路のラインは畑を埋め立てた住宅地に入り、国道334号と244号が交差する五差路のそばを通っていた。国道244号の西側を並行していた線路だが、わずかに線路を横切っていた農道の盛り上がりでその位置を知るぐらいだ。

しかし、畑に亡霊のように駅舎と官舎2棟が廃屋になって残っていた以久科駅も平成10年(1998)頃には撤去され、現在は広大な畑になっていた(Ⓒ)。この周辺は泥炭地帯で、鉄道建設に難渋を極めた場所だ。これより先は農家のトラクターが線路跡を跡形もなく畑に変えている。

板張りのホームだけだった下越川駅

（上）【F地点】戦中戦後のコンクリート鉄道橋としては北海道最大の第1幾品川橋梁（越川橋梁）

【G地点】幾品川に下りると美しいアーチが見えた。橋の全景を見渡せる場所はない

【H地点】「知床博物館」内の根北線の展示

は地元農家の人たちが「あのあたり」と畑を指すだけで痕跡もない（D）。旧版地図を頼りに行くと、ようやく越川駅の手前で国道を横切った延長線上に鉄道らしくオープンカットした地形が現れた。しかし、再び線路跡は消え、国道から少し離れていた越川駅の位置も、すっかり牧草地になっていた（E）。

未成区間：越川〜第1幾品川橋梁

根北線の開業区間はここまでだが、最大のハイライトが500mほど先の国道と幾品川に架かる第1幾品川橋梁（通称「越川橋梁」）だ。

川底からの高さ21.7m、全長147mにもなる無筋コンクリート造り10連アーチ橋は鉄材不足の時代に設計された橋で、一度も列車が走ることはなかったが今も優美な姿を見せている（F・G）。

橋は国道舗装工事の際、一部が破壊されたが、現在は根北線のシンボルとして国の登録有形文化財として保存されている。

昭和14年（1939）当時、この先も第2工区として一部で工事が進められたが、その痕跡も現在は牧草地の中に消えてしまった。さらに根北峠の手前には3本ピア（橋脚）のコンクリート橋が残されていたと記録にあるが、深い森に阻まれて確認できなかった。

短命に終わった根北線だが、斜里町にある「知床博物館」にはこの路線の展示コーナーがあって、かつての駅名看板などを見ることができる（H）。

■杉﨑行恭

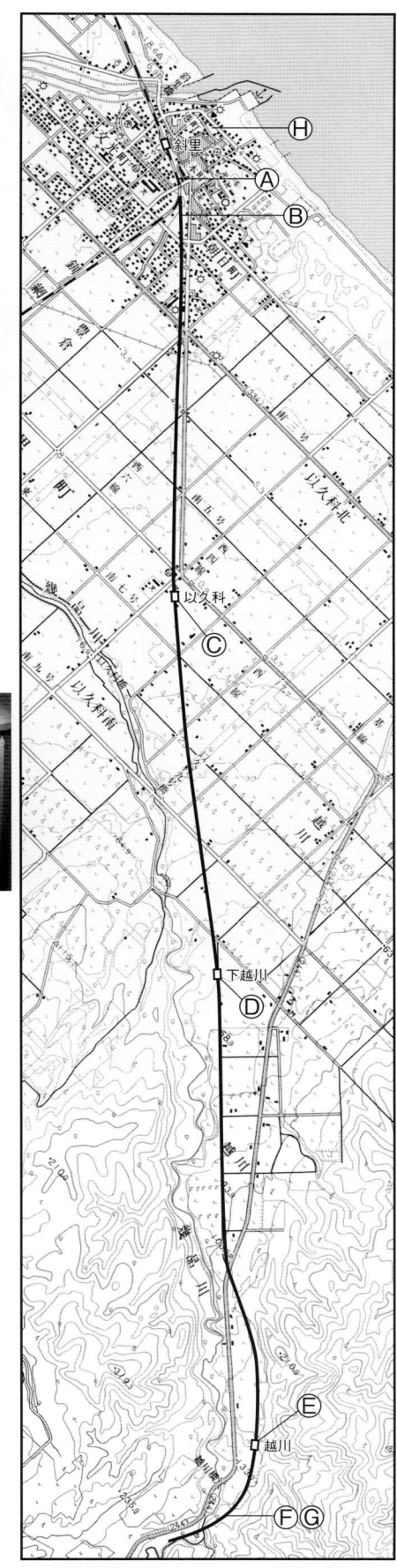

1/5万地形図「斜里」(H3二編、H3.8.1発行) +「峰浜」(H5二編、H6.10.1発行) +武佐岳(H4二編、H5.1.1発行) ×0.8

55

湿原と台地を越えて根釧原野の開拓を支えたローカル線
標津線 【厚床～中標津】【標茶～根室標津】

【A地点】厚床駅の構内の一角に草に埋もれた転車台の跡がある

【C地点】根室本線と分岐した線路跡はフットパスの散策コースになっている

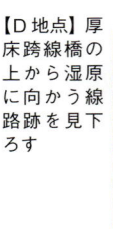

【D地点】厚床跨線橋の上から湿原に向かう線路跡を見下ろす

【B地点】分岐点を根室本線のキハ54が根室に向けて走り抜ける

【E地点】風蓮川を渡る長いガーダー橋が残されている

【F地点】別海町の文化財として当時の姿をそのままに保存している奥行臼駅跡

馬車鉄道による殖民軌道を交通の頼りにしてきた根室地方であったが、やがて原野開拓に伴う物資や農産物などの大量輸送が可能な鉄道敷設が強く求められ、根室原野の開拓と地域産業の振興を目的に標津線が計画・敷設されることとなった。

工事はまず、昭和6年（1931）12月から根室本線の厚床～奥行臼間で始まり、昭和8年（1933）12月1日に厚床～西別（のちの別海）間が、翌9年（1934）10月1日に西別～中標津間が開通した。

さらに昭和11年10月29日には、標茶～計根別間が計根別線として開通、翌年の昭和12年（1937）10月30日、残る計根別～根室標津間の開通に併せ、中標津～厚床間を編入して名称を計根別線から標津線に改め、総延長116.9

【G地点】奥行臼駅跡の近くに別海村(町)営軌道風蓮線の車両や施設跡なども保存されている

【H地点】多目的広場「プラト」になった別海駅の構内跡

(左)【I地点】春別川に架かるガーダー橋は「SL散策路」に利用されている

【K地点】中標津から標茶に向かう列車は厚床へ向かう線路と分かれるとすぐにコンクリート橋を渡った

【J地点】別海跨線橋から根釧原野の中を走り抜けた線路跡を眺める

【L地点】厚床方面と標茶方面に向かう2線分の線路跡の敷地が残っている

【M地点】バスターミナルになった中標津駅跡は交通の要所の役割を担う

kmにも及ぶ長大ローカル線が誕生した。

その後、観光客や住民の足として、また貨物輸送に多大な貢献をした標津線であったが、道路の普及によって利用者も減り、平成元年(1989)4月30日をもってその使命を終え、バスに転換されて全線廃止となった。

厚床～中標津

標津線の根室側の起点になった厚床には、機関庫のほか、保線区、電気区なども置かれ、鉄道の町として

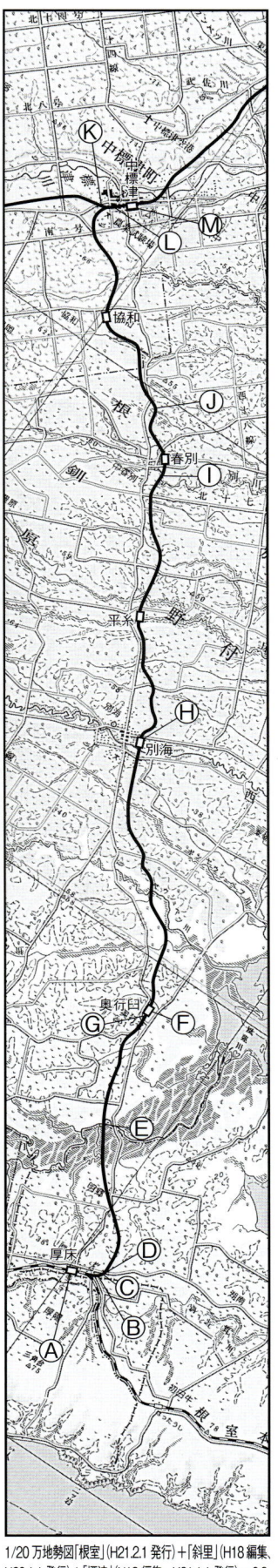

1/20万地勢図「根室」(H21.2.1発行)+「斜里」(H18編集、H20.1.1発行)+「標津」(H18編集、H21.1.1発行)×0.8

57

にぎわっていた。しかし、今はずらりと並んだ鉄道官舎も取り壊されて荒地が広がり、草原の中に取り残されたターンテーブル跡を除いて機関庫の跡もない。また、沖縄の返還以前、北海道が若者に絶対的な人気を誇っていた頃、駅前にはテントも張られ、根室本線から乗り換える標津線の列車には、積み残しが出るほどの若者が押し寄せたという。しかし今の閑散とした風景からは想像ができないⓐ。

厚床駅を出た線路跡は明確で、「The Attoko Path」と名付けられた探索コースになって、国道44号の厚床跨線橋Ⓓの下をくぐり、やがて湿原の中を一直線のスジになって風蓮川まで伸びている。風蓮川には、長いガーダー橋も残されておりⒺ、風蓮川の約500m先からは、深い藪に覆われる。

奥行臼駅は、標津線開業当初に建てられた駅舎が別海町の文化財に指定され、構内全体が当時のままに保存されておりⒻ、昭和49年(1974)に廃止になった駅構内貨物線も復元されている。奥行臼駅跡のすぐ近くには、昭和46年(1971)3月末をもって廃止になった別海村(町)営軌道風蓮線の奥行臼停留場があり、車両や小さなターンテーブル跡も保存展示されているⒼ。

このほか、別海駅の構内跡は多目的広場「プラト」にⒽ、春別駅跡はパークゴルフ場に姿を変えているが、駅前にあった商店街や倉庫群に、ほんのわずかだが、駅があった匂いを残している。なお、春別駅跡の厚床側を流れる春別川には、枕木を敷いたガーダー橋が残されⒾ、線路跡が「SL散策路」として活用されており、中標津側の黒百合川にもガーダー橋が残っている。同様に別海駅の南側を流れる西別川のガーダー橋は、遊歩道橋に転用されている。

なお、中標津までの線路跡も、藪に

1/20万地勢図「釧路」(H18編集、H21.3.1発行)＋「斜里」(H18編集、H20.1.1発行)＋「標津」(H18編集、H21.1.1発行)×0.8

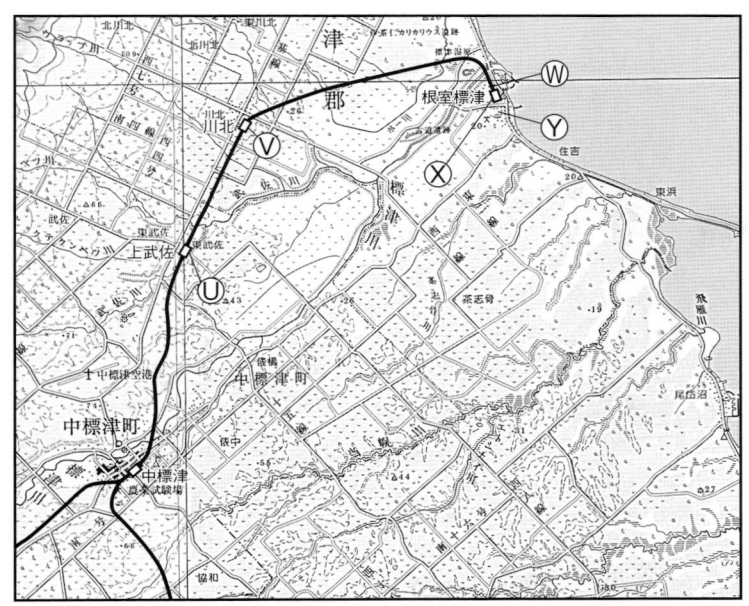

1/20万地勢図「斜里」(H18編集、H20.1.1発行)+「標津」(H18編集、H21.1.1発行)×0.8

西春別駅の跡には、鉄道記念館が建てられ、標津線の歴史や標津線にまつわる各種資料などが展示されている。また、屋外の鉄道記念公園には、戦後賠償として輸出され、遠くサハリンから里帰りしたD51 27やラッセル車のキ276、ヨ4642、キハ22239などの車両が展示され、西春別のほか、泉川、光進などの7枚の駅名標示板も並んでいる(Ⓡ)。

標茶方面からの線路と厚床方面からの線路が合流する中標津駅の跡は、バスターミナルになっている(Ⓜ)。地元では、標茶方面を釧路方面、厚床方面を根室方面と呼んでいたようで、実際に標茶側からの列車は、釧路から直通運転される列車も多かった。また、線路跡も、両方向に線路が分岐する付近まで線路跡がしっかり残っている。分岐点から先の標茶側は住宅地になってしまったが、その先には築堤とコンクリート橋が残っている。

中標津から根室標津にかけての区間も、線路跡がしっかり残っている所が多い。映画『遙かなる山の呼び声』に登場する上武佐駅の跡には、かつての駅前旅館であり文化庁の登録有形文化財

覆われた細長い荒地や道路となって残っている場所が多い。

標茶～根室標津

一方、標津線の本来の起点となっていた釧網本線標茶駅も、機関支区や保線区などが置かれていたが、今はそれらの施設は撤去されて当時の面影はない。しかし、3番線のホームには、標津線の起点を示すナラ材の標柱が今も立っている(Ⓝ)。

標茶から中標津までの間は、アップダウンを繰り返しながら、根釧台地の上を進んでいく。沿線には、緑の牧草や畑が広がり、北海道らしい風景が展開していたはずだ。泉川などの小さな駅は、廃止後もライダーなどの寝ぐらに利用されていたが、今は駅舎も消え、ホームもかろうじて残っていたわずかな骨組みも藪の中に消えた(Ⓠ)。

【N地点】標津線起点の標柱が残されている標茶駅3番線ホーム

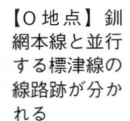

【O地点】釧網本線と並行する標津線の線路跡が分かれる

【P地点】釧網本線と分かれた標津線の路盤が緩いカーブを描いて森の中へと消えていく

【Q地点】ホームの一部が残っていた泉川駅跡もすっかり藪に覆われた

59

【T地点】放牧地の脇を抜けていく標津線の跡

(左上)【R地点】サハリン帰りのＤ51やキハ22などの車両も展示されている西春別駅跡の別海町鉄道記念公園　(左下)【S地点】計根別駅跡の外れにしっかり残っている標津線の路盤

【U地点】数々の映画の撮影地であったことをアピールする上武佐駅跡

【V地点】キハ22が保存されている川北駅跡

【W地点】根室標津駅の構内は緑の公園に整備されている

(左)【X地点】構内跡の外れに上路式の転車台が保存されている

【Y地点】標津文化ホール前に保存されているＣ11 224は塗装の傷みが激しい

に指定されている旧土田旅館が残っており、当時の面影を伝える(Ⓤ)。

また、駅の裏に土場があり、豊富な木材やえん麦などの飼料、でんぷんなどの貨物を盛んに積み出していたという川北(かわきた)駅跡には、キハ22 168が展示されているが、塗装の色あせが激しく残念だ(Ⓥ)。

ポー川の湿原を抜けた標津線は、標津川の鉄橋を渡って終着の根室標津に到着したが、標津川の鉄橋は撤去済みで跡形もない。根室標津駅構内は、広々とした広場に整備され、駅への取り付け道路だった駅前通りはその構内跡地を突き抜けている(Ⓦ)。また、構内の奥に残されていた転車台は、平成14年

(2002)に標津町の文化財に指定されて整備されている(Ⓧ)。

かたわらに立てられた案内板には、昭和40年代当時の機関庫や転車台、給水塔、石炭庫などの位置も示された構内図も描かれ、当時の様子の思い起こすよい資料になる。なお、近くの標津文化ホール前には、標津線で最後の活躍をしたＣ11 224が保存展示されている(Ⓨ)。　　　　　■村田正博

北海道開拓の夢を乗せて走った殖民簡易軌道
鶴居村営軌道
【雪裡線：新富士〜下幌呂〜中雪裡】
【幌呂線：下幌呂〜新幌呂】

（左）【A地点】根室本線の新富士駅の前が鶴居村営軌道の駅構内であった　（右）【B地点】製紙工場の中を抜けてくる雄別鉄道との平面交差付近

【C地点】雄別鉄道跡のサイクリングロードと斜めに交差して村営軌道の築堤跡の道路が伸びる

【D地点】新線の線路跡は舗装道から砂利道になって湿原の中を進む

【E地点】旧線が雄別鉄道の上を越えていた築堤の橋台部分が残されている

（左）【F地点】東に向きを変える釧路湿原道路と分かれて軌道跡が真っすぐ湿原の中に伸びる

　開拓を目的に国が敷設し、地方自治体が無償供与を受けて運営を行っていた殖民簡易軌道が、北海道には数多く存在していた。釧路湿原の鶴居村と根室本線の新富士駅を結んでいた鶴居村営軌道もその一つで、昭和4年（1929）5月に新富士から中雪裡までの雪裡線（28.8km）が、同年11月に下幌呂から士幌呂（のちの上幌呂）までの幌呂線（15.5km）が完成し、昭和5年（1930）から、幌呂運行組合によって馬力牽引による運行が開始された。当初は荷物専用のトロッコの上の荷物にトロボイ（御者）が腰掛けて手綱を取り、中幌呂から新富士まで8時間を要する実にのんびりとしたものだったという。
　昭和16年（1941）には自動車を改造したガソリンカーが登場し、昭和18年（1943）には幌呂線の士幌呂（のちの上幌呂）より新幌呂まで3.8kmが延長されている。その後北海道開発局によって

61

動力化のための改良工事が行われ、昭和29年(1954)に鶴居村の管理下に置かれた。また、昭和36年(1961)には、併用軌道区間であった国道38号の交通の支障になるため、国道38号を渡り、雄別鉄道をまたいで同鉄道の北側を西に向かう新線に切り替えられている。しかし、道路の整備が着々と進むなかで、村営軌道の役割は薄れ、昭和42年(1967)に営業を休止し、翌年に正式に廃止となった。

雪裡線【新富士〜下幌呂〜中雪裡】

元銀行の建物とガソリンスタンド跡の空き地の付近にあった新富士駅(Ⓐ)を出発した村営軌道の跡は、現在の鳥取東通りを北上して国道38号方面へ向かった。途中、昭和29年(1952)に敷かれた雄別鉄道の"鳥取支線"と斜めにクロスする平面交差があり、村営軌道の車両が雄別鉄道のレールの上を乗り越えていた(Ⓒ)。

国道を渡った新線は、徐々に高度を上げて、現在、「湿原の夢ロード」と名がつけられたサイクリングロードになっている雄別鉄道の上を越えていた(Ⓓ)。また、旧線もこの地点から3.3km先で雄別鉄道の上をまたいでいたが、こちらには、築堤の橋台が残っている(Ⓔ)。

軌道跡はやがて釧路湿原道路に吸収されるが、北斗遺跡付近で道路から分離し、温根内付近まで湿原の中に、約

【G地点】温根内川周辺に残っていた築堤と橋台はバイパス道路の付け替え工事でなくなった

(右)【H地点】丘陵地帯に村営軌道の跡が伸びる

【K地点】タンチョウの見学場所として知られる鶴見台に枕木が残る線路跡が通っている

【I地点】下幌呂の駅があった場所は工事が行われていた

(右)【J地点】築堤部分を利用して生活関連の管が埋設されている

【L地点】Aコープになった中雪裡駅の跡

(右)【M地点】鶴居小学校の隣に自走客車(39号)とDLが保存されている

5kmの探勝路が整備されている(F)。また、温根内川周辺の湿地帯では、2カ所に橋台部分が残されていたが、軌道跡を通る道路の付け替えによって消滅した(G)。

下幌呂から中雪裡にかけては、牧草地の中を軌道跡が通っているが、軌道跡に生えている樹木が並木となって続いているので、遠くからでも跡を追うことができる(H)。終点の中雪裡駅跡は、現在のAコープがあるあたり(L)であった。なお、鶴居小学校の西側には、村営軌道で使用されたDLと自走客車が展示されており(M)、鶴居中学校の校庭には有蓋貨車が倉庫代わりに使用されている(N)。

幌呂線【下幌呂～新幌呂】

一方、新幌呂への幌呂線の跡もほぼ道道に沿っており、上幌呂にはコンクリートブロックで組まれた車庫が、廃校になった小学校で使用した備品や資料を納める倉庫代わりに残っている(P)。終着の新幌呂は、バス停の100mほど先の空き地付近であった(Q)。

■村田正博

【N地点】白く塗られた有蓋貨車が鶴居中学校の校庭に残っている

【O地点】上幌呂へ向かう道路脇に軌道の跡が並んでいる

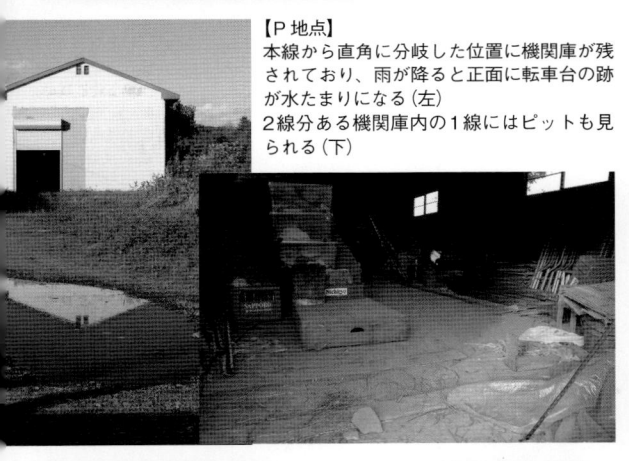

【P地点】
本線から直角に分岐した位置に機関庫が残されており、雨が降ると正面に転車台の跡が水たまりになる(左)
2線分ある機関庫内の1線にはピットも見られる(下)

【Q地点】バス停の先にある空き地が終点の新幌呂駅の跡

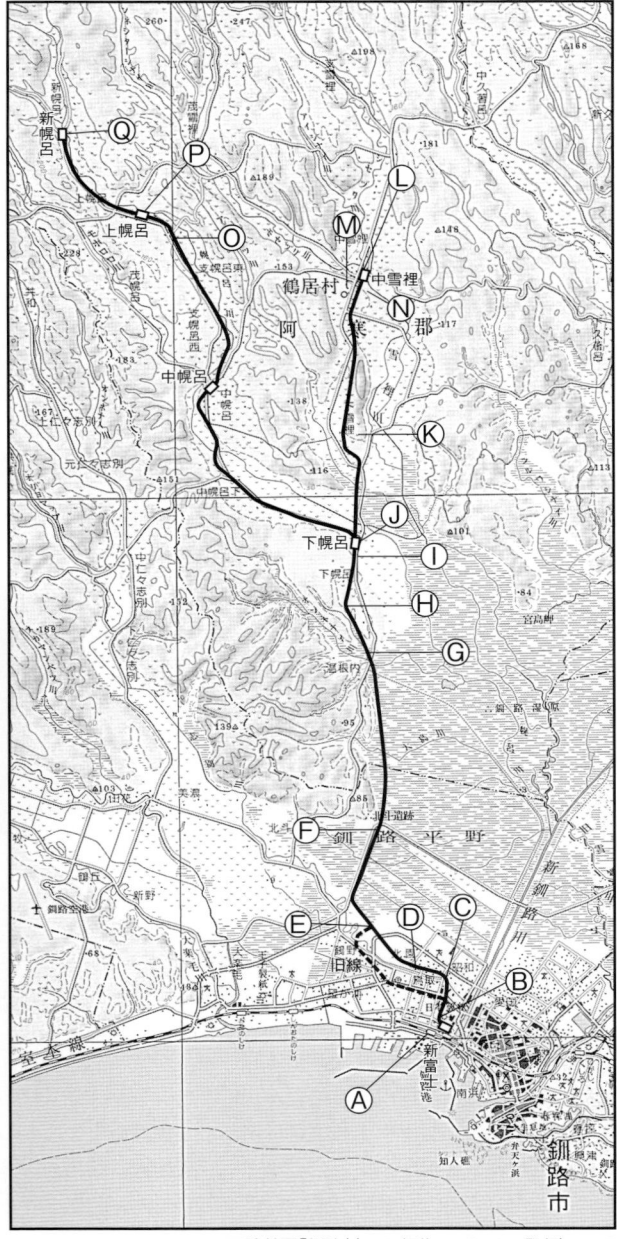

1/20万地勢図「釧路」(H18編集、H21.3.1発行)×0.8

西の夕張鉄道と並ぶ北海道有数の炭鉱鉄道

雄別炭礦鉄道【釧路〜雄別炭山〜大祥内】

【A地点】釧路駅北側に残る雄鉄線ホーム地下道入り口

【B地点】釧路製作所本社工場に保存されている8722号と「新釧路」の駅名標示板

（右）【C地点】雄鉄線通の道路標識

【D地点】鉄橋の面影はない鶴見橋

（右）【E地点】かつての雄鉄昭和駅付近が起点になっている釧路阿寒自転車道

【F地点】北園駅跡付近の釧路阿寒自転車道

【G地点】自転車道の鶴野休憩場に残る鶴野駅ホーム

（右）【H地点】鶴居村営軌道の跨線橋の橋台

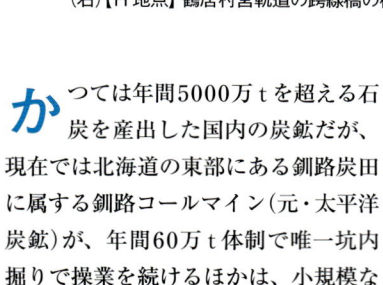

　かつては年間5000万tを超える石炭を産出した国内の炭鉱だが、現在では北海道の東部にある釧路炭田に属する釧路コールマイン（元・太平洋炭鉱）が、年間60万t体制で唯一坑内掘りで操業を続けるほかは、小規模な露天坑がいくつか存在するだけである。
　釧路炭田にはかつて太平洋炭鉱や雄別炭鉱、明治庶路炭鉱などが操業していたが、阿寒国立公園に近い内陸部に位置した雄別炭鉱では、釧路港への石炭輸送路線として大正12年（1923）1月、釧路〜雄別炭山間に延長44.1kmの鉄道を敷設し、北海炭礦鉄道として開業、翌年に雄別炭礦鉄道と改称した。
　戦中・戦後にかけてはC11形やC56

【I地点】自転車道のかたわらに残る山花駅駅舎

【J地点】シーズンには観桜客でにぎわった桜田駅跡

【K地点】自転車道終点に位置する阿寒町商工会館横に立つ雄別鉄道記念碑

（左）【L地点】廃線跡の市道阿寒雄別道路　（右）【M地点】古譚駅跡

【O地点】新雄別・真澄町付近の廃線跡

（左）【N地点】古譚駅付近の崖に刻まれた「1957」の年号

【P地点】イギリス製の舌辛川橋梁

（左）【Q地点】道路脇に残るベルツナイ橋梁
（右）【R地点】横山踏切の跡

雄別鉄道の起点であった釧路駅5番ホーム北側には、雄鉄線ホームと釧路駅駅舎を結んだ地下道への入り口が残っている（Ⓐ）。

転車台や給水整備があり、駐泊場の置かれた新釧路付近には、雄別鉄道の車両整備などを行っていた釧路製作所が操業し、事務所棟の前には経済産業省より「近代化産業遺産」として認定された8722号SL（1912年、汽車製造製）が、「新釧路」の駅名標示板と共に大切に保存されている（Ⓑ）。

釧路製作所から雄別鉄道の廃線跡は一部国道44号を通り、鶴見橋まで道道113号・釧路環状線となっている。通り

形に8700形等の古典機も加わり石炭輸送に活躍したが、昭和32年（1957）には旅客輸送の近代化として気動車を導入、昭和34年（1959）には炭鉱部門から独立して雄別鉄道として合理化に

努めたが、炭鉱閉山の嵐には抗しきれず、昭和45年（1970）2月に炭鉱部門と再合併した後、会社倒産＝閉山、そして同年4月には鉄道線廃止の途をたどった。

【S地点】雄別炭鉱記念碑駅跡のコンクリート擁壁 　　【T地点】コンクリート製の然別川開渠 　　【U地点】雄別炭山駅跡のコンクリート擁壁

（左）【V地点】炭鉱の総合ボイラーの煙突が残る

（右）【W地点】美しい煉瓦アーチの錦沢の眼鏡橋

には「雄鉄線通」の標識も出されているが（Ⓒ）、釧路労災病院や北海道釧路江南高校があり通院・通学客でにぎわった中園駅跡も、周辺の都市化で痕跡は定かでない。

　鉄道時代の鉄橋の面影は全くなくなった4車線の鶴見橋を渡り切ると（Ⓓ）、左手にコンビニがあり、隣の昭和会館の向かいから、雄別鉄道の廃線跡を利用した「道道835号釧路阿寒自転車道線」が始まる（Ⓔ）。

　自転車道は延長約25km、昭和会館周辺はかつての雄鉄昭和駅で、ここから仁々志別川に沿い、北園（Ⓕ）、鶴野と進む。

　鶴野駅跡には自転車道の休憩所があり、往時のホームが残っている（Ⓖ）。さらに進むと鶴居村営軌道の跨線橋の痕跡が残り（Ⓗ）、自転車道は釧路湿原の南部をかすめ北斗、山花と進む。山花には駅舎が残っており（Ⓘ）、春には桜の名所としてにぎわった桜田にも休憩所が設けられている（Ⓙ）。

　阿寒駅の跡には、阿寒町商工会館が建ち、その横には雄別鉄道の記念碑が設置されている（Ⓚ）。阿寒町は平成17年（2005）に釧路市と合併したが、今でも周囲で操業している木工場が、かつての木材の集散地を彷彿させる。

　阿寒から先の廃線跡は舌幸川に沿って山間に入る。国道240号を横切り市街地を抜けると、途中から砂利道になるものの、廃線跡は市道阿寒雄別道路となり、古譚駅跡まで続いている（Ⓛ）。

　古譚駅跡周辺（Ⓜ）にはかつての炭鉱住宅も残り、舌幸川が迫った崖には、気動車導入を記念して刻まれた「1957」の年号が、今も鮮やかに残っている（Ⓝ）。

　この先、荒れてはいるものの、炭住街に設けられた新雄別、真澄町駅の跡まで道は続いている（Ⓞ）。

　その先の廃線跡は原野に還りつつあるが、舌幸川には鋼鈑桁4連の舌幸川橋梁が残っている（Ⓟ）。橋桁には「The Patent Shaft and Axeltree Company（パテント・シャフト・アンド・アクスルトゥリー・カンパニー）・1896」の銘板が残されているが、雄別鉄道の開業当時は木橋であり、昭和初期の架け替えに際して、ストックされていたこのイギリス製の橋桁が転用されたものと思われる。

　廃線跡が、道道222号・雄別釧路線に寄り添うあたりに、鋼鈑桁2連のベルツナイ橋梁が残っている（Ⓠ）。横山踏切の跡を過ぎると（Ⓡ）、廃線跡は道路の山側に移り、雄別炭鉱記念碑（Ⓢ）を過ぎると、コンクリート単版桁の然別川開渠が残る（Ⓣ）。

　最盛期には1万人を超える集落の中心に位置した雄別炭山駅跡には、コンクリートの擁壁（Ⓤ）や炭鉱施設であった巨大な煙突が残っているだけである（Ⓥ）。

　ここから先の大祥内までは昭和13年（1938）に廃止された区間である。さらに奥に進むと、錦沢に大祥内専用線の通称「眼鏡橋」が、人知れず美しい煉瓦のアーチを描いている（Ⓦ）。

　また、釧路に戻ると、石炭積み込みの北埠頭に続いていた鶴野線の根室本線跨線橋の痕跡や（Ⓧ）、埠頭線を引き継いだ釧路開発埠頭の鉄道線の廃線跡も残っている（Ⓨ）。

■奥山道紀

【X地点】根室本線をまたいだ鶴野線跨線橋跡

【Y地点】雄別鉄道埠頭線を引き継いだ釧路開発埠頭の廃線跡

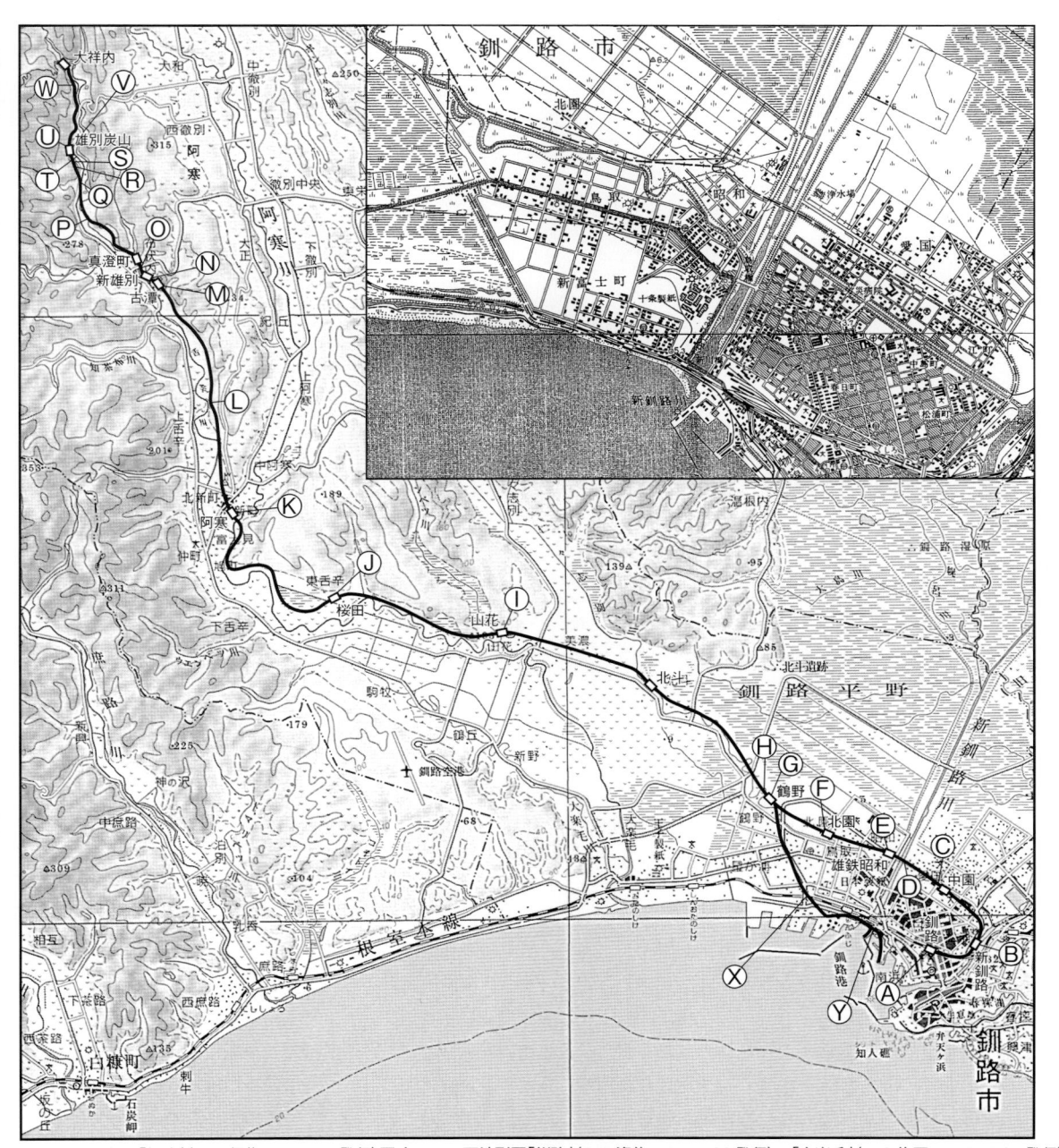

1/20万地勢図「釧路」(H18 編集、H21.3.1 発行) 原寸 & 1/5万地形図「釧路」(S42 資修、S45.5.30 発行) +「大楽毛」(S48 修正、S49.10.30 発行) × 0.7

北進の夢かなわず全通後わずか11年で消えたローカル線

白糠線 【白糠〜北進】

(左上)【A地点】白糠線の列車は今も数本の折り返し列車が利用する白糠駅3番ホームを使用していた

(左)【C地点】遊歩道に活用されている線路跡が住宅地と茶路川の間に伸びていく

【B地点】根室本線との分岐点付近に白糠線跡の築堤と草藪に覆われた線路がわずかに残る

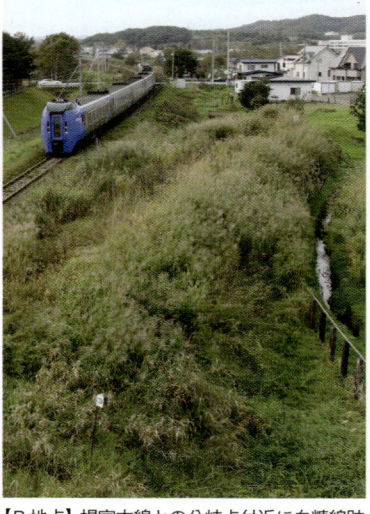

【F地点】放牧地の中を白糠線の築堤がのびやかに続く

【D地点】白糠線のコンクリート橋がそのまま遊歩道に転用されている

【E地点】白糠線の線路跡が原野の中を北進する

(上)【G地点】茶路川支流の松川に小さなコンクリート橋が架かる
(下)【H地点】茶路川に架かるコンクリート橋は痛みも少なく今でも地元の人に利用されている

　根室本線の白糠駅から茶路川に沿って北進駅まで33.1kmの距離を結んだ白糠線は、上茶路にあった炭鉱の石炭搬出と、沿線の森林開発を目的に建設されたもので、当初、白糠から池北線の足寄駅を結ぶ予定で計画された。

　昭和33年(1958)9月から白糠〜上茶路間で工事が開始され、昭和39年(1964)10月7日に同区間が開通した。さらに、上茶路〜北進間の工事が、昭和41年(1966)7月から日本鉄道建設公団の手によって開始され、2年後の昭和43年(1968)11月に竣工した。

　しかし、昭和45年(1970)に上茶路鉱山が閉山するなど、沿線の貨物輸送の営業が望めないことから、開業が昭和47年(1972)9月8日まで延ばされた。また、終着駅となる北進の駅名も、当初予定された釧路二股から、足寄まで路線が延長されることを願って北進と変更になった経緯がある。このように、営業当初より上茶路鉱からの出炭量が伸び悩むなど、高い営業成績は望めず、年々増大する赤字のなか、北進して池北線(のちの北海道ちほく高原鉄道ふるさと銀河線)と接続する願いもむなしく、他の赤字ローカル線の先陣を切るように、昭和58年(1983)10月23日に廃止された。全通してわずか11年と短命な路線であった。

　根室本線白糠駅の3番ホーム(Ⓐ)を出た白糠線の線路は、国道

(上・右)【J地点】「鍛高T」と記された銘板も残っている鍛高トンネルの北進側坑門

【I地点】草地の奥に口を開けている鍛高トンネルの坑口は国道からでも確認できる

【K地点】茶路川には何本ものコンクリート橋が架かっている

392号の陸橋付近で根室本線と分岐して上白糠駅へ向かっていた(Ⓑ)。陸橋の少し先までは、わずかだが線路跡の築堤が伸び、引込線として利用されていた線路も残っている。その先の築堤は削られて住宅地と空き地になるが、すぐに遊歩道に姿を変えて茶路川に沿って北上する。国道を渡った線路跡は、畑や原野の中を一直線の荒地となって、さらに北上を続ける(Ⓔ)。広い空き地となっている上白糠(かみしらぬか)駅の前後は、線路跡がところどころ築堤となって明確にその姿を現す(Ⓕ)。また、牧場地帯の中や、山際を進む線路跡には、電流を流した電線やシカ除けの柵が巡らされている。なお、平地部分の茶路川支流の沢には、小さなコンクリート橋梁がいくつも残されている(Ⓖ)。

【L地点】コンクリート橋が主体の白糠線では珍しい鉄橋である第6茶路川橋梁には朽ちた枕木も残っている

【M地点】鹿の侵入避けの電気柵越しに眺められる縫別トンネルの白糠側坑口

【O地点】国道392号の上を渡る白糠線のコンクリート橋は全線で2カ所ある

【N地点】観渓橋から眺められる長大な第7茶路川橋梁のコンクリート橋とガーダー橋

【P地点】構内の端には信号機も残っている（上左）／廃止後に構内を周遊する施設で利用されていた保線用の軌道自転車が放置されている（上右）／自然に還りつつある上茶路駅の構内にホームが残っている（下）

【Q地点】上茶路駅の北進側にある上茶路陸橋の先に架かっている第11茶路川橋梁

（左）【R地点】茶路川右岸に新たに整備された国道から第13茶路川橋梁を眺める

　茶路駅跡は、当時からあった桜の木が目印になるが、カマボコ形の納屋がある付近にあったホームなどは、埋没されてその跡は分からない。
　茶路駅跡から2.5kmほど縫別駅に向かって進むと、やがて築堤と長いコンクリート橋梁が現れる（Ⓗ）。茶路駅から縫別駅にかけての区間では、4カ所で茶路川本流を渡り、支流の縫別川を含めて5カ所にコンクリート橋梁が残されている。茶路川に沿う白糠線では、全線合わせると実に56カ所に橋梁が架けられていたが、そのすべての橋梁が撤去されずに残されているのは特筆されるだろう。
　また、沿線に2カ所あった鍛高トンネル（Ⓘ・Ⓙ）と縫別トンネル（Ⓜ）も坑口が閉鎖されずに残っている。鍛高トンネルは、全長が145mと短く、かつては簡単に通り抜けられたが、今は縫別トンネルとともに、電気柵がトンネル内に入ることを阻んでいる。また、縫別トンネルを挟んだ2カ所の橋梁は、他のコンクリート橋梁と違って鉄製のガーダー橋が用いられ、橋桁の上には枕木も残っている（Ⓛ・Ⓝ）。特に上茶路側の長大な第7茶路川橋梁（Ⓝ）は、新しく建設された観渓橋の上から眺めると、文字どおり見事な景観を鑑賞できる。
　上茶路駅跡は、草木に覆われて自然に還りつつあるが、レールが残る構内にホームが残っている（Ⓟ）。この構内のレールは、廃止後に、保線用の軌道

【S地点】国道の美恵橋から並行する第19茶路川橋梁のコンクリート橋を見渡す

【T地点】第22茶路川橋梁の上にはわずかなバラストが残っている

【U地点】北進駅跡から廃線跡をたどりコンクリート橋の上も車で通行できる

【V地点】プラットホームが1本あった北進駅の跡には広々とした空き地が広がる（上）／北進駅跡の先にもさらに北を目指して建設が進められた跡が残る（下）

　自転車を利用したトロッコ遊びができる施設として活用した時の名残で、軌道自転車も放置されている。しばらく残っていた駅舎も消えてしまったが、沿線で最も廃線跡らしい雰囲気が残る場所である。なお、現在も上茶路駅構内から上茶路跨線橋付近まで錆びたレールが残っている。

　上茶路駅から下北進駅を経て北進駅に至る区間も、美しい渓流に架けられた多くのコンクリート橋を眺められる（Q・R・S・T・U）。特に上茶路駅上流部の国道付け替え区間は、茶路川の流れと白糠線のコンクリート橋梁群を眺めるのに最適だ。

　終着駅となった北進駅は、二股集落から離れた場所にあり、小学校先の砂利道を下っていくと、細長い空き地となってその姿を現す（V）。ホームなどは撤去され跡形もないが、やや広い空き地は、工事区間の最先端であったことを示しているようだ。　■村田正博

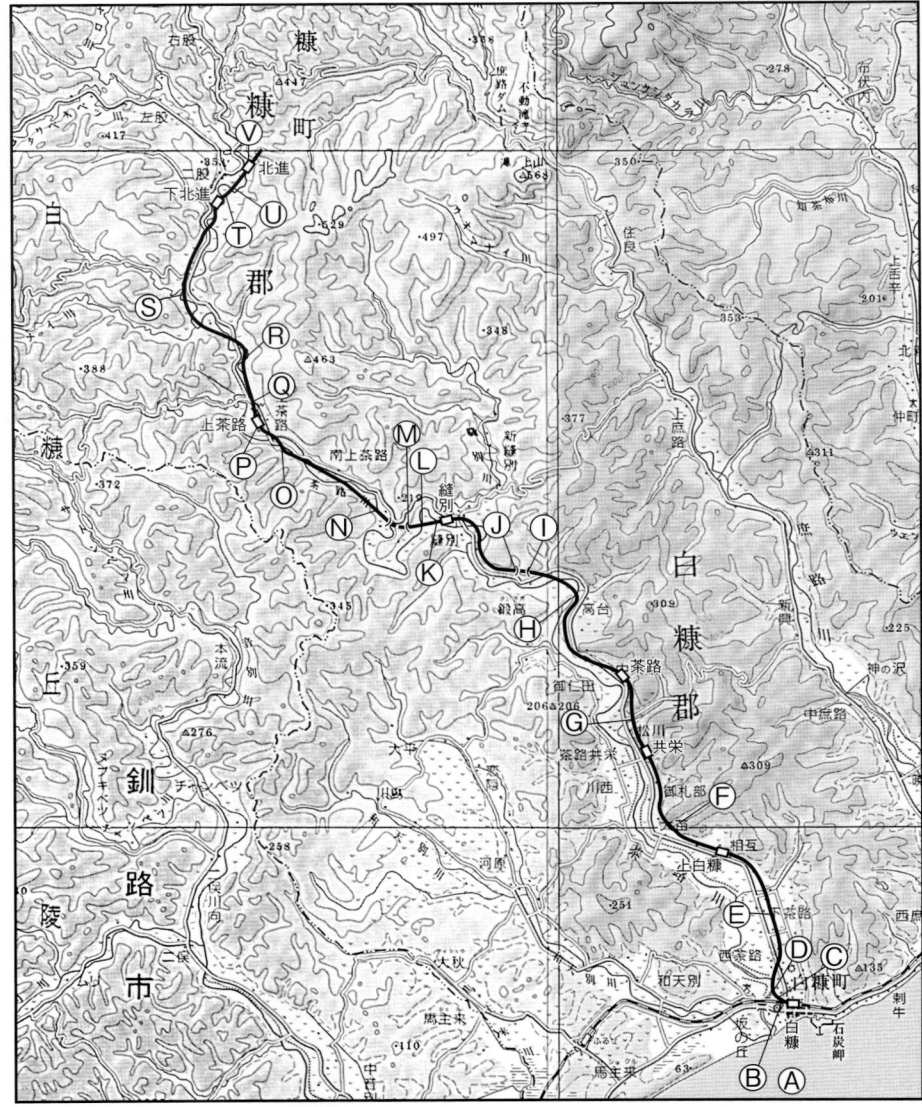

1/20万地勢図「釧路」（H18編集、H21.3.1発行）+「帯広」（H18編集、H21.3.1発行）原寸

100kmを超える歴史ある路線は三セク移行するも惜しまれつつ廃止に
北海道ちほく高原鉄道ふるさと銀河線
【池田～陸別～北見】

【A地点】根室本線池田駅のホーム。北海道ちほく高原鉄道ふるさと銀河線は手前の3番と、現在はなくなっている4番ホームから発着していた

【B地点】池田町内の線路跡。すでにレールは撤去されている

【C地点】足寄まで伸びる道東自動車道の下の廃線跡

【D地点】高島駅跡には長いホームとポイント器機が残されていた

国鉄池北線を引き継いだ第三セクター鉄道、北海道ちほく高原鉄道は平成18年(2006)4月20日をもって廃止となった。池田～北見間140km、最末期でも全線乗ると3時間はかかる長大路線だった。

前身は国鉄池北線だが、その歴史は古い。明治時代も30年代に上川地方や十勝地方の開拓が進み大豆や小豆の生産が盛んになった。さらに天塩線(のちの宗谷本線)や釧路線(のちの根室本線)の開通で広大な平野が広がる北見地方への鉄道延伸が期待された。

当初は厚岸～網走間の計画だったが、十勝には元鳥取藩主池田博侯爵の拓いた有力な池田農場があり、さまざまな政治的動きの末に池田～網走と計画変更されたと伝えられている。

【E地点】勇足駅の駅舎はコミュニティーセンターとして使われている

【F地点】北海道製糖の本別工場裏手にひっそりと残っていた南本別駅

【H地点】利別川を渡っていた北海道ちほく高原鉄道ふるさと銀河線の鉄橋。半分だけ撤去されていた

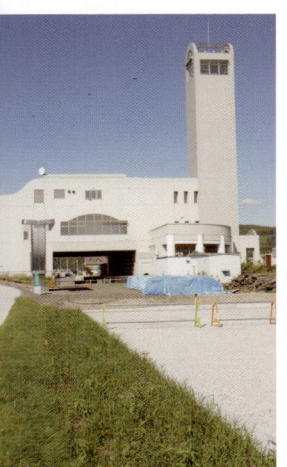

（左）【G地点】本別駅跡に設けられた「道の駅 ほんべつ」。古い跨線橋が鉄道の記憶を伝えている

（左）【I地点】平成16年（2004）に新築された「あしょろ銀河ホール21」は足寄駅ホームをまたぐように建てられていた

【K地点】軍馬の生産が盛んだった上利別駅。昭和10年（1935）建築の立派な駅舎が残る

【J地点】駅名にちなんで王冠形の駅舎だった愛冠駅。ホームも現存

【L地点】今も廃止前の鉄道風景に出会える陸別駅。保存車両で気動車の体験運転や体験乗車ができる

【M地点】陸別〜川上間に残されている北海道ちほく高原鉄道ふるさと銀河線のレール。約10km続いている

【O地点】斬新な駅舎だった小利別駅。冬は極寒の世界になる

【P地点】池北峠付近にあった釧北仮乗降場跡。かつては信号所だった

【N地点】無人の森にたたずむ上川駅。木造駅舎ファンには知られた存在だ

工事は明治40年（1907）に池田から始まって、明治43年（1910）に池田〜淕別（のちの陸別）、明治44年（1911）には人跡未踏の山を越えて北見まで、そして大正元年（1912）には網走までが開通し、池田〜北見〜網走間173.4kmが晴れて網走本線となった。

これにより鉄道がオホーツク沿岸に達して、札幌〜滝川〜帯広〜北見〜網走という分水嶺を何度も越える雄大な幹線ルートが完成した。

やがて昭和7年（1932）に旭川から網走まで石北線（のちの石北本線）が全通すると、こちらに網走までのメインルートの座を譲り、昭和36年（1961）には池北線と改称、都市間路線として国鉄末期まで走り続けた。

国鉄再建法では北海道内で標津、名寄、天北線とともに100kmを越える廃止予定路線として話題になったが、平成元年（1989）に池北線だけが「北海道ちほく高原鉄道ふるさと銀河線」として存続した。当初は沿線自治体もこぞって豪華な駅舎を建設するなど期待されたが、それもむなしく結局17年間の運行で力尽きた。

池田〜陸別

根室本線池田駅（Ⓐ）から北上していた線路はすでにレールは撤去され（Ⓑ）、利別川沿いの広々とした農地に細長い草地となって続いていた。その先で道東自動車道の下をくぐり（Ⓒ）、高島駅（Ⓓ）、勇足駅（Ⓔ）、南本別駅（Ⓕ）に駅舎やホームを残している。特に「道の駅 ほんべつ」になった本別駅跡には跨線橋だけがモニュメントのように残されていた（Ⓖ）。

次第に丘陵が迫ってくる仙美里近くの川には、半分ほど撤去された鉄道のガーダー橋があり（Ⓗ）、歌手松山千春の出身地である足寄町には、足寄駅に建てられた複合施設、「あしょろ銀河ホール21」が道の駅になっていた（Ⓘ）。このような廃止を想定していなかった駅併設の公共施設は、いざ鉄道がなくなるといささか滑稽な建物になってしまう。

そんななか、駅前に名水が湧く愛冠(あいかっぷ)駅には可愛らしい駅舎が残り(Ⓙ)、今でも観光客が湧水を訪ねてくる小さな名所になっていた。さらに上利別(かみとしべつ)では戦前からの木造駅舎が地元の人たちによって守られていた(Ⓚ)。

さて、この廃止路線で一番話題になったのが、陸別駅構内で運行されている「ふるさと銀河線りくべつ鉄道」で(Ⓛ)、4～10月の週末を中

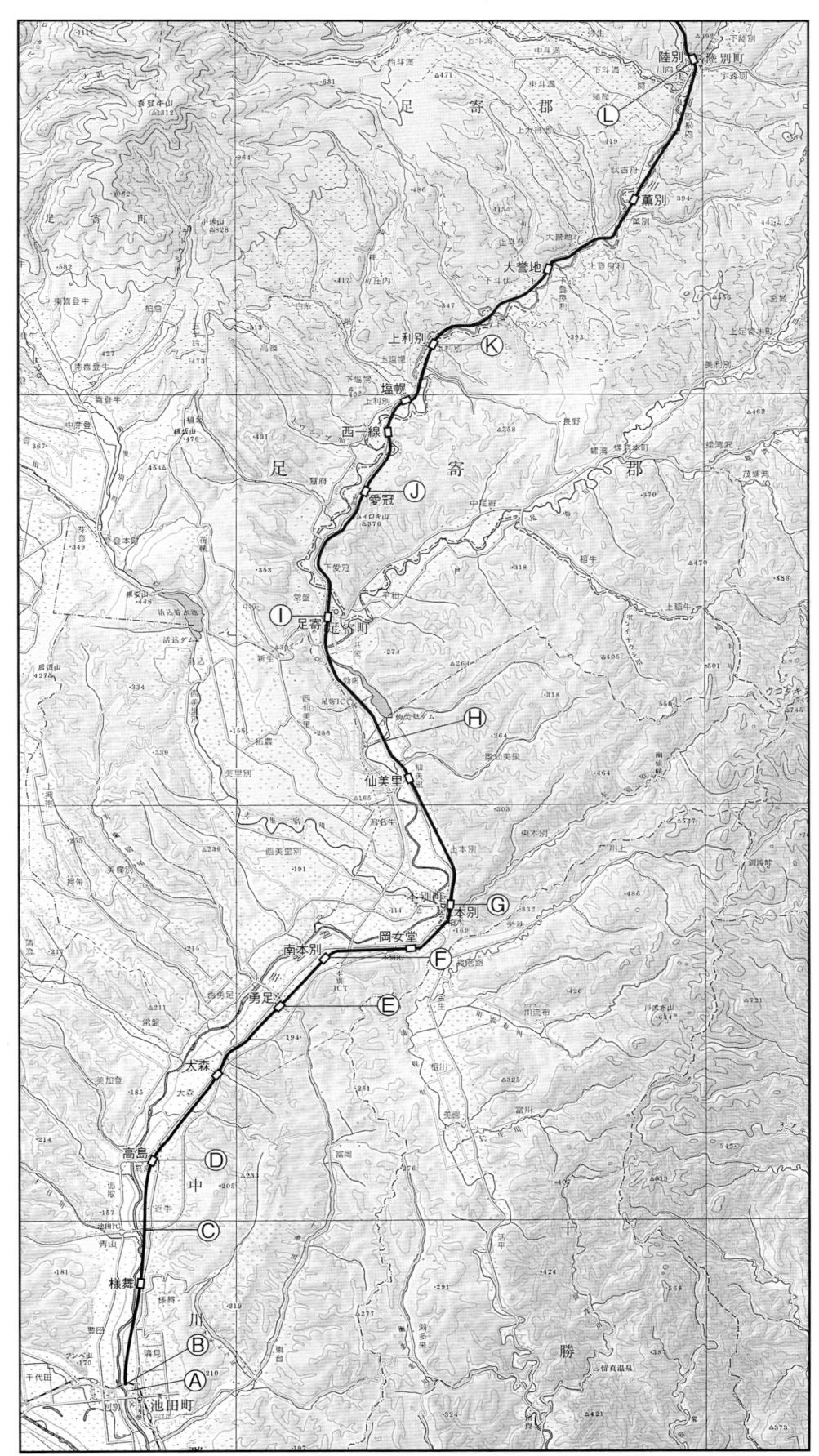

1/20万地勢図「帯広」(H18編集、H21.3.1発行)＋「北見」(H18編集、H20.3.1発行)×0.75

75

【Q地点】置戸町内の第1常呂川橋梁。かなり長い3連ガーダー橋だ

【R地点】まるで新開業駅のような置戸駅ホーム。北見からの区間運転が多かった駅だ

【S地点】境川に残る煉瓦の橋台。明治44年（1911）の網走本線時代の遺構だ

（左）【T地点】レールのないホームがむなしく残る訓子府駅。現在は訓子府町役場農業交流センターになっている

（右）【U地点】北見郊外の北光社駅付近。草が茂る築堤が伸びている

（左）【V地点】北見市内の架道橋。「ふるさと銀河線」の文字が残る

（右）【W地点】「北見ハッカ記念館」横の廃線跡。北見駅構内には北海道ちほく高原鉄道の車庫も残る

心に、ふるさと銀河線で使われたCR70形気動車の体験運転を行っている。沿線自治体の中で最後まで存続を主張していた陸別町の想いが、この施設に込められているような気がした。

陸別〜北見

陸別から谷間に伸びていく軌道敷にはしっかりとしたレールが残されていた(Ⓜ)。併走する国道242号から見ても現役鉄道のような線路は、古い木造駅舎が残る川上駅(Ⓝ)まで続いていた。地元では陸別〜川上間のレールに、もう一度列車を走らせようという夢が語られているという。さてその先の小利別駅(Ⓞ)は、昭和53年(1978)2月17日にマイナス38度を記録した日本で最も寒い駅で、これを記念した電光温度計が今も旧駅前に立っている。

すでに周囲から人家が消え、大森林の中を緩やかな勾配で登っていくと、ほどなく標高402mの池北峠だ(Ⓟ)。ここには釧北仮乗降場も置かれていたが、今では保線小屋らしき建物が一軒あるだけだ。一転して下りになった線路跡をたどっていくと常呂川を渡る所にプレートガーター橋を残していた(Ⓠ)。その先でにわかに市街地となって置戸駅に入っていく。

ここでは平成8年(1996)に整備された新しいホームと(Ⓡ)、駅兼用のコミュニティホール「ぽっぽ」が町の中心を占めていた。さらに置戸郊外の大平原を行くと、かつて駅舎の中に手作りの喫茶店があった境野駅は農産物直売所「あぐり」に整備され、境川に明治の鉄道らしい煉瓦の橋台を残していた(Ⓢ)。

すでに北見の郊外に入った鉄道のラインは、訓子府(Ⓣ)や日ノ出、上常呂の各駅にも公共施設併設のモダンな建物を残している。かつて地域の期待を背負った鉄道は草地となって続き(Ⓤ)、北見市を流れる無加川を立派なコンクリート橋で渡り、国道も立体交差で越えていた(Ⓥ)。

昭和初期、世界一のハッカ生産量を誇った北見地方、その資料を展示する「北見ハッカ記念館」の隣を抜けた廃線跡は石北本線と合流して、ビルが立ち並ぶ北見駅に続いていた(Ⓦ)。

■杉﨑行恭

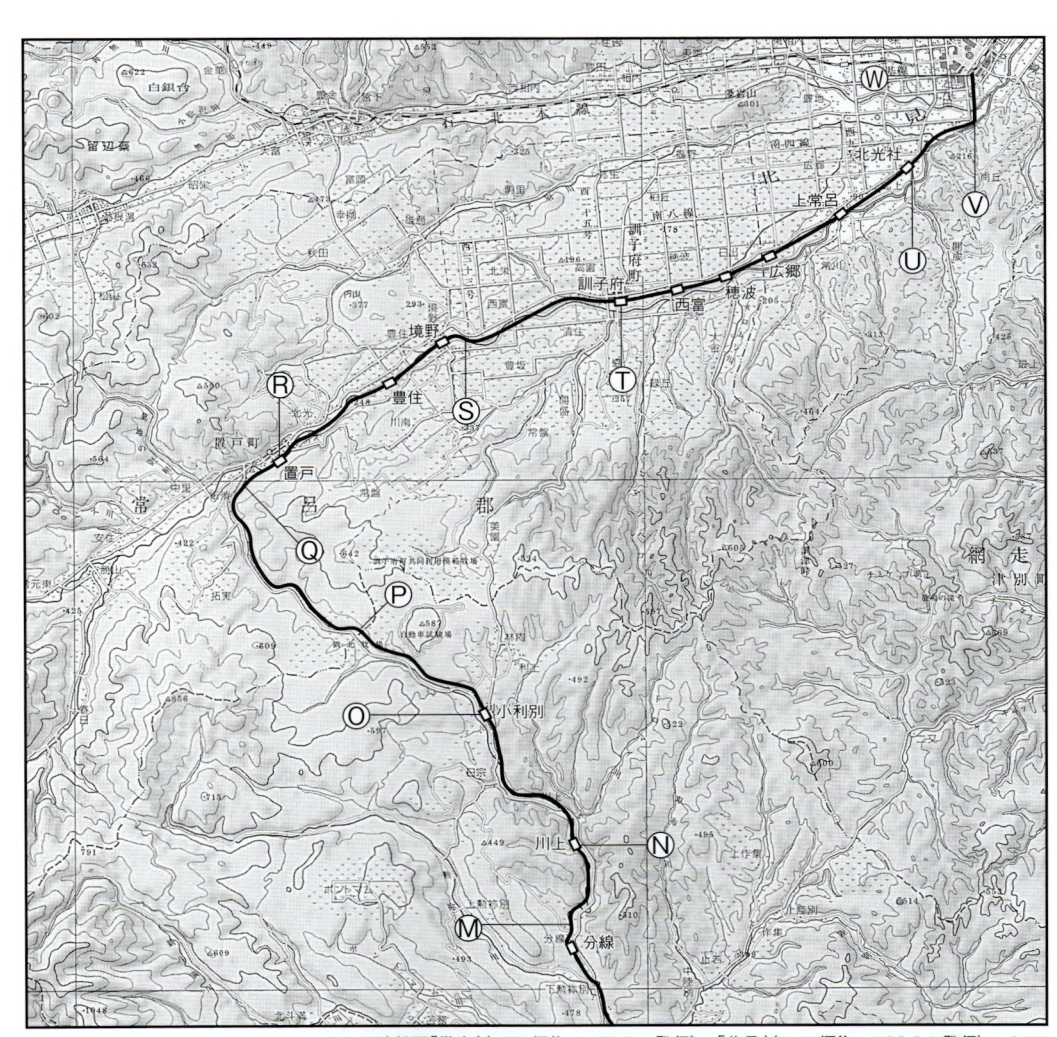

1/20万地勢図「帯広」(H18編集、H21.3.1発行)＋「北見」(H18編集、H20.3.1発行)×0.75

「ひがし大雪」を流れる音更川にコンクリート橋群を訪ねる

士幌線【帯広～十勝三股】

(上)【A地点】鉄道の廃線跡であることを暗示しながら士幌線跡の遊歩道が根室本線と分岐する

【D地点】十勝川を渡った線路跡が築堤になって続く

(左)【B地点】遊歩道の脇には鉄道の通信ボックスも置かれている

(右)【E地点】国道241号に沿って北上する道東自動車道付近の線路跡

(下)【C地点】住宅地の中に線路跡の路盤がそのまま残っている

帯広から十勝平野を一直線に北上し、音更川に沿って大雪山系に分け入り、糠平を経由して十勝三股の高原に至る士幌線は、当初音更線と呼ばれ、まず大正14年(1925)に帯広～士幌間30.1kmが開業、翌年上士幌まで延伸開業した。さらにその延長部分が「十勝国上士幌ヨリ石狩国ルベシベニ至ル鉄道」として大正11年(1922)制定の鉄道敷設法の予定路線になったことから工事が進み、昭和14年(1939)11月18日に上士幌～十勝三股間が開通した。この開通によって広大な大雪山系の森林開発が進められ、全国屈指の木

(左)【F地点】内部が見られるようにボイラーの一部が切り取られた8620と車掌車が展示されている音更駅跡

【G地点】空き地に立つ看板が中士幌駅の跡を示す

【H地点】線路跡が草地の中の築堤になって真っすぐ伸びる新士幌仮乗降場付近

材産地として十勝三股から盛んに原木が運び出されていった。

また、昭和31年(1956)には途中に糠平ダムが完成し、昭和30年(1955)に線路は湖畔を巡る新線に付け替えられた。しかし、三股まで国道が開通すると、製材工場も上士幌に移転して利用客が激減し、昭和52年(1977)には糠平〜十勝三股間の一日平均乗客数は6人と惨憺たる落ち込みとなり、翌年全国で初めてのバス代行運転が始まった。やがてその11年後の昭和62年(1987)3月22日、士幌線は全線が廃止され、ひがし大雪の地と帯広を結ぶ鉄路は消えた。

高架線になった根室本線帯広駅付近から分岐した士幌線の跡は、緑地の遊歩道(Ⓐ)になって国道38号付

【I 地点】駅舎や構内がそのまま保存されている士幌駅構内跡(左・右上)／ホームの電柱には帯広行きの表示も残っている(右下)

【J 地点】旧型客車のオハ6294とオハフ46502が展示されている上士幌駅跡

(右)【K 地点】踏切跡の柵が倒れながらも残っている清水谷駅付近

近までたどることができる。国道を渡った先も住宅地や畑の中に明確な線路の路盤が残っており(Ⓒ)、十勝川を渡る手前の伏古別川周辺までたどることができる。また、十勝川を渡った先も鈴蘭公園の丘を回り込むように築堤が残り(Ⓓ)、周囲に倉庫やビルが立つ木野駅跡までたどることができる。その先も国道241号に沿ってところどころに線路の跡を確認することができ、中士幌の駅の跡は、空き地に立てられた案内板によって知ることができる(Ⓖ)。

士幌駅は、今も大正時代の開業時のたたずまいを残したまま保存されており、駅舎も現存している(Ⓘ)。しかし、士幌〜上士幌間の路盤は広大な農地に飲み込まれて線路跡はほとんど分からず、防風林の切れ目などに線路跡を推測するだけだ。

上士幌駅のあった場所は、交通公園になっており、薄緑色に塗られた旧国鉄の客車が2両展示されているが、痛みも激しい(Ⓙ)。これより北の路線跡も、農地や牧草地に途切れ途切れに確認できる程度だ。清水谷を過ぎたあたりから線路跡は次第に渓谷に入り、国道のすぐ脇に階段が残されている黒石平駅(Ⓛ)付近から、路線跡をトレース

80

【L地点】国道から降りる黒石平駅の階段が残されている

【M地点】紅葉の名所でもある泉翠峡を第3音更川橋梁のアーチ橋が渡る

【N地点】音更川の右岸に付けられた旧線の第2音更川陸橋はローマの水道橋を思い起こさせる

1/20万地勢図「帯広」(H18編集、H21.3.1発行)＋「北見」
(H18編集、H20.3.1発行)原寸

【O地点】新線の糠平第1陸橋はシンプルな造りだ

【Q地点】第2音更川陸橋に合わせるようにアーチ形に造られた下の沢陸橋

【P地点】鋼鉄製のしっかりした落石避けが残っている

【R地点】下の沢陸橋の先に第1糠平トンネルの坑口が現れる

【S地点】長大なガーダー橋は撤去されコンクリートアーチ部分のみが残る第4音更川橋梁

【T地点】士幌線やコンクリート橋群の資料がそろっている「上士幌町鉄道資料館」(上)／糠平駅跡の敷地に「ひがし高原鉄道」のレールが敷かれて「鉄道トロッコ試乗会」も開かれる(下)

　できるようになる。
　近年、湖水の減水期に姿を表すことで知られるタウシュベツ川橋梁を筆頭に、音更川と糠平湖に沿って残された士幌線のコンクリートアーチ橋群が『ひがし大雪アーチ橋』として上士幌町の重要な観光資源としてもクローズアップされている。この黒石平駅跡の先、国道の泉翠橋の横に架かる第3音更川橋梁(Ⓜ)は、まず最初に目にする巨大コンクリートアーチ橋である。景勝地の泉翠峡をひとまたぎする長さ32m鉄筋コンクリート橋は北海道一の大きさを誇り、建築当初からその技術とデザ

【U地点】糠平温泉を抜けて線路跡が糠平湖畔に向かう

（右）【V地点】水面に映る姿も美しい長さ63mの糠平川橋梁

【W地点】士幌線跡の自然歩道は第7糠平トンネルの上を巻いていく

【X地点】林の中に架かる長さ7mの五の沢橋梁

【Y地点】国道脇の駐車場から見られる三の沢橋梁

【Z地点】線路跡に「森のトロッコ エコレール」の木製レールが敷かれている

　インが注目されていた。また、この先の沿線には、10のコンクリートアーチ橋が残されているが、そのうち勇川橋梁、第3音更川橋梁、第5音更川橋梁、第6音更川橋梁、十三の沢橋梁の5つの橋梁と音更トンネルが国の登録有形文化財に指定されている。

　第3音更川橋梁の先に続く電力所前仮乗降場周辺は糠平ダム建設の基地になった所で、ダム完成後は発電所が置かれていた。このため住民の請願で設けられた駅だが、25‰という急勾配のためにこの駅は上り列車のみの停車で、

【a地点】ダムの水位が低くなったときのみ現れる幻のタウシュベツ川橋梁／写真：米山淳一

【b地点】音更トンネルも国の登録有形文化財に指定されている

（下）【d地点】美しいアーチが連続する第5音更川橋梁

【c地点】構内跡にホームとレールが残されている幌加駅跡

　比較的近い隣の黒石平駅には下り列車のみ停車という、変則的な形をとっていた。

　この黒石平と電力所前の間で、糠平ダムができるまでの旧線が分岐していたが、分岐点は判然としない。しかし、国道の鱒見覆道の手前から分岐する旧国道の跡を進むと、ローマ時代の水道橋を思わせる旧線の第2音更川陸橋に出ることができる（Ⓝ）。旧線はさらに鉄橋の第4音更川橋梁を渡っていたが、鉄橋は撤去され、コンクリートのアーチ部分のみ見ることができる（Ⓢ）。また、付け替えられた新線は、第2音更川陸橋から山肌を見上げると、同じようなコンクリートアーチ橋の下の沢陸橋とその左に落石避け（Ⓟ）、糠平第1陸橋（Ⓞ）を見ることができる。

　糠平湖畔に出た路線跡はやがて標高531mの糠平駅跡（Ⓣ）に到着する。ここには「上士幌町鉄道資料館」が設けられ、ありし日の士幌線を偲ぶことができる（Ⓤ）。この先の線路跡は、北海道自然歩道に整備され、糠平湖の湖水に沿って糠平川橋梁（Ⓥ）、三の沢橋梁（Ⓨ）、五の沢橋梁（Ⓧ）の上を渡って約8.5kmの距離をメトセップまで歩くことができる。また、タウシュベツ展望台からタウシュベツ川橋梁（ⓐ）を遠望することができる。

　タウシュベツ川橋梁付近から再び現れた旧線跡は林道となり、現在封鎖されている音更トンネル（ⓑ）を抜けた先で、新線と合流して幌加駅に到着した。かつて、昭和29年（1954）の洞爺丸台風による倒木処理のために活況を呈したという幌加駅は、ホームや駅舎の基礎が残り、草むらの中にポイントや側線が眠っている（ⓒ）。

　第5音更川橋梁（ⓓ）を渡ると線路跡は国道と離れ、第6音更川橋梁、十三の沢橋梁（ⓔ）を渡り、終点になった十勝三股駅跡（ⓕ）に到着する。十勝三股は林業最盛期の昭和37年（1962）には十勝三股の人口は820人を数えたというが、現在は2世帯のみがこの地に暮らす。その一つ、喫茶の三股山荘には、当時の駅構内を再現した鉄道模型が飾ってある。当時の線路は、木材の積み込みを行っていた土場の切通しまで500mほど続いていた（ⓖ）。

■村田正博（杉﨑行恭）

【e地点】山深い谷の中に十三の沢橋梁のアーチ橋がたたずむ

【g地点】十勝三股駅の外れの切通しまで線路跡が続いている

【f地点】(左)当時の医院の看板が駅舎跡の前に残っている (下)広大な空き地が広がる十勝三股駅構内

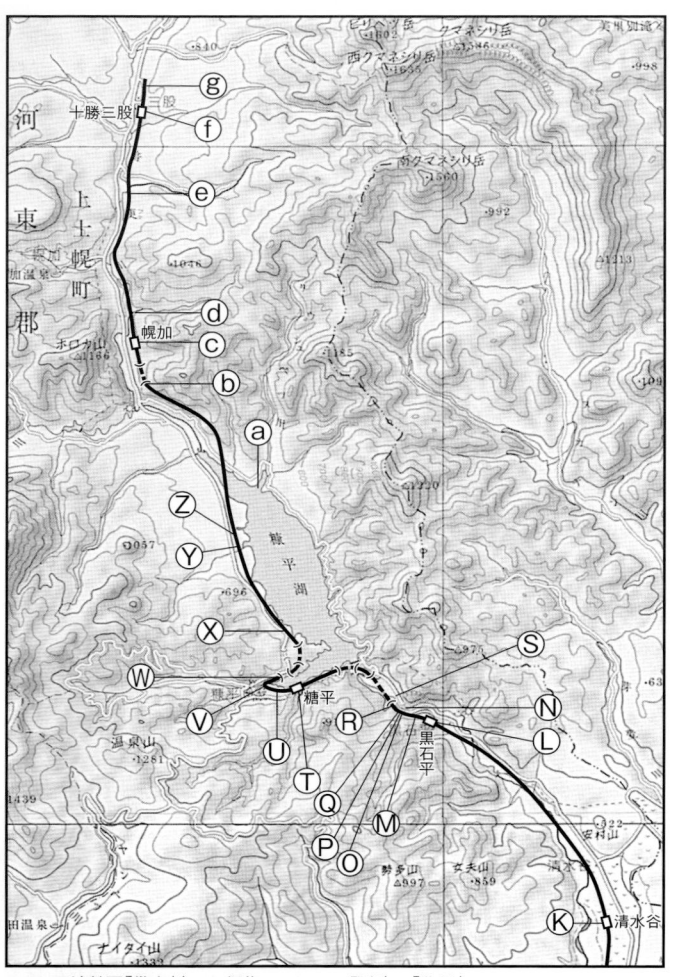

1/20万地勢図「帯広」(H18編集、H21.3.1発行)＋「北見」
(H18編集、H20.3.1発行)原寸

85

駅跡にたどる人気ローカル線の痕跡
広尾線【帯広〜広尾】

【A地点】高架線になった根室本線と広尾線跡の分岐点

【B地点】車輪と線路のオブジェが広尾線の廃線跡であることを伝える

【C地点】北愛国会館が北愛国駅の跡

【D地点】9600形の19671号機が展示保存されている愛国駅跡（左）／交通記念館となっている駅舎内には現役当時の写真や資料が展示されている（右）

【E地点】線路跡は何もないが大正跨線橋は残っている

【F地点】しつらえたホームがある大正駅跡

　根室本線の帯広駅から南下し、太平洋に面した広尾まで84.0kmの距離を結んでいた広尾線は、昭和2年（1927）8月1日に敷設工事が着工され、昭和4年11月2日に帯広〜中札内間、翌昭和5年10月10日に中札内〜大樹間、さらに昭和7年（1932）11月5日に大樹〜広尾間が開通し、帯広〜広尾間の全線が開通、南十勝地域発展の原動力になった。

　しかし、沿線住民の足となり、ジャガイモや豆類などの農産物の輸送に大きな役割を果たした広尾線だったが、モータリゼーションの波が進むなか、赤字ローカル線の広尾線は、昭和57年（1982）に第二次廃止対象路線となり、昭和62年（1987）2月2日にバス運行に転換されて廃止、開通から58年間にわたる使命を終えた。

　高架線になった根室本線から分かれた広尾線の跡は（Ⓐ）、光南緑地として遊歩道が整備され（Ⓑ）、札内川を渡る付近までたどることができる。しかし、札内川橋梁の跡は何もなく、その先に続いているはずの線路跡も、ほとんどの区間が広大なビート畑の中に消えている。

　北愛国駅の跡には北愛国会館が建てられているが、かつて会館の建物の脇に立てられていた広尾線北愛国駅跡の標柱も今はなく、周辺の景色からは鉄道が走っていた風景を想像することは難しい（Ⓒ）。

　起伏が少なく広大な農地が広がる広尾線の沿線では、線路跡が大型機械によって農地に転換される率が非常に高く、廃線跡巡りは、概して鉄道記念館として保存されている例が多い駅舎周辺を訪ねることが多くなる。

　「愛の国から幸福へ」のキャッチコピーのもと、愛国駅〜幸福駅間の乗車券が大ブームになった愛国駅跡は、鉄道記念館として駅舎やホームなどが残され、

【G地点】2両のキハ22が展示されている幸福駅跡は往時のままの姿を保っている（左）／駅舎内は相変わらず訪れた観光客が張った名刺やシールでいっぱいだ（右）

【I地点】裏と表に駅名標と駅舎のスケッチ画を表示した記念碑が更別駅の位置を示す

（左）【H地点】貨車や腕木信号機が鉄道の雰囲気を醸し出す公園になった中札内駅跡

（右）【L地点】落ち葉の下の道床にはバラストがしっかり残っている

【J地点】南4線川に小さなガーダー橋が残る

【K地点】構内跡地の空き地に上更別駅の記念碑がポツンと立っている

9600形蒸気機関車の19671が保存されている（Ⓓ）。次の大正駅跡には、十勝博覧会に展示された東海道新幹線の0系先頭車が保存されていたが、今はその姿もなく、駅周辺も整備されて、広々とした敷地にホームがモニュメント的に残されている（Ⓕ）。

当時とほとんど変わらない状態で残されている幸福駅跡は、帯広空港に近いこともあって、すっかり観光スポットの一部になっている。小さな駅舎にぎっしり貼られた名刺や定期券が名物でもあったが、今はカップルの写真やプリクラが幅を利かせ、ここにも時代の流れを感じる。また、構内には2両のキハ22と作業車両が展示されているが、塗装も美しく保存状態も良い（Ⓖ）。

中札内駅跡は鉄道記念公園になり、2両の貨車が展示されている（Ⓗ）。また、中札内駅跡から広尾方面に向かう線路跡は中札内跨線橋付近までたどることができたが、今は跨線橋が取り壊されて平面化され、線路跡も藪に覆われている。また、広尾付近の楽古跨線橋も同様に平面化されている。

更別駅跡（Ⓘ）と上更別駅跡（Ⓚ）には、駅舎をスケッチした陶板がはめ込まれた記念碑が立てられており、駅の周辺に建てられていた農業倉庫群が、かつての駅周辺の光景を思い起こさせる。

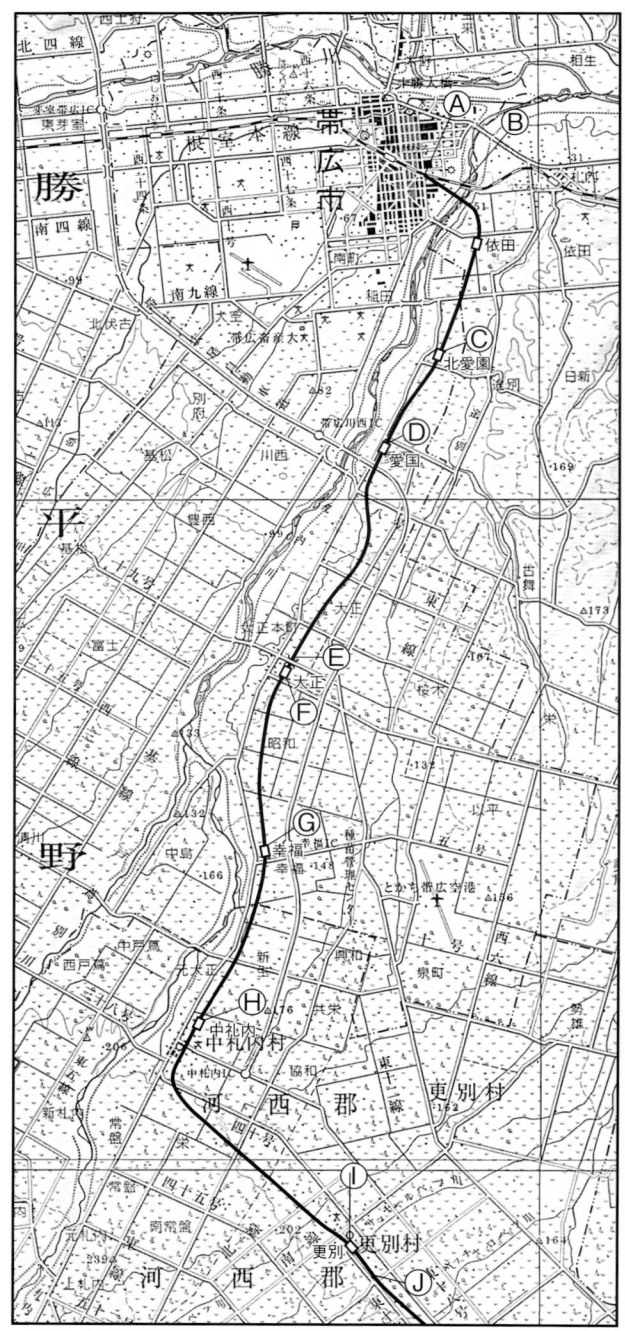

1/20万地勢図「帯広」(H18編集、H21.3.1発行)＋「広尾」(H18編集、H21.3.1発行)原寸

【M地点】規模は縮小されたが往時の面影をとどめる忠類駅構内（左）／駅舎内の運賃表や備品類も当時のままと変わらない（右）

（上から）
【N地点】歴舟川の大樹側にコンクリート橋台が残っている
【O地点】高校の敷地の脇を線路跡が抜けていく
【P地点】ホームと駅舎が残る大樹駅跡

　なお、更別と上更別間を流れる南4線川には、小さなガーダー橋も残っており、橋梁部が残された貴重な存在になっている（J）。
　更別駅跡を過ぎると、線路跡が農道や細長い藪となって残っている区間が多くなり、線としてたどることが容易になる。また、高度差がある上更別駅と忠類駅の間は、広大な畑と防風林の中を走る広尾線のイメージと異なった山岳路線の様相となるが、この区間は国道から下った林の中に築堤が残っている（L）。
　忠類駅跡も駅舎やホーム、信号機などの構内全体を、交通公園として当時の姿のままに残しているが、忠類町では、老朽化したこの公園を廃止し、宅地利用する計画を決定した。しかし、この計画を知った住民から、駅の取り壊しを惜しむ声が多く寄せられ、結局、駅舎周辺部に規模を縮少して残されている（M）。
　大樹駅の1.5kmほど北側を流れる雄大な歴舟川の橋梁も取り払われてし

(左)【Q地点】町役場の近くに広尾線でも活躍した59611が保存されている

(下)【R地点】牧草地の中に広尾線の低い築堤が緩やかにカーブを描く

【S地点】バスターミナルとして現役の広尾駅の駅舎(上)
出札口も残されている駅舎内には広尾線に関する展示がされている(右)

　まったが、橋台部分は藪の中に残っている(Ⓝ)。大樹駅の跡の「道の駅 コスモール大樹」の奥には、かつて大樹町交通公園があり、オハ62やスユニ60、貨車などの車両も展示保存していたが、これらの車両は撤去され、バスの待合所に利用されていた駅舎も、衛星通信会社の事務所に利用されている(Ⓟ)。
　石坂、豊似、野塚の各駅跡には、かつてそこに駅があったことを伝えるものはなく、石坂駅の跡地には保育所が建てられているほか、豊似駅跡と野塚駅跡は荒れ地になっている。
　終着の広尾駅跡は、駅舎がJRバス・十勝バスの待合所になって、今も沿線交通の要としての役割を担っている(Ⓢ)。また、建物内の一部が鉄道記念館に活用され、沿線に数多い鉄道記念館の中でも展示内容が最も充実している。
　駅構内跡地は、パークゴルフを中心に楽しめる鉄道記念公園に整備され、一角にはC11176の動輪が置かれている。

■村田正博

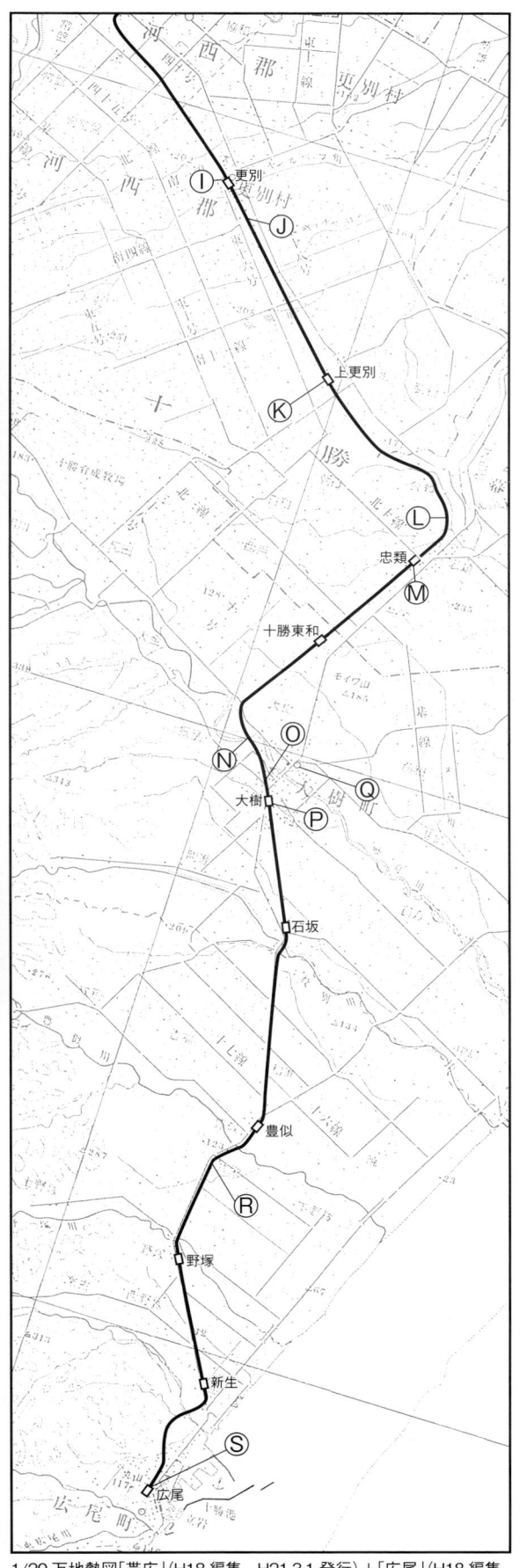

1/20万地勢図「帯広」(H18編集、H21.3.1発行)+「広尾」(H18編集、H21.3.1発行)原寸

狩勝峠に展開した大スペクタクルの痕跡
根室本線旧線【新得～狩勝信号場】【落合～狩勝信号場】

【A地点】鉄道の町であった新得駅の駅前には機関助手をモチーフにした火夫像と9600の煙室扉をはめ込んだ記念碑も立てられている（上・右）

【B地点】D5195が保存展示されているSL広場から新内駅跡にかけて約10kmの「狩勝ポッポの道」が整備されている

（左）【C地点】ペンケ新得川を渡るレンガ造り橋台の新内第3号橋梁の背後を新線の特急「スーパーとかち」が走り抜ける

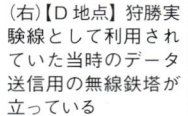

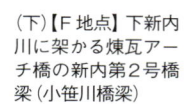

（右）【D地点】狩勝実験線として利用されていた当時のデータ送信用の無線鉄塔が立っている

（下）【F地点】下新内川に架かる煉瓦アーチ橋の新内第2号橋梁（小笹川橋梁）

【E地点】狩勝の森の中を線路跡が抜けていく

現在は、石勝線を経由した「スーパーとかち」や「スーパーおおぞら」などの特急列車が、新狩勝トンネルを抜けて札幌と釧路・帯広方面を短時間で結んでいるが、かつては、連続する25‰の急勾配と狩勝トンネルと新内トンネルによって狩勝峠を越えていた根室本線が、札幌などの道央地域と釧路・

【G地点】昭和26年に起きた「まりも号脱線事故」の詳細を示す看板

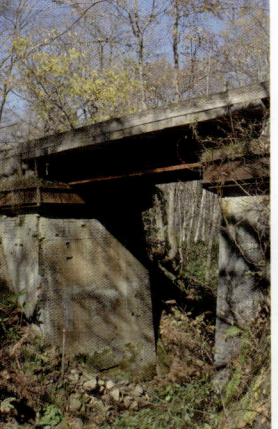

（左）【I地点】「まりも」号の脱線事故現場となった新内第1号橋梁（まりも橋）

【H地点】線路跡の脇に130キロポストが立つ

【J地点】沿線には曲線勾配標も残っている

（左）【K地点】場内信号灯も切通しの斜面に立っている

【L地点】128キロポストが現れれば新内駅跡も近い

【M地点】9600形の59672と20系寝台車の横でトロッコ体験ができる新内駅構内

【N地点】アメリカ積みの煉瓦造りの鉄道官舎が乗馬の「ウエスタンビレッジサホロ」の施設として利用されている

帯広の道東地域を結ぶ重要な幹線であった。

その根室本線の落合〜新得間27.9kmの狩勝峠越えは、十勝平野を一望する大パノラマのなか、原生林の樹海をうねるように連続するS字カーブの急勾配を、D51の補機を従えた長大な列車が峠に挑む勇壮なドラマが展開し、当時の鉄道ファンの心を魅了していた。

この狩勝峠に鉄道が開通したのは、北海道開拓と軍事上の必要からで、明治34年（1901）4月に工事が着工され、明治40年（1907）には旭川〜帯広間が釧路線として開業している。しかし、その工事は、枕木の数ほど犠牲者が出たと言われるほど難航し、特に延長954mの狩勝トンネルと、延長124mの新内トンネルの掘削工事は、固い岩盤と湧水のために困難を極め、ついには人柱を立てたとさえ言われている。

このように苦難の末に開通した狩勝峠の区間だが、冬にトンネル内の湧水が凍結してできるツララなどによる内部の痛みや、連続する急勾配と急カーブがネックになり、昭和41年（1966）10月に落合〜新得間が新狩勝トンネルを経由する新線に切り替えられた。

また旧線の新得〜新内間は、旧国鉄の実験線として昭和54年（1979）まで利用され、貨車の競合脱線のメカニズム解明や、瀬戸大橋を念頭に置いた橋梁のたわみ量の測定など、数々の貴重な実験データを提供した。

新得〜狩勝信号場

新得駅から狩勝峠に向かう旧線は、佐幌川に沿った平地を6kmほど

【O地点】外側をコンクリートで補強された煉瓦造りの落合20号溝橋

【P地点】狩勝の森の中で大カーブを描いて峠へ近づいて行く

（下段右・下）【Q・R地点】車窓からの大展望が楽しめた大カーブの築堤

【S地点】急勾配であることを示す25‰の勾配標

　一直線に北上し、さらに山間の樹林帯の中に築かれた急勾配の築堤や切通しによって新内駅を目指していた。新得駅(Ⓐ)から新内駅跡へ向かって約1kmの区間は、石勝線の築堤が旧線跡に並走し、やがて新得山を回り込むように西に大きくカーブして旧線跡と離れていく。

　この新線と旧線跡が分離する手前には、狩勝峠越えに活躍したD51 95号機が美しい姿で保存展示されているSL広場がある(Ⓑ)。そして、この広場から先の旧線の線路跡は、新内駅跡まで約10kmにわたって歩行者・自転車・乗馬のための「狩勝ポッポ」の道として整備されている。

　SL広場から200mほど進むと、佐幌川支流のペンケ新得川に架かる新内第3号橋梁(Ⓒ)の煉瓦橋台とガーダー橋を見ることができ、直線区間が終わる付近には、狩勝実験線用のデータの無線送信に使用された鉄塔(Ⓓ)が立っている。

　この先、旧線跡は徐々に高度を増して山の中に入っていくが、下新内川には土木学会推奨土木遺産に選ばれている煉瓦アーチ橋の新内第2号橋梁(小笹川橋)(Ⓕ)が架かっており、中新内川には、昭和26年(1951)5月17日に釧路発函館行きの急行「まりも」が故意に脱線横転させられた「急行まりも号事件」の現場である新内第1号橋梁(まりも橋)(Ⓘ)が架かっている。なお、狩勝旧線では、新内第2号橋梁(小笹川橋)のほかに、大カーブの築堤や新内トンネルも土木学会推奨土木遺産に選ばれている。

　新内駅跡は、2本のプラットホームが残っていたが、1本は撤去されてトロッコ体験のレールが敷かれている(Ⓜ)。また、9600形SLと20系寝台車のSLホテルは、営業を終えて、今は車内に狩勝旧線の資料などが展示されている。さらに、駅の新得側の切通し部分には、場内信号機(Ⓚ)や、128キロポストの標柱(Ⓛ)などを見ることができる。なお、旧線跡の乗馬を楽しめる「ウエスタンビレッジサホロ」の2棟の煉瓦造りの建物は、当時の鉄道官舎で、煉瓦の壁は、日本であまり見ることがないアメリカ積みが用いられている(Ⓝ)。

　新内駅跡から狩勝峠にかけての線路跡も明確に残っており、築堤や切通しなどがしっかり残っている線路跡をた

1/5万地形図「落合」(S58修正、S59.3/30発行)＋「新得」(H13修正、H14.6.1発行)×0.85＆1/5万地形図「新得」(S31測量、S34.4.30発行)×0.6

【U地点】新内トンネルの狩勝信号所側の坑門も新内側と同じ造り

【V地点】堅固なコンクリート擁壁が路盤を守っている

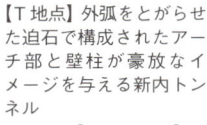

【T地点】外弧をとがらせた迫石で構成されたアーチ部と壁柱が豪放なイメージを与える新内トンネル

(右・下)【W・X地点】ハエタタキと呼ばれた電信柱が並んでいる

【Y地点】坑門部のコンクリート壁がひどく痛んできた狩勝トンネルの新内側

【Z地点】国道38号の「五号目駐車場」付近の斜面から望む大カーブ

どって、当時のままの雄大なスケールを存分に楽しむことができる。特に、かつての124キロポスト付近の半径180mのS字カーブの大築堤は、旧線のハイライトの一つでもあり(P・Q・R)、国道38号からも原野の中に巨大な円弧を描く築堤を俯瞰することができる(Z)。

大築堤を過ぎて周囲が開けてくると、かつては鉄道沿線でよく見られたハエタタキ(電信柱)の列が現れ、線路跡に寄り添ってくる。また、上り25‰を示す勾配標も線路脇の草むらの中に残っている(S)。やがて沢を渡り、再び沢の音が大きく響いてくると、新内トンネルの入り口が現れる(T)。

新内トンネルは、石組みの側壁にレンガ積みのアーチ部分が載る造りで、アーチの迫石に要石がはめられた重厚な雰囲気が漂うトンネルだ。内部は埋められていて通行することはできないが、トンネルを迂回する山道が設けられているので、狩勝峠側にたやすく出ることができる(U)。新内トンネルと狩勝トンネルの間は、東側の展望が大きく開け、狩勝の原野を一望する大パノラマが続く。列車が走っていた当時、

（左から）【a地点】狩勝峠へ挑む補機のSLが待機していた落合駅の構内跡は広い　【b地点】旧線跡を左に分けて帯広行きの列車が第1落合トンネルに突入する　【c地点】狩勝峠への旧線の線路が引込線として残っている

【e地点】煉瓦造りの立派な橋脚がそびえる落合第3号橋梁（第2下鹿渡橋梁）

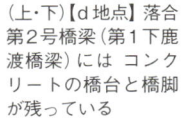

（上・下）【d地点】落合第2号橋梁（第1下鹿渡橋梁）にはコンクリートの橋台と橋脚が残っている

（左）【f地点】ペイユルシエベ川に架かっていた落合第4号橋梁（第3下鹿渡橋梁）の煉瓦橋台

【g地点】ペイユルシエベ川の流れと並んで高度を上げていく旧線跡

　車中の乗客は車窓に展開する雄大な風景に釘づけになったに違いない。
　一方、狩勝トンネルの入り口はコンクリート製で、新内トンネルのような情緒は感じられない（Ⓨ）。また、この狩勝トンネルは、トンネル内も25‰の急勾配が連続するため、列車通過後にトンネル入り口に垂幕を下げ、蒸気機関車の出す煤煙が逆流して機関士が窒息するのを防止していた。入り口をふさいでいたグリーンのシートは、その垂幕を利用したものであろうか。
　延長954mの狩勝トンネルを抜けた先は、標高644mの狩勝峠を越えた、標高534.3mに位置する狩勝信号場である。

落合〜狩勝信号場

　次は落合から東に向かい、狩勝信号場を目指す。落合から狩勝信号場までの区間は、S字カーブや狩勝トンネルといった見どころが多い新得〜狩勝信号場の区間に比べて変化に乏しく、地図上で見るとただ真っすぐに峠を目指している。しかし、一見単調に見える線路跡も、実際に歩いてみると、緩やかにカーブを描いた築堤や、電信柱が並ぶ線路跡に当時の姿を偲ぶことができ、ペイユルシエベ川に残る橋脚などを見つけることもできる。

　かつて、峠に挑む蒸気機関車が息を整え、狩勝越えに備えていた根室本線の落合駅だが、本線の役割を石勝線に奪われて無人駅となった現在

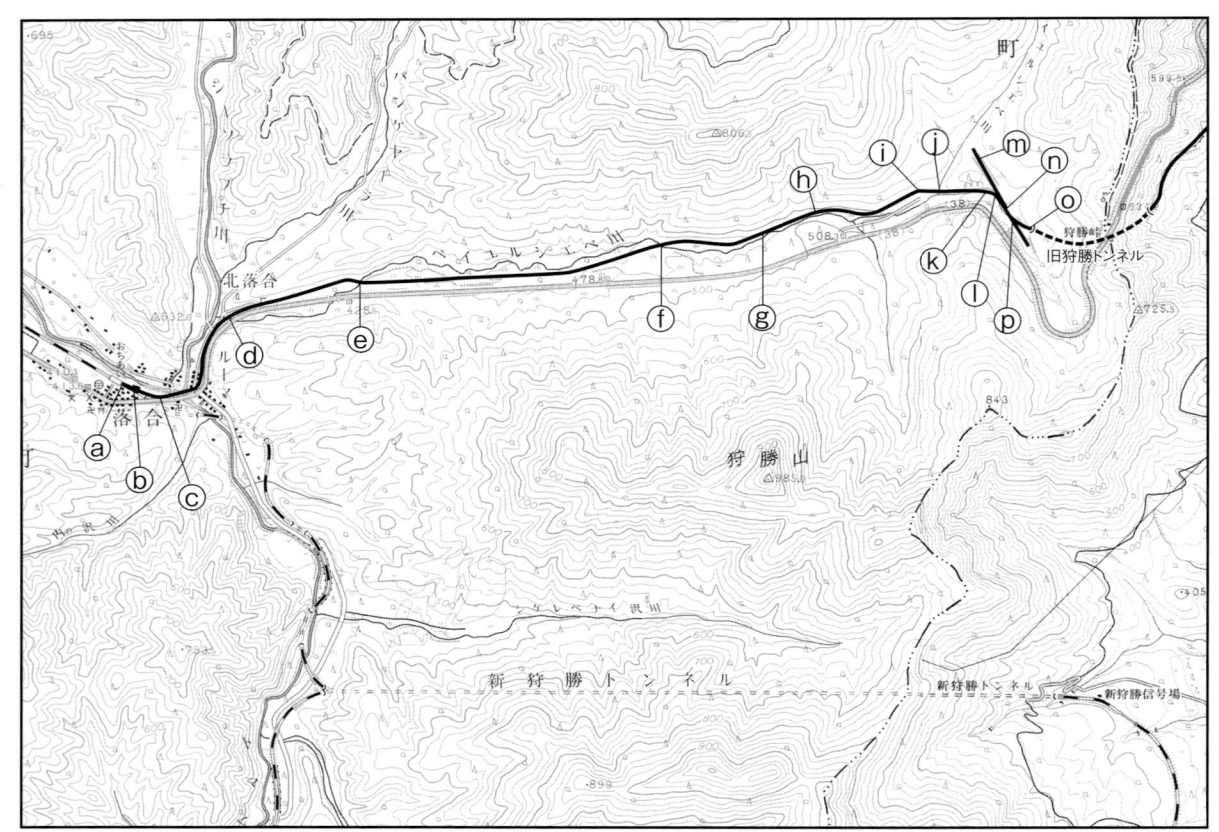

1/5万地形図「落合」(S58修正、S59.3.30発行)+「新得」(H13修正、H14.6.1発行)×0.85

は、跨線橋で結ばれたホームや空き地になっている構内跡に寂しさが漂う(ⓐ)。

落合駅から狩勝信号場に向けて出発した旧線は、新線の第1落合トンネルの手前付近から左にカーブを切って空知川を渡っていたが(ⓑ)、引込線になっている線路跡は、拡幅された国道38号の築堤に行く手を遮られる(ⓒ)。また、空知川を渡っていた落合第1号橋梁は、コケに覆われた橋台部のみがわずかに残っている。線路跡は、すぐにクマザサに覆われた一本の筋になって現れ、線路に沿って設置されていたコンクリート製の電柱が、線路跡の存在に気づかせてくれる。

川の合流点に名づけられることが多い落合の地名だが、事実、この落合でもトマム川とシーソラプチ川が合流して空知川になり、いくつもの支流がこれらの川に流れ込んでいる。旧根室本線は、シーソラプチ川支流の一つのペイユルシエベ川の流れに沿って狩勝信号場を目指すが、途中、4カ所でこの川を渡っている。

落合駅から1.4kmほどの場所にある一番下流側の落合第2号橋梁跡は、林の中にコンクリートの橋台のみと橋脚が残っている(ⓓ)。電波局の施設がある付近は、植林が行われて線路跡が不明になるが、電柱の列をたどってその位置を知ることができる。すぐに築堤状になった線路跡は、再び落合第3橋梁でペイユルシエベ川を渡るが、ここには、美しい煉瓦造りの橋脚が残っている(ⓔ)。また、対岸の新得側の線路跡は、深い藪に覆われているのが分かる。この2番目の第2橋梁跡から3番目の落合第4橋梁(ⓕ)までの区間は、フキなどの植物が生い茂り、沢の水が路盤を洗う部分もあるが、線路跡は明確に続いている。

第3橋梁の鉄橋跡は、落合側に煉瓦積みの橋台が、新得側にコンクリート製橋台が残っている。ここから狩勝信号場までの区間は車が入ることもあるらしく、線路跡にわだちが残っていて歩きやすい。川のせせらぎを聴きながら歩を進めれば(ⓖ)、正面の稜線に狩勝峠にあるドライブインも望める。ペイユルシエベ川最後の渡河地点は、鉄橋ではなく、築堤の下に煉瓦積みアーチの落合第12号溝橋が設けられていた(ⓙ)。スイッチバックの信号場跡に立てば、緩くカーブして落合側から登ってくる本線の跡や狩勝トンネルの入り口、そして、上下2本のスイッチバックの引込線跡がはっきり分かる(ⓘ)。

また、ここには信号場や保線関係者の住居が7～8棟あり、峠の鉄路を守る重要な拠点でもあった。信号場に残された多数の住居の痕跡などを見ると、この峠越えの線路保守のために、いかに多大な労力を要し、かつ、この根室本線が重要な路線であったかをうかがい知ることができる。

■村田正博

【h地点】ペイユルシエベ川に注ぐ沢に架かる石造りの落合第11号溝橋

【i地点】カラマツ林の中を進む旧線跡

【j地点】狩勝信号場から500m付近のペイユルシエベ川に煉瓦アーチ橋の落合第12溝橋が架けられている

【k地点】スイッチバックの引込線にある落合第13号溝橋を本線上から見る

【l地点】右の2線分あった引込線と左手から登ってくる本線が分かる

（左）【m地点】引込線の築堤の下を流れるペイユルシエベ川に造られた落合第12溝橋は煉瓦の一部が流されている

【n地点】警戒色の塗装が鉄道施設の一部であることを物語っている

【o地点】狩勝トンネルには蒸気機関車の乗務員が煙による窒息を防ぐために、遮風用の幕が設置されていた

（左）【p地点】口を開ける狩勝トンネルの右手に見える折返線にはスノーシェッドが設けられていた

神居古潭の渓流に沿った旧線跡
函館本線旧線【近文～神居古潭～納内】

(左)【A地点】現在線から分岐した旧線跡はサイクリングロードに合流する

(右)【B地点】石狩川に沿った廃線跡のサイクリングロード

【C地点】現在線の嵐山トンネル付近を特急「スーパーカムイ」が走り抜ける

【D地点】伊納駅には旧線のホームが横たわっている(上)
伊納駅の現在線と旧線の間には保線作業の訓練のための施設が設けられている(左下・右下)

旭川盆地を流れる石狩川が、山々の間を抜けて石狩平野に流れ出る神居古潭付近は、線路の両側に迫る山々と渓谷美を堪能できる景勝地としてよく知られている。かつての函館本線は、この神居古潭の渓谷に沿って走っていたが、昭和44年(1969)10月1日の函館本線(小樽～旭川)複線電化を期に、神居トンネル、第1～第3納内トンネル、嵐山トンネルの5カ所のトンネルを抜ける新線に切り替わり、神居古潭付近の渓流を眺める車窓の楽しみは失われた。

現在は、この旧線の線路跡が旭川市サイクリングロードとして整備され、市民の憩いの場となっている。

旭川市内旭西橋から始まったサイクリングロード(Ⓑ)は、近文駅の1kmほど納内側にある近文大橋の手前から、函館本線に沿って旧線路跡をたどっている(Ⓒ)。川沿いの旧線路には、レールを使った落石防護柵が続いており、工事の難関であった当時の様子がよく伝わってくる。

【E地点】線路跡のサイクリングロードが緩やかに下りながら神居古潭を目指す

(右)【F地点】坑内が補強されて安全に通行できる伊納隧道の川寄りの奥に、さらに古い伊納隧道の坑門がある

【G地点】重厚な煉瓦造りの旧旧線の伊納隧道の伊納側坑門(上) 伊納側の要石には動輪のマークがあしらわれている(右)

【H地点】笹薮の中に神居古潭側の旧旧線の伊納隧道の坑口が開いている(上) 神居古潭側の要石には「北」の文字が象られている(右)

【I地点】旧線の伊納隧道の神居古潭側の坑門部分

【J地点】鱒取川のレンガ橋台とガーダー橋はそのままサイクリングロードに転用されている

【K地点】石狩川右岸の林の中を線路跡の道が伸びていく

【L地点】沢を渡る橋の橋台も当時の煉瓦造りのものを流用している

【M地点】明るく開けている春志内信号場跡（上）　春志内信号場の側線跡にIビームの橋桁が見られる（下）

（右）【N地点】春志内隧道も坑内の補強工事がされて安全に通行できる

車掌車の「ヨ」を駅舎に利用した現在の伊納駅には、一段高くなった新線のプラットホームの下に、古いプラットホームがそのままの姿で残されている（Ⓓ）。また、現在線と旧線の間には、保線関係の訓練が行われると思われるレールやポイントなどが敷かれている。伊納駅から石狩川に沿って神居古潭方面に2kmほど進むと、内部を安全のために補強された伊納隧道が現れる（Ⓕ）。そして、このトンネルのさらに川側の奥には、この伊納トンネルより早く、函館本線の空知太（のちに廃止）～旭川間が明治31年（1898）に建設された当時の、初代伊納トンネルが坑口を開けている（Ⓖ）。

伊納側も神居古潭側も堂々とした煉瓦造りの坑門で、伊納側の要石には、当時の鉄道作業局の紋章である蒸気機関車の動輪が象られ、神居古潭側の要石には「北」の文字があしらわれている（Ⓗ）。なお、初代の伊納隧道が廃棄されて旧線（二代目）の伊納隧道に移行した時期は、大正12年（1923）から昭和7年（1932）までの期間と考えられている。

伊納隧道を抜けるとすぐに鱒取川を渡るが、ここには、煉瓦造りの橋台に架けられたガーダー橋があり、そのままサイクリングロードとして利用されている（Ⓙ）。

サイクリングロードの休憩所がある春志内には、かつて信号場があり、列

【O地点】春志内隧道の区間の旧旧線跡は隧道の川側を開削して通っていた

【P地点】廃線跡に苔むした擁壁が続く

車の交換が行われていた。少し広くなった構内跡には、側線が通っていたと思われる場所に、排水路を渡る小さな橋桁が3カ所残っている(M)。

春志内信号場の先には、伊納隧道と同様に内部を補強した春志内隧道が現れる(N)。この区間も初代の線路は春志内隧道の川側を抜けていたが、隧道は掘られずに尾根を開削して回り込んでいた(O)。春志内隧道を抜けてさらに納内駅側に進めば、石狩川の渓流が線路脇にいよいよ迫り、神居古潭の景勝地が近づいてくる。

現在は駅としては廃止された神居古潭駅の構内跡には上下線のプラットホームがそのまま残され、駅名表示板なども当時そのままに設置されて、よい雰囲気をとどめている(Q)。また、明治34年(1901)に神居古潭簡易停車場として開設し、明治44年(1911)に神居古潭駅となった当時の駅舎が、

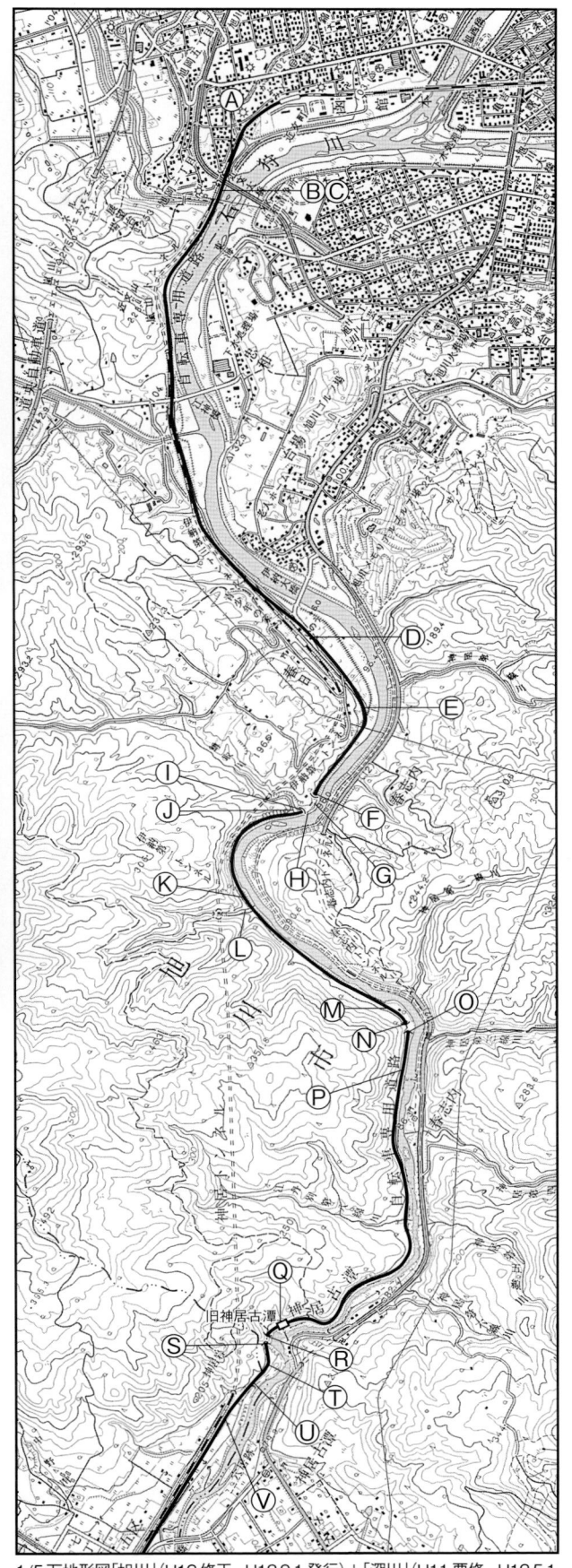

1/5万地形図「旭川」(H12修正、H12.9.1発行)+「深川」(H11要修、H12.5.1発行)×0.8

【Q地点】2本の対向式ホームが並ぶ神居古潭の駅構内（上）　崩れかけたホームに錆びかけた駅名標示板が残っている（下左）　明治期の姿に復元された駅舎は旭川市の指定文化財になっている（下中）　立派な煉瓦橋台の奥に3両のSLが保存されている（下右）

【R地点】坑内の補強工事が完成し通行できるようになった神居古潭隧道

【S地点】車窓から眺められた神居古潭の風景

川沿いの旧線をゆくC55牽引の旅客列車。昭和44年5月4日／写真：奥野和弘

駅前のトイレとともに明治期の姿に復元され、サイクリングロードの休憩所に利用されている。さらに構内跡には9600、D51、C57の3両のSLが極めて美しい状態で保存展示されている。

神居古潭駅構内の納内駅側には、神

【T地点】S字カーブの奥に神居古潭隧道の坑門が見える

【U地点】廃線跡の築堤が納内へ下って行く

【V地点】旧線跡より一段高い現在線を特急「スーパーカムイ」が通過していく

居古潭隧道があり、しばらく補強工事のために通行禁止になっていたが、どちらの面の坑門部も内部補強の坑門部が延長されて、重厚で魅力的な本来の姿は失われた(Ⓡ)。

神居古潭隧道を抜けた旧線跡は(Ⓣ)、高度を下げて築堤となり(Ⓥ)、納内駅の4kmほど手前で現在線に吸収される。

■村田正博

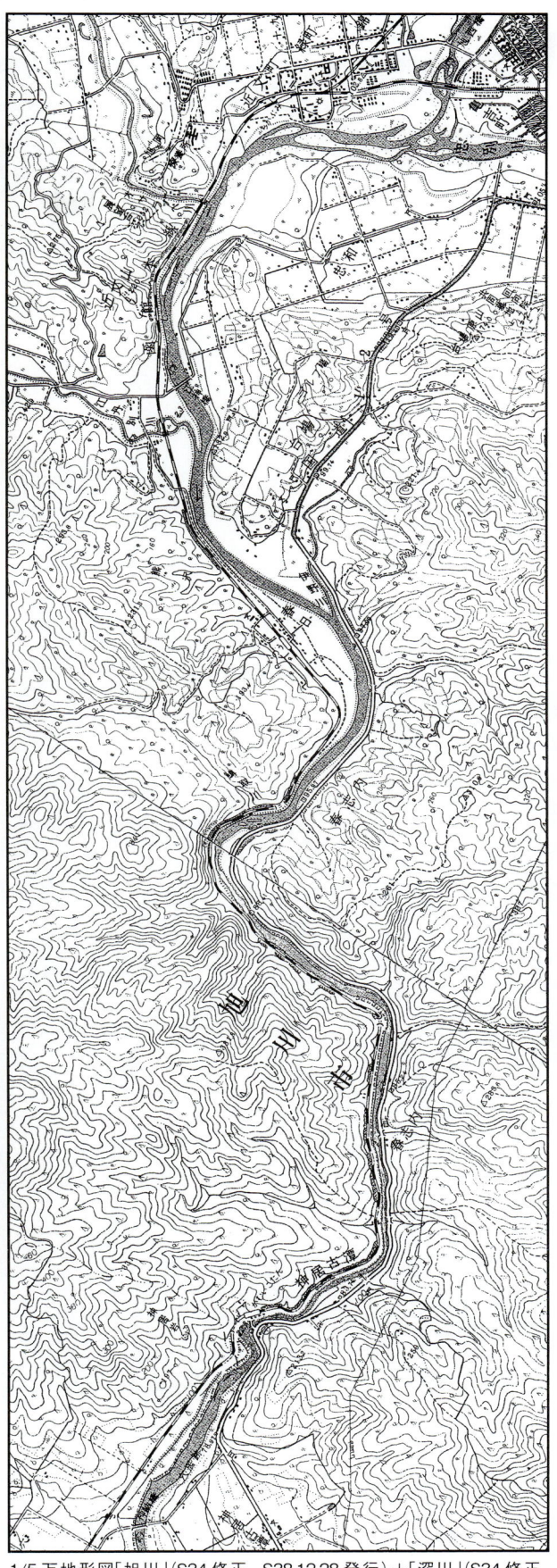

1/5万地形図「旭川」(S34修正、S38.12.28発行)+「深川」(S34修正、S38.12.28発行)×0.8

「第二の夕張」と呼ばれたヤマの専用鉄道
三菱鉱業芦別鉱業所専用鉄道
【上芦別〜辺渓三坑】【辺渓〜油谷炭鉱】

(上左)【A地点】
三菱芦別鉱業所専用鉄道が分岐した根室本線上芦別駅
(上右)【B地点】
選炭工場は跡形もなく解体された

【D地点】空知川橋梁の橋脚(左)／空知川橋梁の橋脚と橋台(下)

昭和56年(1981)の石勝線開業で、根室本線の滝川〜新得間はローカル線に転落したが、炭鉱や林業など主産業の衰退により、沿線の赤平や芦別などの町も、どことなく元気がない。

三菱鉱業芦別鉱業所専用鉄道は根室本線上芦別より分岐し、北方の辺渓三坑までの8.2kmを結んでいた。

この専用鉄道は、昭和24年(1949)、戦後の復興に伴い、「第二の夕張」とし

【C地点】機関庫近くにあった給水塔がモニュメントのようにかろうじて残っている

て注目された芦別炭鉱の再開発により建設され、9600形などが石炭輸送に活躍した。末期には同社大夕張鉄道線から入線した9200形が人気を集めたものの、閉山に伴い昭和39年（1964）に廃止された。

また辺渓からは油谷炭鉱専用線1.3kmが分岐し、屋根付きのB6が石炭貨車の入れ換えに活躍していた。

上芦別〜辺渓三坑

広さだけが目立つ上芦別駅構内を出た専用鉄道は芦別へ向かう根室本線に寄り添い、三菱上芦別駅に向かうが⒜、途中に残っていた選炭工場は解体され⒝、その先の機関庫もなく、給水塔だけがわずかに残ってい

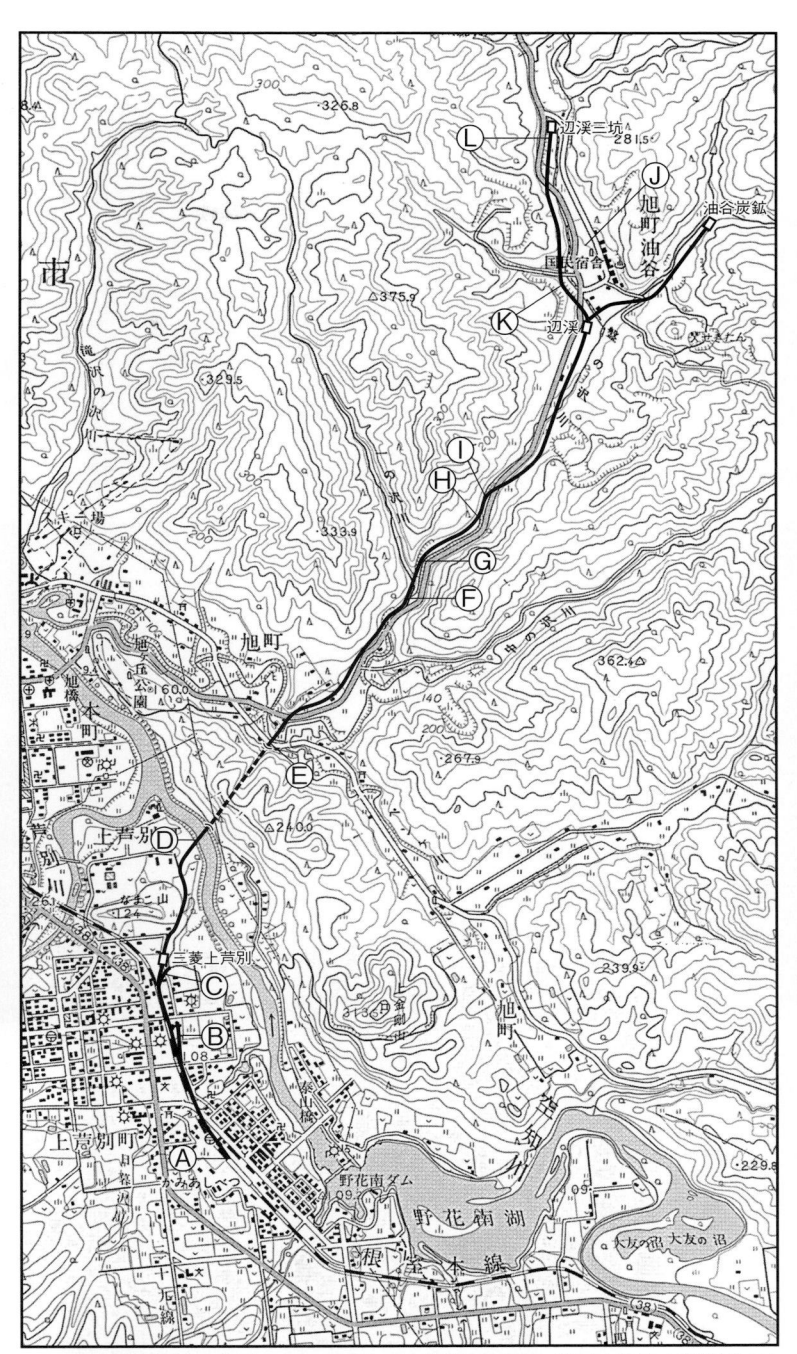

る⒞。

その先は、現在は総合体育館や陸上競技場等からなる「芦別市なまこ山総合運動公園」が整備されている。

空知川に沿って造られた運動公園のパークゴルフ場脇の草むらには、空知川橋梁の橋台と橋脚が残っており、対岸には辺渓隧道の坑口がわずかに見え

1/5万地形図「赤平」(H8修正、H9.6.1発行)+「上芦別」(H8修正、H9.4.1発行)+「美瑛」(H11修正、H12.7.1発行)+「富良野」(H15要修、H16.11.1発行)原寸

る⒟。

辺渓隧道の反対側にたどり着くには、芦別市街を大きく迂回しなければならないが、隧道跡はコンクリートの坑門がわずかに地表に出ているだけである。また、坑口の東側にはペンケ川橋梁の橋台が残っている⒠。

国道に戻り、盤の沢に添って旭町を

【F地点】弥生橋横の第1盤の沢橋梁

（左）【E地点】ペンケ川橋梁の橋台

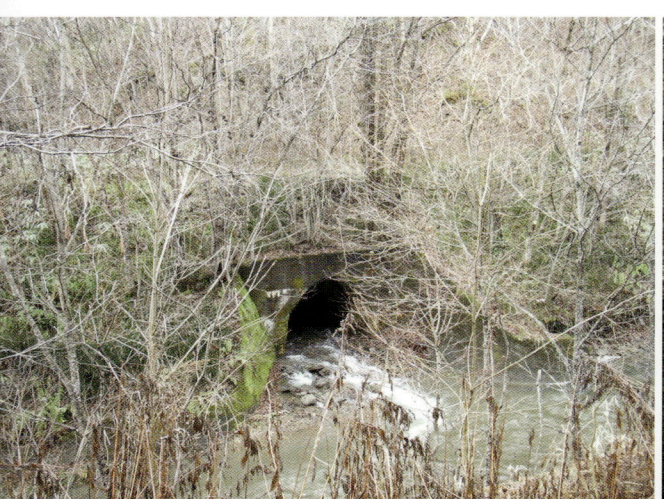

（上左）【G地点】盤の沢に注ぐ流れをまたぐ暗渠
（上右）【H地点】コンクリートアーチの第3盤の沢橋梁

（右）【I地点】如月橋横に残る第4盤の沢橋梁の橋台

【J地点】炭鉱住宅の跡にはホテルが建った

【K地点】盤の沢に沿って勾配を上る廃線跡

【L地点】公園化により炭鉱跡は定かでない

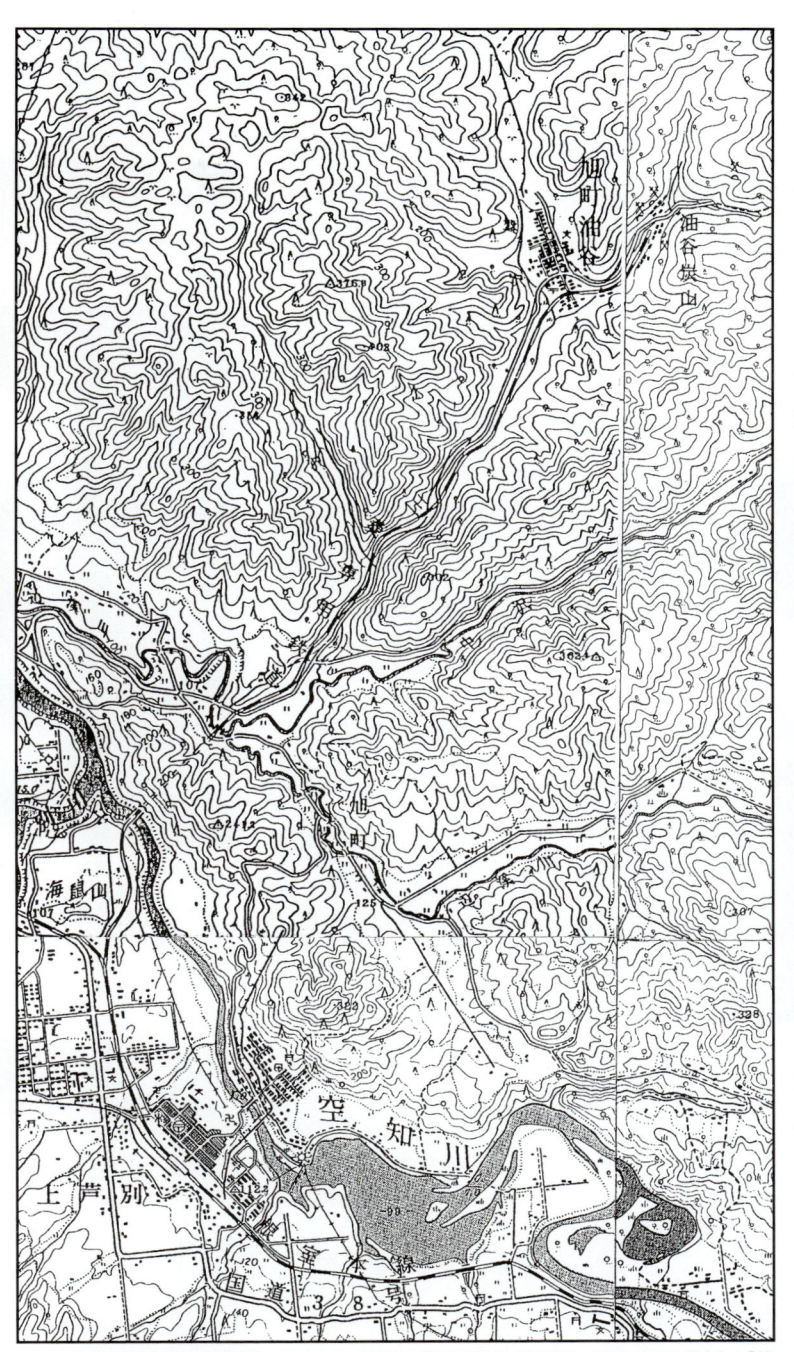

1/5万地形図「赤平」(S33測量、S36.8.30発行)+「上芦別」(S33測量、S36.10.30発行)+「美瑛」(S33測量、S36.10.30発行)+「富良野」(S33測量、S36.8.30発行)原寸

目指すと、弥生橋左手にコンクリートアーチ製の第1盤の沢橋梁が残っている(F)。

しばらくすると廃線跡は対岸に渡るが、林道の橋が架けられており、第2盤の沢橋梁の痕跡はない。対岸に廃線跡の暗渠(G)などを望みながら進むと、第3盤の沢橋梁(H)で、廃線跡は国道と交差して右手に戻ってくる。如月橋横に第4盤の沢橋梁の橋台(I)も残っている。

かつて炭鉱住宅が並んだ旭町は、「芦別温泉 スターライトホテル」(J)を中心としたリゾート地になっているが、盤の沢川右岸にわずかに廃線の痕跡を残すだけであり(K)、炭鉱の施設のあった終点も定かでない(L)。

辺渓〜油谷炭鉱

また、辺渓から分岐し1.3km先にあった油谷炭鉱跡も、露天掘りによって地形も変化してしまい、その痕跡は少ない。

■奥山道紀

国の登録文化財となった鉄橋と上に残る石炭列車
三井芦別鉄道【芦別～頼城】

【A地点】三井芦別鉄道が発着した根室本線芦別駅駅舎

【D地点】坑口を開けたままの芦別隧道

（左）【B地点】三井芦別鉄道の気動車が発着した3番ホームが残る芦別駅構内

（左）【C地点】南12号踏切付近で根室本線より離れていく廃線跡

【F地点】三井芦別駅のホーム跡

　北海道のほぼ中心・富良野市の隣に位置する芦別市は、かつて芦別五山と呼ばれた三井芦別・三菱芦別・明治上芦別・油谷鉱業・高根の炭鉱を抱え、北海道有数の炭鉱都市として栄えたが、平成4年（1992）にはすべての炭鉱が閉山し、企業誘致や観光開発に活路を求めているが、他の産炭地同様かつてのにぎわいはない。

　三井芦別鉄道は三井芦別炭鉱の開発に伴い、昭和15年（1940）に下芦別（のちの芦別）～西芦別（のちの三井芦別）間が専用鉄道として開通し、昭和20年（1945）に頼城まで延長された。その後、昭和24年（1949）には三井鉱山株式会社芦別鉄道として芦別～頼城間9.1kmが正式に地方鉄道として開業した。

　当初は他の炭鉱鉄道同様、SLが主体であったが、炭鉱の隆盛と共に、旅客輸送部門の近代化が図られ、昭和33年（1958）には気動車が導入された。

【E地点】健在の三井芦別駅舎

昭和35年(1960)には炭鉱の合理化に伴い三井鉱山から独立して、三井芦別鉄道となったが、三井芦別炭鉱の出炭の増強に伴い、昭和39年(1964)には、貨物部門の近代化も図られ、DLが導入された。

昭和47年(1972)には、並行するバ

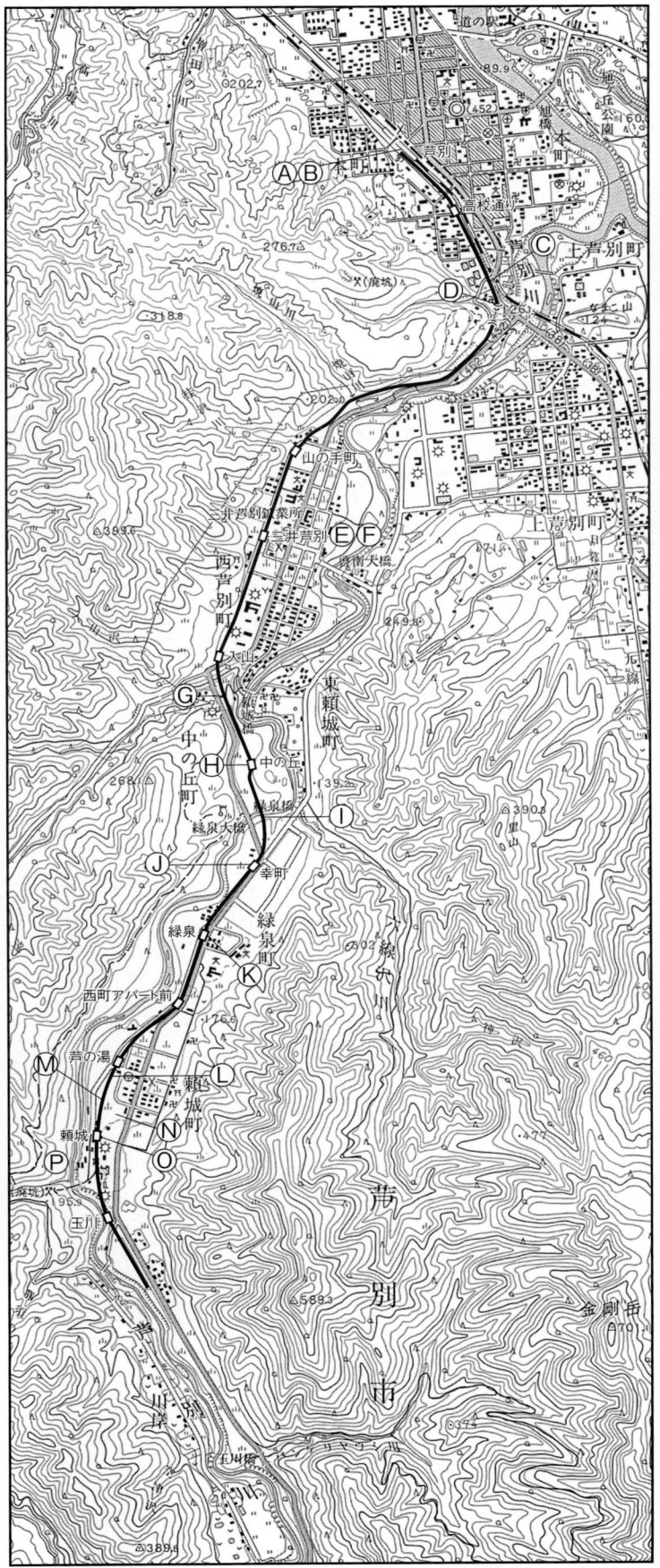

1/5万地形図「赤平」(H8修正、H9.6.1発行)＋「上芦別」(H8修正、H9.4.1発行)原寸

【H地点】中の丘駅付近の廃線跡

（左）【G地点】国登録文化財となった炭山川橋梁と石炭列車

【J地点】幸町停留場付近の廃線跡

【I地点】芦別川橋梁は橋桁は撤去され橋台だけが残る。写真は右岸橋台

【K地点】国道脇に残る緑泉駅駅舎

ス路線の拡充等により旅客列車は廃止になったが、貨物列車は閉山2年前の平成元年（1989）に、炭鉱の合理化によって鉄道が廃止になるまで、この地で走り続けた。

三 井芦別鉄道の始発駅でもあったJR芦別駅には、広々とした構内に同鉄道の気動車が発着した3番ホームが残っている（Ⓐ・Ⓑ）。

同鉄道の廃線跡はしばらくJR根室本線に寄り添い、南12号踏切付近より右カーブを描いた後は（Ⓒ）、頼城までほぼ国道452号に沿って南下する。

その右カーブに位置する延長69mの芦別隧道は、斎場入口の道路脇に現在

【L地点】わずかに残る商店街

【M地点】商店街の近くに残る橋台

(左)【N地点】商店街の近くに残る頼城駅の引上線跡

【O地点】頼城駅跡

【P地点】頼城駅跡から望む三井芦別炭鉱のズリ山

も坑口を開けている(D)。

　三井芦別の駅舎とホームも、駅舎に入居している企業は変化したものの、健在である(E・F)。

　DLと石炭貨車が保存・展示されている炭山川橋梁(鋼鈑桁6連、81.92m)は、平成21年(2009)に国の登録有形文化財として登録されたが(G)、改良工事により国道の橋が炭山川下流側に切り替わり、冬期に車両を引き入れて保管していた車庫も解体されてしまった。

　中の丘駅側の廃線跡もこれに伴い、一部は道路に侵食され、中の丘駅周辺も廃棄物の中間処理場となっている(H)。

　当鉄道最大の構造物であった芦別川橋梁(鋼鈑桁7連、104.09m)は、廃止時に解体され、残る痕跡は橋台だけである(I)。

　幸町停留場前後には廃線跡の切通しが残り(J)、国道沿いには緑泉駅の駅舎も残っている(K)。西町アパート前停留場、芦の湯前停留場と国道に沿って廃線跡が続くが、終点の頼城駅周辺の炭鉱施設はすべて撤去され、痕跡はかつての商店街の片隅に残る、引上線跡と橋台くらいである(N・O・P)。

　国道は更に南下し、三笠や夕張へと続くが、その沿線には芦別・幾春別・大夕張と森林鉄道の廃線跡が分布する。

■奥山道紀

美唄川に沿った炭鉱地帯の鉄道遺跡と炭鉱跡の光と陰

三菱鉱業美唄鉄道【美唄〜常盤台】

(左)【A地点】美唄鉄道の広いヤードが広がっていたあたりはJR美唄駅の東口駅前広場に整備された

(右)【B地点】東明駅跡の200mほど手前から線路跡を利用したサイクリングロードが始まる

　北海道の鉄道の歴史は、炭田の開発に伴う運炭鉄道としての歴史でもあった。道内には、石炭産業の隆盛とともに次々と運炭鉄道が設置され、またその衰退とともに消えていった。昭和47年（1972）に廃止になった三菱鉱業美唄鉄道もそんな鉄道の一つで、SLブームの頃は、旧国鉄の4110形と同形のEタンク機関車が長いセキを牽引する姿がファンの心をつかんでいた。

　美唄鉄道の誕生は、明治36年（1903）に設立された石狩石炭㈱が、美唄からの運炭鉄道の敷設を計画したことに始まり、大正2年（1913）に軽便鉄道法による免許を得て、翌年に軽便鉄道として美唄〜沼貝（のちの美唄炭山）間が開業した。その後、三菱合資会社の管理下に置かれて美唄鉄道㈱となり、大正4年（1915）に美唄炭山が専用鉄道として開業、大正13年（1924）に同区間が地方鉄道となり、美唄〜常盤台間の10.6kmの区間が地方鉄道となった。

　始発駅となる美唄駅のホームは、旧国鉄美唄駅の3番線ホームを使用していた。また、現在のJR美唄駅の東側にヤードが広がり、炭鉱から運び出された石炭を積んだセキがここで入れ換え作業の後、国鉄によって道内各地に搬出されていった。

　広大な美唄鉄道のヤードは、しばらく荒地となって広がっていたが、現在は、美唄駅の橋上化に伴って東口駅前広場に整備されている（Ⓐ）。

　美唄駅構内を出発した列車は、右に大きくカーブを切って東に進路を変えて常盤台を目指したが、美鉄バスの営業を引き継ぐフラワー観光バスの車庫の前を通るカーブを描いた道が線路跡だ。

　線路跡は一部が舗装道路や畑となりながら、道央自動車道の美唄インターチェンジ付近まで道道135号の南側に追うことができる。インターチェンジを過ぎると、線路跡はやがてサイクリングロードに整備されて明確になり（Ⓑ）、東明駅跡に至る（Ⓒ）。

　東明駅跡には、駅舎と旧国鉄4110形と同形の2号機が保存されている。また、ホームも残っており、その長さから長大な編成が想像できる。

　東明駅から盤ノ沢にかけては、美唄川の渓流に沿って25‰の急勾配が続き、沿線の景勝地の一つであった。

　盤ノ沢には選炭機があり、大規模な採炭が行われ、三井東美炭鉱や、盤ノ

【C地点】(上から)今も保存されている東明駅の駅舎は貴重な存在だ／東明駅のプラットホームもしっかり残されている／4110形の2号機が手入れもよく保存されている

112

【D 地点】美唄川の流れに沿って落石避けの擁壁の一部が続く

【E 地点】浄水場の一角に炭鉱当時からの古い給水塔が残っている

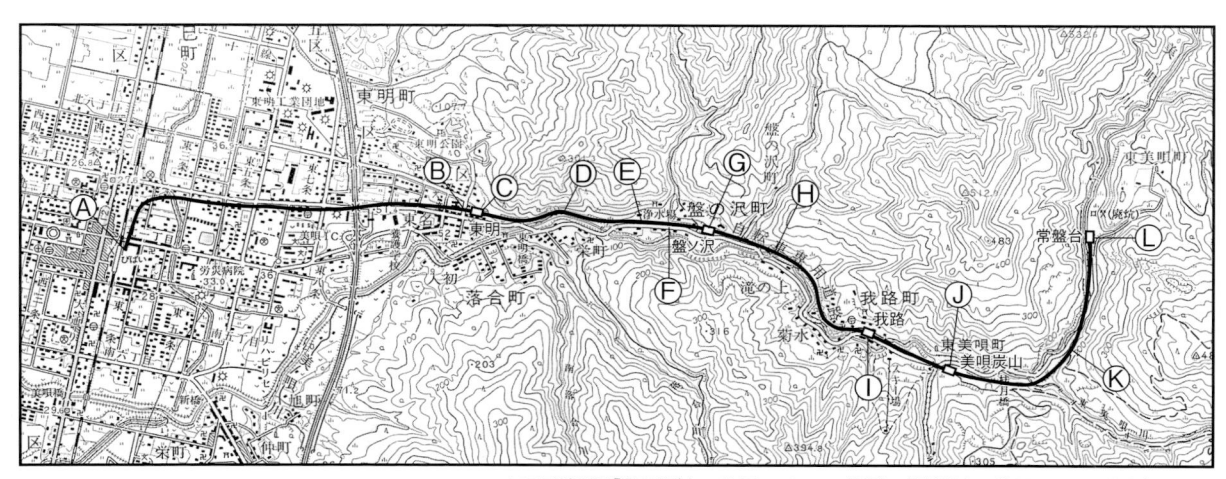

【F 地点】盤ノ沢川の短いガーダー橋の奥に煉瓦アーチの暗渠が見られる

（下）終点の常盤台へ向かって4号機が急勾配に挑む。東明〜盤の沢。昭和47年5月5日／写真：奥野和弘

1/5万地形図「岩見沢」(H7 修正、H8.11.1 発行)＋「砂川」(H7 修正、H9.1.1 発行)× 0.75

【G地点】盤ノ沢駅には長いホームが残っており、山腹に開いた坑道の坑口も見える

【H地点】コンクリート橋台とガーダー橋がサイクリングロードに転用されている

（右）【I地点】サイクリングロードの脇に弧を描いて我路駅跡の長いホームが横たわる

（右）【K地点】線路をまたいでいた旭橋は崩れかけながらも健在だ

【J地点】美唄炭山駅跡にある製粒炭工場の一角に貨車のワが置かれている

【L地点】炭鉱メモリアル森林公園として整備された常盤台

　沢発電所への側線が分岐していた。また、駅の跡にはホームが残されており（G）、石炭の山が築かれている。

　この美唄鉄道沿線で最も大きな町が造られ、小学校が4校、中学校が2校もあったという我路（がろ）。谷間の狭い土地にもかかわらず、美唄川の川岸から山側に向かって1条通りから4条通りまであり、4条通りには7軒ものパチンコ屋やカフェなどが立ち並んで、毎日の憂さを晴らす炭鉱夫たちで大いににぎわっていたというが、今は見る影もない。朽ち果てた家々の間に、いまだにこの地で生活している人の民家がポツポツと残っている姿は、町の過去がにぎやかだっただけに、閉山になった炭鉱街の悲哀を強烈に物語っている。

　長いホームが残っている我路駅の跡（I）を過ぎると、サイクリングロードは道道135号の歩道となって我路ファミリーパークに至る。この公園の一角に「三菱美唄資料館」があり、この美唄鉄道の沿革や当時の炭鉱の様子を知ることができる。

　美唄炭山駅跡には、美唄製粒工場があり、粒状の石炭の山が築かれている。また、敷地の片隅に貨車のワが1輌、倉庫代わりに今も使われている（J）。

　終点の常盤台は、炭鉱メモリアル森林公園として整備が進み、当時の構内の様子は一変している（L）。最後まで残っていた機関車用の給水塔もなく、灰色のコンクリート製原炭ポケットや2機の巨大な巻揚機が当時の姿をわずかに伝えるのみ。明るく開放的な雰囲気は、我路の町並みとあまりに対照的だ。

■村田正博

炭鉱の衰退と共に消えた2本の旧国鉄線
歌志内線・函館本線上砂川支線
【砂川～歌志内】　　　　　　　　　　　　　　　　　　　　　【砂川～上砂川】

【A地点】砂川支線のホームと結ばれていた長い跨線橋は短縮されて新しく自由通路が造られた砂川駅

【C地点】北光跨線橋から函館本線と並走する歌志内線跡を見る

(左)【B地点】ペンケウタシナイ川に歌志内線のガーダー橋が残っている

【E地点】動輪形の記念碑が焼山駅の跡を示す

【D地点】函館本線から分岐して右にカーブする歌志内線跡の薮

【F地点】サイクリング道になって伸びる歌志内線の跡

　函館本線の砂川駅から、丘陵を挟んで並行するように、東にある空知炭田を目指して伸びていた2本の鉄道。その一つが、歌志内から空知炭鉱周辺の石炭をペンケウタシナイ川に沿って運び出していた歌志内線であり、もう一つが、上砂川炭鉱周辺の石炭をパンケウタシナイ川に沿って運搬していた函館本線砂川支線であった。

115

【G地点】文殊駅跡は文殊もみじ団地の住宅地になったが、バス停がその位置を示す

【I地点】今は通行できないが線路をまたいだ人道橋が残っている

【J地点】空き地になって残っている神威駅の跡

【K地点】左側に片側1線のホームがあった歌神駅の跡

【H地点】「道の駅うたしないチロルの湯」付近の切通しに伸びる線路跡

歌志内線【砂川～歌志内】

北海道炭礦鉄道によって、明治24年(1891)7月5日に岩見沢～砂川～歌志内間を結ぶ空知線として開業した歌志内線は、SL「弁慶」号や「義経」号といった、かつての名優が活躍した由緒ある鉄道である。

明治39年(1906)10月1日に北海道炭礦鉄道が国有化された後、明治42年(1909)10月12日に歌志内線(砂川～歌志内間14.5km)の名称が制定された。歌志内線沿線には、住友石炭歌志内鉱や北炭神威鉱などがあり、道内でも屈指の石炭取り扱い量を誇っていたが、炭鉱の閉山やトラック輸送への転換が進むなか、昭和63年(1988)4月9日に、最期の石炭列車を送り出し、同年4月24日の最終列車の運転を最後に廃止となった。

始発駅となる砂川駅構内には(Ⓐ)、かつてセキやセムといった石炭専用の貨車の群れがヤードいっぱいに並んでいたが、その広大な跡地は「地域交流センターゆう」と県営と町営の三砂ふれあい団地の敷地になって、当時の様子を思い描くことはできない。

砂川駅を出発した歌志内線は、函館本線と並行して滝川方面に向かい、2kmほど先から大きく右にカーブをして、東へ進路をとる。函館本線との分岐点

【M地点】歌志内線は右にカーブしながら歌志内の市街地に進入した

(左)【L地点】生活道としても利用されている歌志内線跡

【N地点】歌志内駅の跡には郵便局が立っている

【O地点】空知炭鉱跡に鉄道の痕跡は全くない

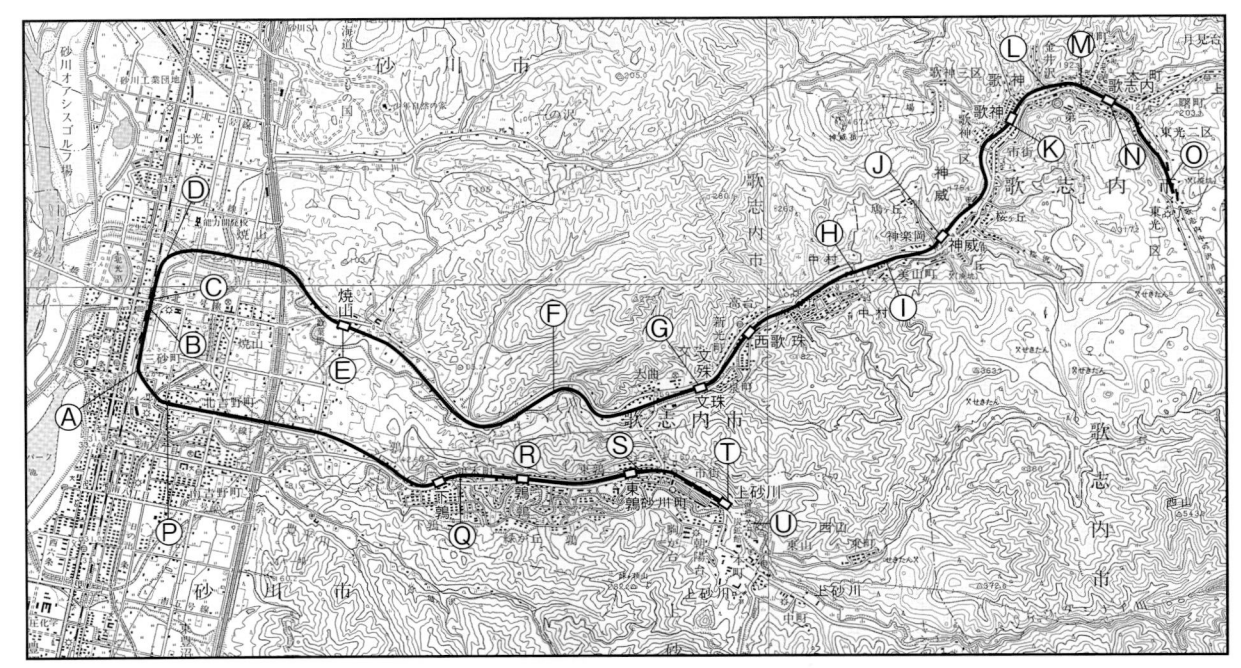

1/5万地形図「砂川」(H7修正、H9.2.1発行)+「上芦別」(H8修正、H9.4.1発行)+「滝川」(H8修正、H9.6.1発行)+「赤平」(H8修正、H9.6.1発行)×0.6

117

【P地点】三砂団地の住宅地の先から砂川支線の線路跡が現れる

(右)【Q地点】第2歌志内川橋梁のガーダー橋が残っている

【R地点】喫茶・スナックになって残っている鶉駅の駅舎

(右)【S地点】上砂川駅の手前に残っている砂川支線の路盤

付近は、藪に覆われた線路跡が築堤になってしっかりと残っている(Ⓓ)。

しかし、その線路跡は、突然現れたペンケウタシナイ川の流路に行く手を阻まれてしまう。この川は、洪水対策として、蛇行する旧流路をショートカットするために新たに開削されたもので、平成4年(1992)10月に完成しており、歌志内線の現役当時は存在しなかった河川だ。この新しいペンケウタシナイ川を渡った先から、再び線路跡をたどることができるが、線路の上を渡っていた水路橋の近くにあった小さなガーダー橋をはじめとした鉄道の施設はほとんど消え去った。

SLの吐き出す火の粉が原因でたびたび起こった山火事から名づけられた焼山駅の跡(Ⓔ)から文珠駅跡の手前まで、線路跡はサイクリングロードになって伸びている。炭鉱を発見して共同経営した3人にちなんで「三人寄れば文珠の知恵」の諺から名づけられた地名に由来する文珠駅の跡は、文珠もみじ団地の住宅地の中に消えた(Ⓖ)。

線路跡は、文珠駅の先から再びサイクリングロードになり、歌志内駅跡の手前まで伸びている。途中の西歌駅の跡は、道道114号脇の公園になって跡形もなく、神威駅は舗装された空き地になり(Ⓙ)、歌神駅のホーム跡も姿を消し(Ⓚ)、終着の歌志内駅の跡は歌志内郵便局になっている(Ⓝ)。なお、西歌駅跡と神威駅跡の間にある「道の駅うたしないチロルの湯」にはレンタサイクルがあるので、廃線跡の自転車で巡るのもよいだろう。

歌志内線の線路は、さらに歌志内駅の約1.5km先にある空知炭鉱まで伸びて石炭の搬出を行っていたが、選炭機やホッパーなどがあった炭鉱跡付近の様子は一変し、産廃処理場のエコバレー歌志内になっている(Ⓞ)。

函館本線上砂川支線【砂川〜上砂川】

砂川〜上砂川間7.3kmを結んだ函館本線上砂川支線は、三井鉱山の陳情により、大正7年(1918)に石炭搬出の専用線として開通した。その後、大正15年(1926)8月1日に一般営業を開始し、函館本線の支線として開業している。昭和62年(1987)7月14日

【T地点】移設されて残っている上砂川駅の駅舎(上)／車両と共に残されている上砂川駅(右上)／保存されている「ヨ」の奥に中央竪坑を利用した地下無重力実験センター跡が見える(右下)

【U地点】炭鉱内で使用された車両が「かみすながわ炭鉱館」の野外に展示されている

　の三井砂川炭鉱閉山により、石炭輸送の使命を終えた上砂川支線は、その後も住民の足として旅客営業を続けてきたが、業績の好転も望めず、平成6年(1994)5月16日に廃止となった。
　函館本線に直接乗り入れることができなかった上砂川支線の砂川駅ホームは、函館本線のホームと離れた場所にあり、長い跨線橋で結ばれていた。現在は、上砂川支線への長い延長部分が撤去され、その脇に自由通路が設置されている(Ⓐ)。
　駅を出発した列車は、すぐ左にカーブして水路橋の下をくぐり、東に向きを変えて上砂川方面へ向かったが、この付近も団地の造成地となって痕跡が消えている。しかしその先には、バラストも残る線路跡が伸びている(Ⓟ)。
　下鶉駅を挟んで砂川寄りに第1下歌志内川橋梁、上砂川寄りに第2歌志内橋梁があり、それぞれパンケウタシナイ川(下歌志内川)を渡っていたが、第2歌志内川橋梁のプレートガーダー橋は、そのまま残されている(Ⓠ)。また、下鶉駅と東鶉駅の跡は消えてしまったが、その間にある鶉駅の駅舎は喫茶・スナックとなって現存している(Ⓡ)。
　やがて広い道に整備された線路跡は、上砂川駅の構内跡に到着するが、ここには、映画『駅』や倉本聰脚本のテレビドラマ『昨日悲別で』のロケに使われた上砂川駅の駅舎と、スユニ60218、ヨ8055が保存されている(Ⓣ)。ただし駅舎は、実際に建てられていた道道115号脇から移築されて、向きも変えられている。
　なお、上砂川の炭鉱跡一帯も整備されて様子を一変させているが、地下無重力実験センターに利用されていた中央竪坑跡や、第1竪坑の巻き上げ機に、辛うじて炭鉱の面影を偲ぶことができる(Ⓣ)。

■村田正博

夕張鉄道 【野幌～夕張本町】

北海道最大規模だった私鉄は市の財政破綻にも翻弄され

【A地点】高架工事が進む野幌駅

(右)【B地点】北海鋼機の工場横に設けられた腕木信号機を利用した記念碑

【C地点】北海鋼機前周辺の「きらら街道」、周囲には量販店も建ち都市化が進む

【D地点】晩翠駅跡の農業倉庫(左)／晩翠駅跡を示す説明板(右)

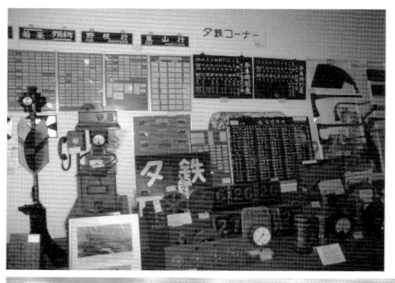

【E地点】南幌駅跡に出来た「福祉総合センターあいくる」内の「郷土資料室」に展示された夕張鉄道の資料(上)／南幌駅跡を示す説明板(下)

かつて北海道は九州に次ぐ産炭地として栄えていた。今では釧路コールマイン(旧太平洋炭鉱)が、わが国で唯一の採炭事業を継続するが、昭和40年代までは、広大な北海道内には国鉄路線のほかに西の夕張鉄道、東の雄別鉄道を代表として、石炭輸送を目的とした私鉄・専用線が各地に存在した。

夕張鉄道は、北海道炭礦汽船が夕張炭鉱の事業用資材の輸送と札幌・小樽方面への短絡路線として、夕張～栗山～野幌間の鉄道建設を計画。大正15年(1926)に新夕張(のちに夕張本町に改称)～栗山間を開業した。

その後、昭和5年(1930)には野幌まで延長され、全線53.2kmの北海道最大規模の私鉄が完成した。

戦中、戦後を通じ力強いSLが石炭輸送に活躍する一方、戦後導入された当時の最新鋭気動車が炭鉱街と札幌を結ぶ最短ルートとして、旅客サービスに活躍した。

しかし、昭和40年代に入ると沿線炭鉱の合理化や閉山、バス路線の発達等により合理化・縮小を余儀なくされ、昭和50年(1975)には同鉄道沿線で最後まで操業した北炭平和炭鉱の閉山に伴い、廃止された。

札幌都市圏の拡大につれて、夕張鉄道の始発駅であった野幌駅周辺では、函館本線の高架工事が進められ大きな変化を遂げている。夕張鉄道の発着した3番ホームも消え去り、平成23年(2011)には約2.4kmの高架工事が完了し、駅周辺の光景は一変することになるだろう(Ⓐ)。

付近は、かつて煉瓦を中心とした窯業が盛んであったが、夕鉄のSLが休んだ駐泊所跡にはマンションが建つなど、当時の面影は少なくなってしまった。その隣の「江別グレシャムアンテナ

【G地点】北長沼駅跡の説明板(左)／北長沼駅跡近くに残る農業倉庫(右)

(左)【I地点】栗山公園に保存されている21号SL

【F地点】双葉駅跡付近の「きらら街道」

【H地点】栗山側に残る夕張川橋梁の橋台

(右)【J地点】栗山駅南の富士川近くで室蘭本線をまたいだ跨線橋の橋台

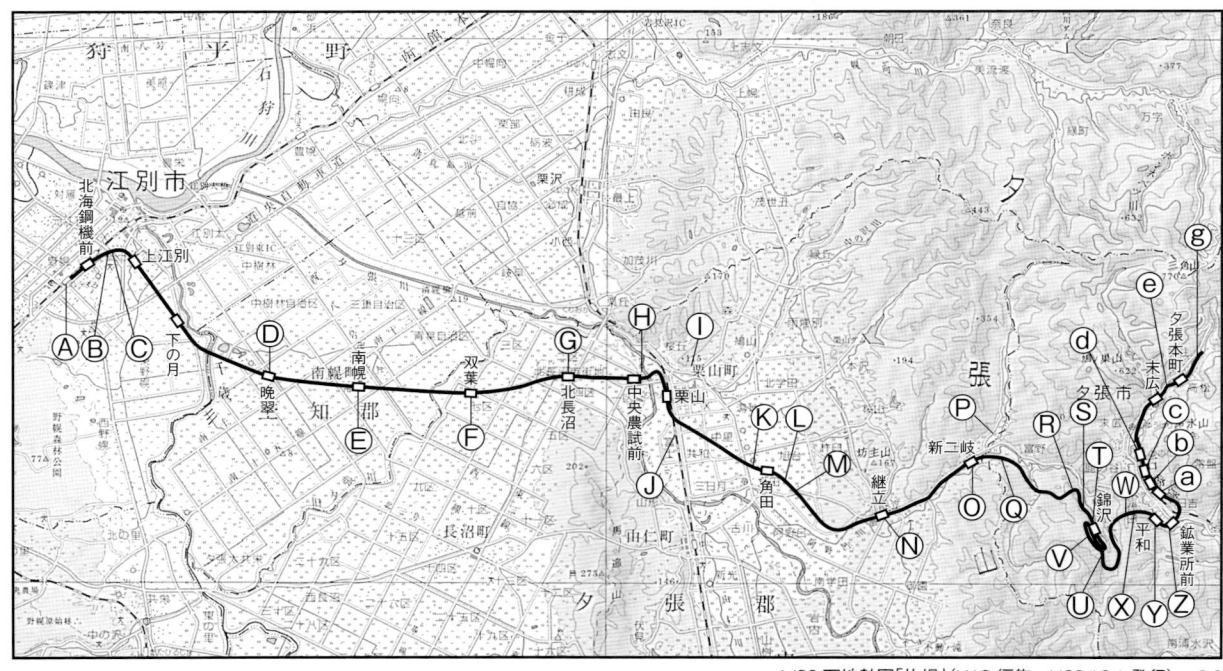

1/20万地勢図「札幌」(H18編集、H20.12.1発行)×0.8

【K地点】角田跨線橋と廃線跡 　　【L地点】角田駅跡近くに残るワムの廃車体 　　【M地点】継立～角田間の跨線橋と廃線跡を利用した農道

【N地点】旧継立駅舎 　　【O地点】旧新二岐駅舎

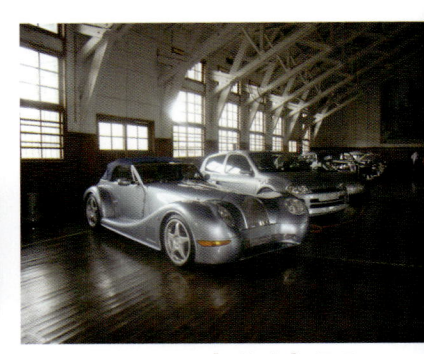

【P地点】旧日の出小学校体育館は「Hinode Collection Hall & Cafe 麗燈露」となっている

(左)【Q地点】新二岐駅跡近くに残る築堤
(右)【R地点】第1隧道の東側坑口

ショップ」となった、旧ヒダレンガ工場が、かろうじて夕鉄の発着した時代を伝えている。

　北海鋼機前駅周辺でも、夕鉄バスターミナル向かいに残っていたホームや腕木信号機が消え去り、新たに遊戯場が建設され、その背後では函館本線の高架工事が進んでいる。

　夕張へ向かう廃線跡は空知南部広域農道「きらら街道」として整備されている。北海鋼機工場横には腕木信号機を利用した、夕張鉄道の記念碑が設置されているが、付近には新たに量販店等も開業し、変化は著しい(Ⓑ・Ⓒ)。

　晩翠には農業倉庫と駅跡を示す標柱や説明板が残っている(Ⓓ)。南幌駅跡にも説明板が立ち、郷土資料室には夕鉄資料が多く展示されている(Ⓔ)。廃線跡の「きらら街道」を進むと双葉を過ぎるが、残念ながら駅の痕跡はない(Ⓕ)。

　北長沼駅周辺も、駅跡を示す説明板や農業倉庫など(Ⓖ)、夕鉄の痕跡には変化は少なく、夕張川橋梁の栗山側橋台も健在である(Ⓗ)。

　JR栗山駅は新駅舎となり、夕鉄の痕跡はないが、室蘭本線に沿って南下した富士川近くに、室蘭本線をまたいだ跨線橋の橋台が残り(Ⓙ)、その先の国道234号の角田跨線橋や(Ⓚ)、角田駅跡の近くの貨車(Ⓛ)も健在である。

　廃線跡を転用した農道も完成しており、1車線の舗装路が、道道3号の角田跨線橋の下を通り抜けている(Ⓜ)。

　継立、新二岐の両駅舎(Ⓝ・Ⓞ)は、今も夕張に向かう道路に面して立ち、健在である。

　新二岐駅からは、かつて角田炭礦専用鉄道が分岐していたが、学校前乗降場跡近くの旧日の出小学校体育館は「Hinode Collection Hall & Cafe 麗燈露」(冬期休業)となり、古い自動車とコーヒーや軽食が楽しめる、レトロな空間になっている(Ⓟ)。

　夕張から新二岐駅跡近くの富野地区まで、廃線跡は一時期サイクリングロードとして利用されていたが、現在は平和駅跡の先から廃止され、荒れた状態になっている。

　この区間は錦沢のスイッチバックを経て、夕張山地の西縁部を横断する山越えの区間でもある。新二岐の先には築堤が残り(Ⓠ)、廃止されたサイクリングロードの一部は農道に転用されている。平成20年(2008)末に完成した新しいルートは、大蛇の沢に沿って大きくカーブを描いており、廃線跡の第1隧道(Ⓡ)～錦沢間の一部が、道路に

開業当時の錦沢駅。大正15年／写真：夕張市石炭博物館

(上)【S地点】道路改良により、廃線跡は一部区間が侵食されている
(下)【T地点】錦冬橋のたもとが、錦沢への入り口となる

【U地点】スイッチバック下段の折り返し(左)／スイッチバックの下段と中段(右)

(下)【V地点】ひっそりと残る錦沢遊園の碑

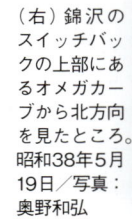

(右)錦沢のスイッチバックの上部にあるオメガカーブから北方向を見たところ。昭和38年5月19日／写真：奥野和弘

侵食されている(Ⓢ)。

しかし、錦冬橋のたもとからは廃止されたサイクリングロードが分岐しており、以前より容易に錦沢に入ることができる(Ⓣ)。錦沢のスイッチバック(Ⓤ)は訪れる人もなく、「錦沢遊園」の碑が往時のにぎわいを伝えている(Ⓤ・Ⓥ)。

しかし第1隧道と同じく、第3隧道も閉鎖されており、夕張側への通り抜けは不可能であり、平和駅跡には大きく迂回しなければならない。

「北に夕張・南に三池」(『沿線御案内夕張鉄道』より)と呼ばれ、掘っても、

【W地点】閉鎖されたままの第3隧道の東側坑口

（右上）【X地点】第3隧道への補機が活躍した区間
（右下）【Y地点】平和駅の基礎

【a地点】平和炭鉱専用線のコンクリート橋

【b地点】若菜駅のホームは機材置き場となっている

【Z地点】サイクリングロードとして使用されている志幌加別川橋梁（上）／緑鮮やかな運動公園の背後に残る志幌加別川橋梁（下）

掘っても尽きないといわれた夕張の石炭だが、平成2年（1990）には、すべての炭鉱が閉山した。

夕張市は、その後の閉山処理と、地域の再生を賭けた観光開発の失敗により、多額の借金を残し、平成19年（2007）には、わが国唯一の財政再建団体となったのは記憶に新しい。町の様子は、以前とあまり変わらないが、後述する通り、財政破綻は多方面に影響を及ぼしている。

平和駅跡までの、サイクリングロードは管理されているが、第3隧道側へ進むと間もなく車止めがあり、その先の荒廃した道を進むと、閉鎖された隧道が姿を現す（Ⓦ・Ⓧ）。

平和駅跡にはコンクリートの基礎が残っている（Ⓨ）。ここから反転して若菜へ向かうΩ（オメガ）ループは夕鉄の痕跡を大きく残しており、志幌加別橋梁（Ⓩ）から見下ろす、平和炭礦専用鉄道のコンクリート橋（ⓐ）も健在である。かつての夕製前駅に近い化成工業所駅跡にはコークス炉の煙突が残っているが、隣接する温泉施設「ユーパロの湯」は財政破綻に伴い、民間により運営されている。

若菜駅跡のホームも重機会社の資材置場となったものの残っており（ⓑ）、廃線跡は石勝線（旧国鉄夕張線）に沿って進む。営林署前の駅舎（ⓒ）や、鹿ノ谷の車両区（ⓓ）の痕跡は健在である。

サイクリングロードは、市民の散歩道にもなっている（ⓔ）。終点の夕張本町駅は、夕張市民会館の1階に入居していた。財政破綻により同会館は閉鎖とされたが、市民の管理により存続し、ネーミングライツの導入により、平成21年（2009）10月から「アディーレ会館ゆうばり」となっている（ⓕ）。

この先、炭鉱の事業地に夕張炭礦専用鉄道が伸びていたが、その終点に位置している「石炭の歴史村」も財政破綻により、第三セクターから民間会社の運営に移行している。夕張鉄道が独自に発注した11形14号SLや関連資料を展示する「SL館」は、残念ながら現在閉鎖されている（ⓖ）。

生前、寂れゆく夕張の廃屋となった炭鉱住宅を見て「何かと不満の多い人間は一度夕張線に乗るとよいと思う。いくらかおとなしくなるにちがいない」と書いた、宮脇俊三氏は、今の夕張をどう見るのだろうか。　■奥山道紀

【c地点】旧営林署前駅舎

往時の鹿ノ谷車両区。昭和42年／写真：石田 司

（左）【d地点】鹿ノ谷の車両区跡

（下）【f地点】夕張本町駅が入居していた市民会館にも財政破綻の影響が

【e地点】夕張本町〜末広間の廃線跡であるサイクリングロードは市民の散歩道にもなっている

【g地点】財政破綻により閉鎖された「石炭の歴史村・SL館」

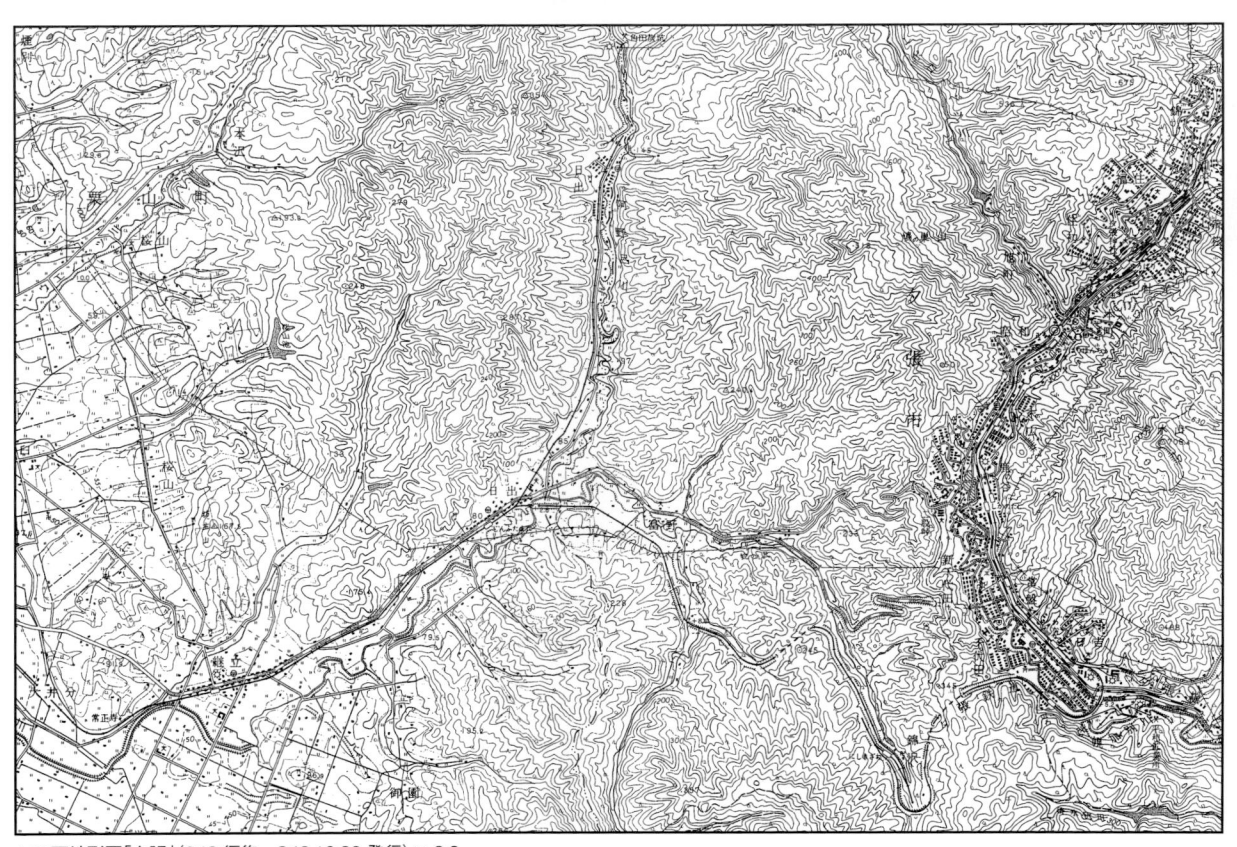

1/5万地形図「夕張」(S42編集、S43.10.30発行)×0.6

廃線跡の大半は数年後には水没の運命
三菱鉱業大夕張鉄道【清水沢～大夕張炭山】

【A地点】現在はホーム1面1線の清水沢駅

【B地点】大夕張鉄道が発着した清水沢駅1番ホームの残骸

【C地点】清水沢～遠幌間の廃線跡

【D地点】清水沢～遠幌間の葡萄山隧道跡

【E地点】遠幌駅跡に残る鉄道職員の住宅

【F地点】遠幌～南大夕張間の遠幌加別橋梁跡

【G地点】遠幌～南大夕張間の廃線跡

【H地点】遠幌～南大夕張間に残る旧炭鉱住宅街

炭鉱の全盛時代、夕張には「3人の市長がいる」といわれた。1人目は北炭(北海道炭礦汽船)の所長、2人目は三菱の所長、そして3人目が本物の夕張市長と、何から何まで炭鉱が中心だった夕張市だが、北炭の夕張鉄道に対し、三菱は石勝線(旧夕張線)清水沢駅までの石炭輸送線として三菱大夕張鉄道を運営していた。

三菱大夕張鉄道は明治44年(1911)に開通した清水沢～二股(のちの南大夕張)間の専用鉄道を起源として、昭和14年(1939)に正式に地方鉄道として開業した。

その間路線の延長や短縮を行い、9200・9600形SLや国鉄DD13形に準ずるDLが、冬には石炭ストーブを積み込む客車とセキ車からなる混合列車を牽引し、市民の足として親しまれたが、昭和62年(1987)に南大夕張炭鉱の合理化に伴い廃線となった。

起点の石勝線(旧夕張線)清水沢駅には、今では広い構内とホームの残骸が残るだけである(Ⓐ・Ⓑ)。

遠幌までの路盤も一部が国道の改良工事で失われ、葡萄山トンネルの痕跡も完全に消滅した(Ⓓ)。遠幌駅跡も、

【I地点】南大夕張駅跡と保存車両（左上）／南大夕張の駅名標示板（左下）／（右）南大夕張駅で排雪列車の先頭に立つキ1。昭和38年頃／写真：三菱大夕張鉄道保存会

【J地点】保存車両に隣接する「シューパロダムインフォメーションセンター」（左）「シューパロダムインフォメーションセンター」に展示されている鉄道資料（右）

【K地点】青葉トンネルは国道として拡幅利用されシューパロトンネルとなった

【L地点】シューパロ湖畔に残る青葉崩落覆い

【M地点】シューパロ湖に残る森林鉄道の三弦橋

元炭鉱事務所でもあった保育園跡と鉄道の元職員住宅が残るだけである（Ⓔ）。

遠幌～南大夕張間の遠幌加別川橋梁も橋台と橋脚の跡が残るが、上流側に残されていた専用鉄道時代の橋脚は撤去されている（Ⓕ）。その先は国道に沿って廃線跡が続き、残り少ないが炭鉱住宅も残っている（Ⓗ）。

南大夕張駅跡には廃線時の編成のままの列車が残されている（Ⓘ）。以前は荒廃していた保存車両であるが、平成11年（1999）に見かねた市民らが三菱大夕張鉄道保存会を結成し、手弁当での補修活動を展開、その後「北海道遺産」や「近代化産業遺産」に認定され、観光シーズンには多くの見学者でにぎわっている。

一方、「石炭の歴史村・SL館」は夕張市の財政破綻により現在閉鎖されており、同鉄道で活躍した4号蒸気機関車（9600形）の動向も不明で、これらの保存車両とは明暗を分けている。

また、保存車両に隣接した「シューパ

【N地点】シューパロ湖駅跡の階段

【O地点】吉野沢トンネル北側坑口をまたぐ付け替え国道の橋梁

【P地点】シューパロ湖〜明石町間の明石沢橋梁

(右)【Q地点】明石町駅ホームに残る残骸

【S地点】旭沢橋梁の背後には付け替え国道の橋梁が架設されている

【R地点】明石町駅付近の廃線跡

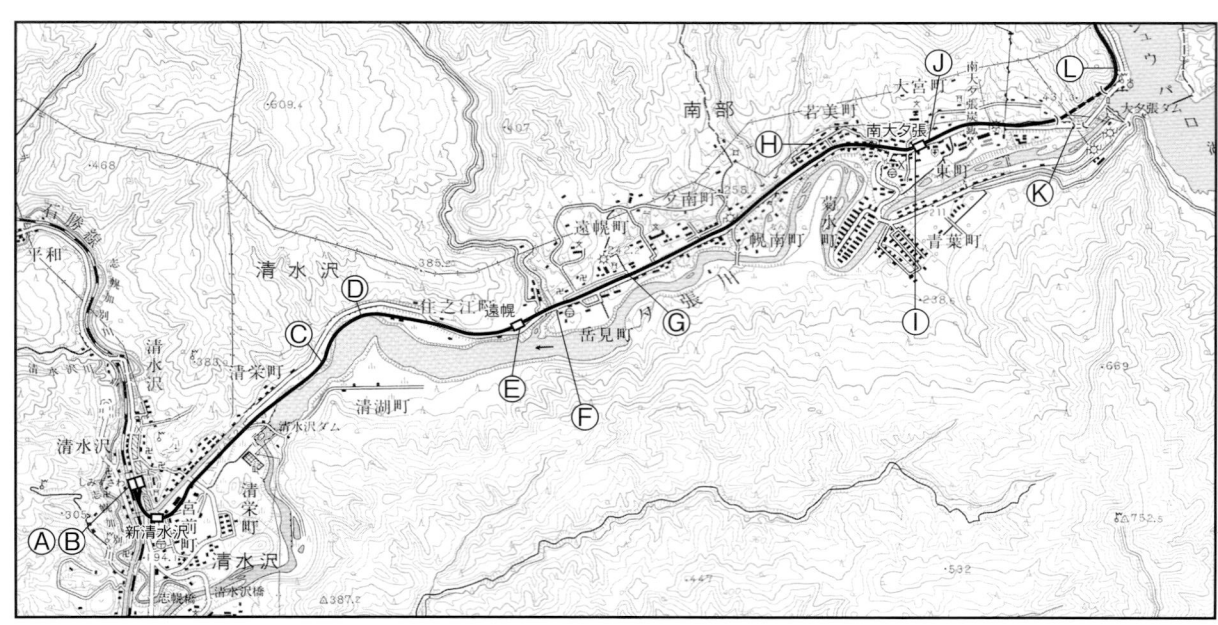

1/5万地形図「紅葉山」(H12要修、H13.11.1発行)＋「石狩鹿島」(H4修正、H5.3.1発行)×0.85

(上左)【T地点】
千年町〜大夕張間の築堤に残るブロック塀
(上右)【U地点】
大夕張炭山駅跡から望む大夕張炭鉱のズリ山

(右)活気にあふれる大夕張炭山構内。昭和44年頃／写真：夕張市石炭博物館

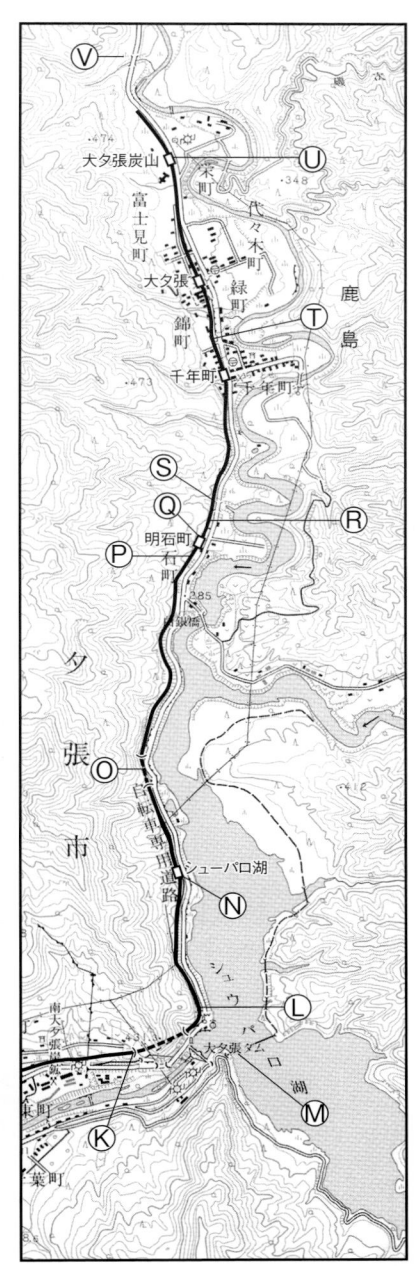

【V地点】ズリ山の麓に残る大夕張炭鉱坑口。三菱マークが残る

1/5万地形図「紅葉山」(H12要修、H13.11.1発行)＋「石狩鹿島」(H4修正、H5.3.1発行)×0.85

ロダムインフォメーションセンター」には、平成25年(2013)の完成を目指して建設工事の進むシューパロダムの関連資料のほか、ダムに沈む鹿島(大夕張)地区の郷土資料も展示され、夕張岳森林鉄道の三弦橋の模型や三菱大夕張鉄道の資料等も展示されている(Ⓙ)。

しかし、同鉄道の廃線跡で変化の大きいのはダム工事の進む南大夕張以北である。鹿島地区は平成10年(1998)にすべての住人の移転が完了して、現在は無人地区となっている。また、明石町、大夕張、大夕張炭山の各駅舎もすべて解体されている。

「シューパロダムインフォメーションセンター」の背後には、付け替え国道のトンネルが既に口を開けている。シューパロダムは既存の大夕張ダムの下流約150m地点に建設が進んでいるが、鉄道の青葉トンネルはシューパロトンネルと改修・改名され、ダム堤体建設中の国道迂回路となり利用されている(Ⓚ)。

このトンネルを抜けると三弦橋と、青葉崩落覆いが目に入る(Ⓛ・Ⓜ)。どちらもダム完成時は水没する運命ではあるが、湖面に姿を映す三弦橋の造形美は、いつ見ても見飽きない。シューパロ湖駅跡の変化は少ないが(Ⓝ)、吉野沢トンネルの南側坑口は付け替え国道工事で埋め立てられ、北側坑口の上空を新しい橋がまたいでいる(Ⓞ)。

この先、廃線跡は各所で工事用道路に寸断されているが、明石町駅近辺は明石沢橋梁(Ⓟ)やホーム跡など比較的多く鉄道の痕跡が残っている(Ⓠ・Ⓡ)。

三弦橋と並び、土木工学的にも貴重なトラスドガーダー橋の旭沢橋梁も健在だが、背後の高い位置に付け替え国道の橋梁が建設され、数年後には、この鉄橋が水没する運命を示している(Ⓢ)。

千年町〜大夕張駅間にはブロック積みの築堤が残り(Ⓣ)、かつて炭鉱住宅が立ち並んだ場所には、ダム建設の骨材プラントが大きな音をたてている。

大夕張炭山駅周辺でも付け替え国道の工事が進むが、かつての炭鉱の存在を伝えるズリ山(Ⓤ)の麓には、最盛期には2万人の人々の暮らしを支えた、三菱マークの坑口がひっそりと残っている(Ⓥ)。

■奥山道紀

戦後に建設され7年で命脈尽きた悲運の簡易軌道
当別町営軌道 【当別〜大袋】

【A地点】総合体育館が立つ石狩当別駅の北西側が町営軌道の起点

【B地点】併用軌道区間であった六軒町付近

【C地点】弁華別小学校の裏手に弁華別の停留場があった

【D地点】2つ並ぶ小屋の裏手を軌道の築堤が伸びていた

【C地点】弁華別小学校の裏手に弁華別の停留場があった

(右)【F地点】ダムの建設に伴ってダム湖をまたぐ橋梁の工事も進む

　当別町営軌道は、戦後の緊急入植指定地の一つである当別町青山奥地区の交通手段を確保するために、簡易軌道当別線として昭和24年(1949)に当別〜青山中央25.4kmの運行を始めた。翌年花田前まで、昭和27年(1952)には大袋まで31.3kmが全通した。

　当時はすでに各自の馬で台車を牽く時代ではなく、利用者である沿線住民が運行組合を設立して、ガソリン機関車や貨車などの車両や運転を管理した。昭和28年(1953)になると、国有財産を任意団体の運行組合に管理させるのはいかがなものかということで、簡易軌道の管理を一斉に地元市町村に委託することに変更し、ここに当別町営軌道が誕生した。

　当別町営軌道では、ガソリン機関車が貨車または客車を牽引し、沿線農民の学童や営農物資、収穫物を輸送した。また、沿線一帯に広がる道有林の木材輸送も重要な使命であった。

　しかし、昭和29年(1954)に北海道を襲った洞爺丸台風により、全線が当別川沿いで橋梁の多い当別町営軌道は

【G地点】当別川最長の橋梁部分には7連のコンクリート橋脚が連なる

【H地点】当別川の東岸に渡った軌道跡は未舗装の道となって伸びる

【I地点】緩くカーブした軌道跡は開運橋付近で未舗装の道路から離れて小学校の脇を抜ける

【J地点】厚田に抜ける道道11号を渡っていた踏切付近に青山停留場があった

(右)【K地点】青山奥橋の脇に残されているコンクリート橋脚

大被害を受け、翌年には全線の運行が停止した。復旧には莫大な費用が見込まれることから、当別町では、昭和31年(1956)限りで管理委託協定を破棄、そのまま廃止となった。正式廃止は昭和33年(1958)となっている。

当別町営軌道がヤードと駅を設けていた札沼線石狩当別駅の裏手(北西側)には、町の総合体育館が建てられ往時の面影はない(Ⓐ)。道道28号に合流するまでの廃線跡は、住宅地に完全に埋没している。道道に出てから、六軒町までの間はそのほとんどが併用軌道であった。六軒町停留場跡は、現在ではその痕跡すら残っていない(Ⓑ)。六軒町を過ぎると併用軌道区間はやがて終わり、道道の西側に離れて専用軌道となった後、今度は東側に渡って弁華別停留場に達していた。弁華別停留場跡は、2階建て木造校舎が美しい弁華別小学校の裏手に、空き地として残っている(Ⓒ)。

弁華別から先の路盤は、整備された田畑の中に没し、青山橋付近で当別川

【L地点】一番川に架かっていた橋脚は見上げるほど立派だ（左）／一番川の青山側には石積みの護岸と橋脚の基部が見られる（右）

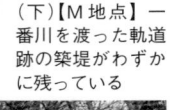

（下）【M地点】一番川を渡った軌道跡の築堤がわずかに残っている

【N地点】二番川の沢を築堤で渡る軌道跡

を渡っていた橋脚の痕跡もない。この付近は砂利の採取が盛んで、軌道から砂利採取線も伸びていたというが、長年続いた砂利採取のために当別川の河床も下がるほどで、当時の面影は完全に消え去っている。当別川を渡った軌道跡は、農家の小屋の裏を築堤になって続いていたというが、その痕跡は築堤しかない（D）。

八万坪まで道道と並行するように進んでいた軌道跡だが、平成22年度の完成を目指す当別ダムの工事により、道道は当別川の東岸に迂回し、軌道跡をたどることはできない。はっきりと軌道の痕跡を確認できるのは、建設中のダム湖横断橋（F）から500mほど上流の川岸に残る7連のコンクリート橋脚からだ（G）。

しかし、この当別軌道最大の遺構もダムの完成時には、ダムの底に消えることになる。これより先、右岸に渡った軌道跡は、ダムによる水没を免れる開運橋付近まで道路に転用されているが、現在は、工事用の大型ダンプがひっきりなしに往来している。

青山中央集落では、小学校の東側を通り抜け、道道11号踏切の北側に停留場を設けていた（J）。青山奥橋の脇には、青山側に1脚、大袋側に3脚のコンクリート橋脚が現存している（K）。

一番川には、大きな築堤（M）と背の高い橋脚（L）が残っており、道道28号

【O地点】大袋に渡る道路橋に利用されている軌道の橋脚

【P地点】農道に利用されている軌道跡は深い笹藪の中に消える

【Q地点】一軒の農家がある大袋が軌道の終点

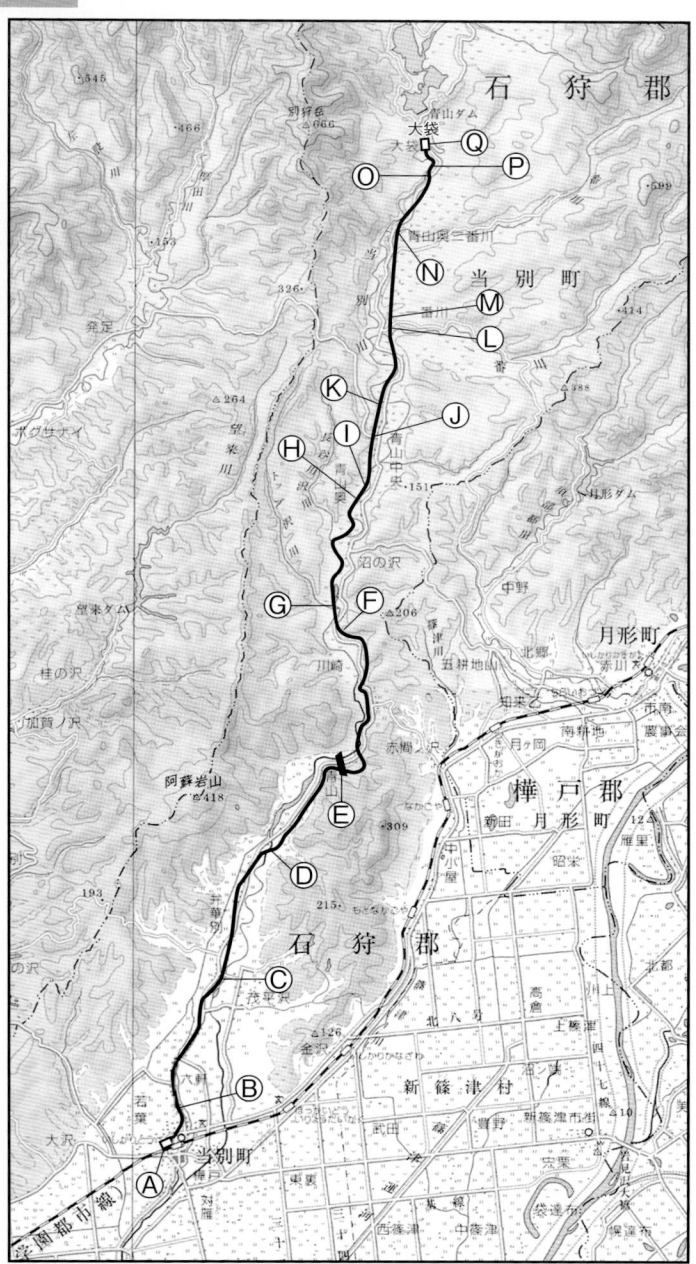

から県民の森オートキャンプ場方面へ300mほど進むと、右手に現れる築堤に出ることができる。さらに二番川は、築堤を築いて渡っており(Ⓝ)、軌道跡はその先にある空き家となった民家や、戦後開拓の入植者の農協事務所を利用した喫茶店の脇を抜けている。残っている農業倉庫は昭和36年(1961)に建てられたらしいとのことで、町営軌道が利用されていた当時の風景ではないだろうが、軌道が走っていた頃のムードを彷彿させる。

当時住んでいた人の名から地名が付いたという大袋の手前で当別川を左岸に渡る橋梁は、コンクリート橋梁を再利用して道路橋になっている(Ⓞ)。終点の大袋は、農家が一軒あるだけ。ここが終点かと疑いたくなるほど閑散としている(Ⓠ)。

■村田正博(河野哲也)

1/20万地勢図「札幌」(H18編集、H20.12.1発行)+「留萌」(H18編集、H20.9.1発行)原寸

札幌市街地から自然豊かな定山渓温泉へ豊平川をさかのぼる

定山渓鉄道【苗穂～東札幌～定山渓】

（上左）【A地点】マンションに生まれ変わった豊平駅跡　（上右）【B地点】地下鉄南北線のドームシェルターが地中から飛び出し定山渓鉄道の跡を南下する

（右）【C地点】白樺林の中に線路跡が続いている
（左）【D地点】駅名標示板も立てられて石切山駅の駅舎であることをアピールしている

【E地点】オカバルシ川を渡る手前の線路跡に架線柱の土台が残っている

【F地点】藤野原公園の抜ける定山渓鉄道の線路跡

【G地点】旧黒岩家住宅のうしろを抜けていた線路跡は、拡幅された道路の中に消えた

【H地点】木材会社も消えて広大な空き地になった簾舞駅跡

　札幌の奥座敷として知られる定山渓温泉と札幌を結ぶ鉄道として親しまれてきた定山渓鉄道が、札幌市の地下鉄南北線建設に伴う用地買収を機に廃止になったのは、昭和44年（1969）11月1日のことであった。
　この定山渓鉄道は、定山渓周辺の森林から切り出される木材の運搬と豊羽鉱山の鉱石運搬、そして定山渓温泉への足の確保を目的に、大正7年（1918）白石～定山渓間（29.9km）が開通した。昭和4年（1929）に東札幌～定山渓間が電化され、昭和6年（1931）には北海道鉄道（二代目）の東札幌～苗穂間（3.1km）に架線を張って、苗穂駅まで電車による直通運転を開始した。貨物線の性格を強めた白石～東札幌間（2.7km）は、軍の戦時特令による供出により昭和20年（1945）に廃止になった。昭和32年（1957）には、気動車による札幌駅への乗り入れ直通運転が行われるようになり、以来廃止になる昭和44年（1969）まで定山渓温泉へ向かう行楽客の足として利用されていた。

　定山渓鉄道の基点であった東札幌駅だが、接続していた旧国鉄の千歳線も昭和48年（1973）に苗穂～北広島間が新線に経路変更されて姿を消し、広大な跡地は、巨大ショッピングセンターに生まれ変わっている。また、千歳線との分岐点から先は、遊歩道になる千歳線に対して、早く廃止になった定山渓鉄道の跡は、倉庫群が並んでいる。
　豊平駅は、廃止後も㈱じょうてつ不

【I地点】簾舞駅構内の外れに信号機の土台らしいコンクリートのブロックがある

【J地点】滝の沢駅手前にある築堤には2カ所に暗渠がある

(左)【K地点】滝の沢駅跡に残されて大切に守られている桜の古木

【L地点】鱒沢川に残る煉瓦橋台を道路橋の下に見ることができる

【M地点】定山渓鉄道の線路跡の地下には豊羽鉱山の送水管が通っている

動産部の社屋として使用され、1番ホームも残っていたが、平成17年（2005）に取り壊されてマンションに建て替えられた。また、豊平駅の北西側には札幌市電豊平線も接続し、乗客の乗り継ぎも盛んだったが、市電の乗降場の跡も二重に広がった道路の跡に確認できる(Ⓐ)。

豊平駅から定山渓方面に向かう線路跡は、住宅街の中で不明瞭になるが、やがて定山渓鉄道の敷地を利用した地下鉄南北線のドームシェルターが地中から現れる(Ⓑ)。

真駒内の先の緑ケ丘駅跡付近までは、地下鉄の高架線が鉄道跡を通っているが、やがて線路跡は道路脇の緑地帯となり、さらに真駒内川付近で白樺などの樹木や草に覆われた廃線跡の光景に代わっていく(Ⓒ)。

国道453号を渡った先にある石切山駅跡は、当時の駅舎が振興会館としてそのまま残された貴重な存在だ(Ⓓ)。線路跡は、時には住宅地の中の道路となり、畑となり、遊歩道となって豊平川に沿って伸びていく。藤の沢駅跡は現在の藤野東公園内にあったが、その先の下藤野にかけては大型店舗や新興住宅地が広がり、線路跡を追うのはなかなか難しい。

東簾舞から簾舞にかけて、生活道に転用されてはっきり残っていた線路跡は、2車線の道路に整備されて、簾舞川に残った煉瓦橋台などの痕跡はなくなった。当時、沿線の中心地の一つであった簾舞は、山から切り出された木材の集散地でもあり、簾舞駅跡は木材会社の土場に利用されていたが、今は広い空き地になっている(Ⓗ)。

ここから先、滝の沢駅跡にかけての線路跡は深い藪に覆われているが、対岸の道路から豊平川に沿った線路跡を確認することができる。滝の沢駅跡に

135

【N地点】小金湯駅跡から定山渓方面に伸びる線路跡

【O地点】道路脇に立つキロポストが線路跡であることの証拠

【P地点】一ノ沢川に残る煉瓦橋台は高さがあって見ごたえがある

【Q地点】白糸の滝駅の脇にわずかに残る線路跡

【R地点】ホテルの前の公園の駐車場一帯が定山渓駅の跡(左)／小さなキューブの壁面に定山渓鉄道の歴史や温泉街を走る定山渓鉄道の写真などが紹介されている(右)

は、初代の駅長が植えたという「二美桜」木とその解説板が立っており(K)、その手前の築堤には、内部を補強された2つのコンクリート製の暗渠がある(J)。

滝の沢駅跡から小金湯駅跡にかけては、線路跡に沿った道から、鱒沢川に架かっていた橋梁の煉瓦橋台を眺めることができる(L)。小金湯駅跡は、かつて茂っていた樹木も切り払われて整地され、その下を豊羽鉱山の送水管が埋設されている(M)。また、空き地になった一の沢駅跡に続く線路跡の道路脇には、22と1/2のコンクリート製のキロポストが立っており(O)、一の沢駅跡の先を流れる一ノ沢川にも藪の中に立派な煉瓦橋台が残っている(P)。

豊羽鉱山への貨物線が分岐した錦橋駅跡を過ぎた線路跡は、約90度左にカーブして定山渓に向かっていくが、温泉街で線路跡を追うのは難しい。白糸の滝駅の跡には「北海道秘宝館」が建ち、その脇を流れる用水に架かる築堤の暗渠はほとんど崩れかけている(Q)。終着の定山渓駅の跡は、「定山渓観光ホテル山渓苑」の前で、駅の跡を伝える小さな案内表示が立てられている(R)。

■村田正博

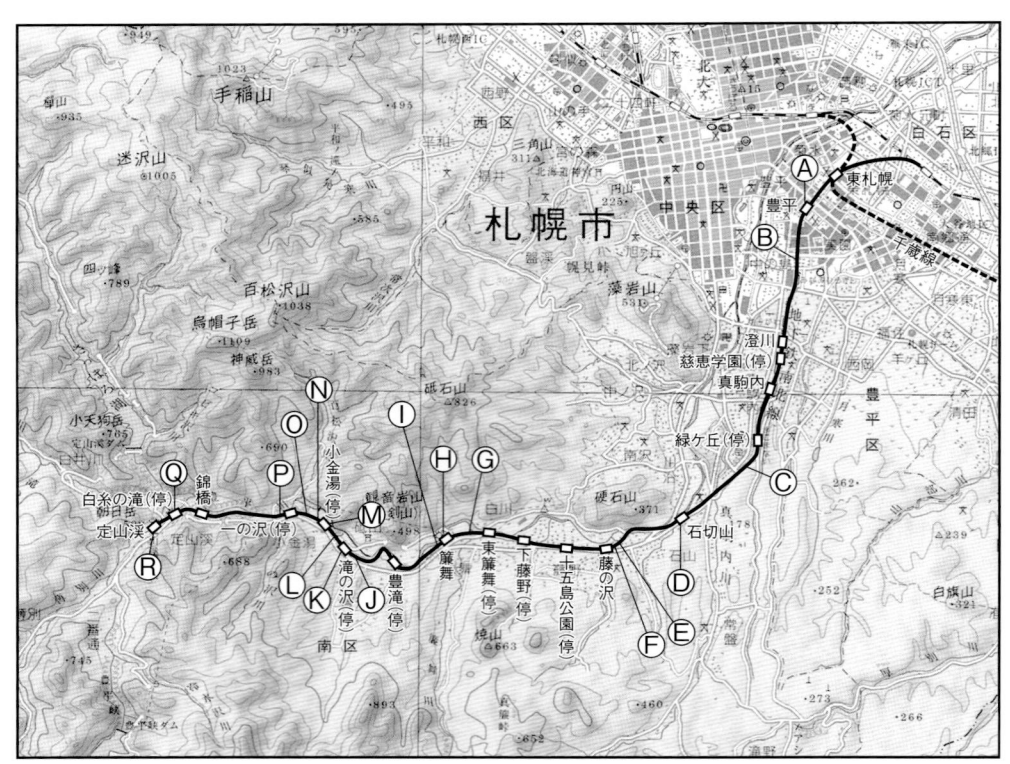

1/20万地勢図「札幌」(H18編集、H20.12.1発行)原寸

手宮線 【南小樽〜手宮】

北海道開拓の生命線を担った2.8km

【A地点】南小樽駅の駅前に吊るされている開業当時から使用されていた鐘（左）／手宮線のホームの一部が残っている南小樽駅構内（右）

【B地点】手宮線の線路内に踏切の遮断機が設置されている

（右2枚）【C地点】快速「エアポート」が走り抜ける入船陸橋付近に残る煉瓦橋台

【D地点】函館本線の高架線の脇に手宮線の線路が伸びている

（右）【E地点】函館本線と分岐した線路跡は寿司屋横丁方面へ伸びる

南小樽〜手宮間を結んでいた手宮線は、わずか2.8kmの短い路線であり、昭和37年（1962）5月14日限りで旅客営業を廃止して以来、昭和60年（1985）11月4日まで貨物線のみ営業を続けていたが、その歴史的価値は非常に高い路線である。

幌内の石炭搬出と札幌への移出荷物の搬送を目的として、北海道最初の官営鉄道である幌内鉄道の敷設が計画され、明治13年（1880）11月28日、アメリカ人土木技師のジョセフ・U・クロフォードの指導により手宮〜札幌間が開通した。また、同年12月には手宮鉄橋桟橋が竣工。さらに明治15年（1882）には、残りの札幌〜幌内間も開通し、手宮

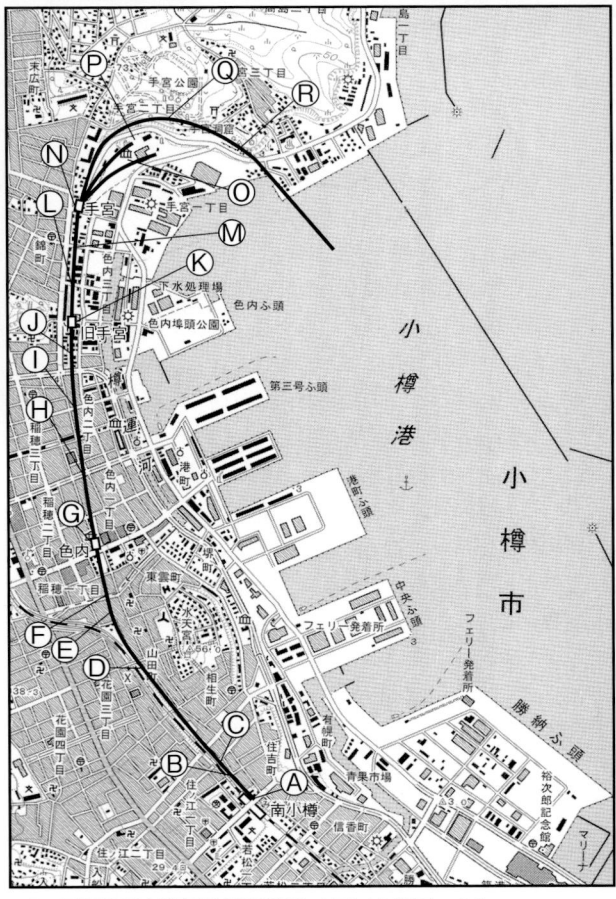

1/2.5万地形図「小樽東部」（H20更新、H20.4.1発行）×0.8

(左・中)【F地点】寿司屋横丁には立派な煉瓦橋台が残っている(左)／寿司屋横丁の手宮側の橋台を登ると遊歩道が始まる

(右)【G地点】色内駅跡は記念撮影をする旅行者が多い

【H地点】小樽駅から港に下る道路には「一時停止の必要ありません」の看板が出ている

(右2点)【I地点】踏切のワイヤー巻き上げ機の一部も残っている

【J地点】函館本線の高架線の脇に手宮線の線路が伸びている

【K地点】廃止になった工場とパチンコ店の裏手にあたる旧手宮駅跡

【L地点】国指定重要文化財の日本郵船小樽支店の建物の裏を抜ける線路跡

は、北海道開拓の物資輸送の拠点として、また、石炭積み出しの前線基地として重要な役割を果たすようになった。

やがて幌内鉄道は、明治22年(1889)に北海道炭礦鉄道に譲渡された後、明治39年(1906)に国により買収され、明治42年(1909)10月、小樽〜手宮間に手宮線の名称がつけられた。

函館本線から手宮線が分かれる南小樽(おたる)駅は、明治13年(1880)の幌内鉄道開業時に開運町(かいうんちょう)駅として誕生した由緒ある駅で、構内にはかつて手宮線が使用していたと思われるプラットホームが残っている(Ⓐ)。南小樽から手宮に向かう線路跡は、函館本線の北側に沿って進み、約1.5km先の切通しに架かる花園橋付近で、複線の高架橋になった函館本線と分岐して色内(いろない)方面へ向かっていく。

この廃線跡は、寿司屋横丁の通りの先から線路の脇に散策路が整備され(Ⓕ)、小樽駅前の中央通りを越えた先まで廃線跡のプロムナードを散策することができる。沿道にはベンチなども設置されているが、踏切警報機などの鉄道施設もほとんどそのまま残されて、廃線跡の雰囲気を損なうことなく上手に活用されている。また、廃線跡の踏切部分はレールが撤去されるのが通例だが、4車線の中央通りでもレールが残され、「この踏切一時停止の必要ありません」と書かれた看板が設置されているのを見ても、文化財として手宮線が大切にされていることが分かる(Ⓗ)。

手宮に向かっていたレールは、手宮構内跡に誕生した「小樽市総合博物館」の前でプッツリと切れ、その向こうには、館内を走るSL「アイアンホース」号が乗るターンテーブルと線路が続いている(Ⓝ)。また、ちょうど博物館の

【M地点】手宮駅跡が近づくとポイントに転轍機も残っている

手宮口ゲート付近が手宮駅の跡にあたる(手宮駅の位置は何度も移動している)。

(上左)【N地点】「小樽市総合博物館」になった手宮駅構内では「アイアンホース」号が使用する転車台が待ち受ける　(上右)【O地点】「北海道鉄道開通起点碑」が立っている

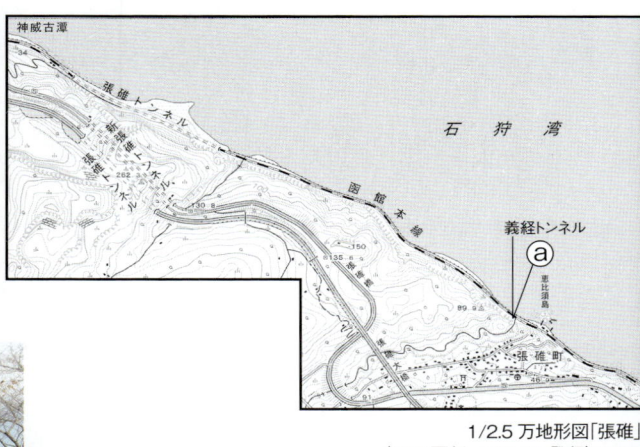

(下左)【P地点】国の重要文化財にも指定されている国内最古の3号機関車庫
(下右)【Q地点】機関庫の裏手には煉瓦造りの給水塔もある

1/2.5万地形図「張碓」
(H20更新、H20.4.1発行)×0.6

【R地点】高架桟橋へ続く引込線の煉瓦擁壁は国指定重要文化財に指定されている

【a地点】幌内鉄道時代の面影を残す函館本線張碓海岸近くの義経トンネル

　館内には準鉄道記念物のSL「しづか」号や「大勝」号をはじめ、道内で活躍した車両が多数保存展示されているほか、現存する日本最古の赤煉瓦倉庫の旧手宮3号機関車庫(Ⓟ)や、給水塔なども残されている(Ⓠ)。また、館内の敷地の中心部に立てられた「北海道鉄道開通起点碑」(Ⓞ)は、手宮から北海道の鉄道の歴史が始まったことを示している。

　さらに手宮には、かつて高さ18.6m、長さ391.9m、海上突出部228.5mという巨大な構築物があることで知られていた。これが石炭搬出を目的に建設された手宮高架桟橋で、老朽化した手宮桟橋に代わるものとして明治44年(1911)に竣工した。その仕組みは、高架桟橋に石炭を積んだ貨車を機関車が推進運転で押し上げ、解放された貨車が荷役後、勾配を利用して自動回送するもので、その使命を終える昭和19年(1944)まで、小樽港の顔であったという。

　この高架桟橋への線路跡は、手宮公園のある丘陵の崖伝いに駆け上がり、手宮洞窟の上を通って桟橋の上へ出ていたが、昭和30年(1955)にこの付近の土砂が崩落する大事故が起こり、治山事業で植林も行われて、その跡は明確ではない。しかし、一部に立派な煉瓦造りの擁壁が残っており、周囲の葉が落ちる晩秋になるとその威容を現す(Ⓡ)。なお、その先に続く高架桟橋は、コスモ石油のタンクがある埠頭方面へ続いていた。

　さて、手宮線は前述のようにクロフォードの手によって敷かれた幌内鉄道の一部であるが、函館本線の張碓海岸近くにも、幌内鉄道開業当時の遺構が残っている。

　それが恵比須島に近い義経隧道(Ⓐ)で、手前の煉瓦橋台と共に貴重な鉄道遺産となっている。現在は鉄道敷地内に入ることはできないが、尾根の先端から見下ろすことができる。

■村田正博

函館と小樽を結ぶ特急街道脇に残る付け替え線跡

函館本線旧線 【比羅夫～ニセコ～昆布】【熱郛～目名】
【野田生～石倉～石屋～桂川】

【A地点】第3尻別川橋梁近くの現在線とのクロス地点

【B地点】旧線の線路跡に沿って自然観察路が設けられている

【C地点】柵がしてある旧真狩トンネルのニセコ側の内部は水がたまっている（右上）旧真狩トンネル付近から第2尻別川橋梁の背後にニセコアンヌプリを望む（右下）

【D地点】現在線より4～5m高い地点に坑口を開けている比羅夫側の旧真狩トンネル

　スキーリゾート地の玄関口として知られる函館本線ニセコ駅。この駅のある函館本線の熱郛～小沢間は、明治37年（1904）に北海道鉄道の一部として開業し、ニセコ駅は、同年10月15日に真狩駅として誕生している。その翌年の明治38年（1905）には狩太駅に改称され、さらに、町名変更によって現在のニセコ駅に改称されたのは、昭和43年（1968）4月であった。
　このニセコ駅付近の函館本線は、開業当初、蛇行する尻別川に沿って敷設されていたが、曲線緩和を目的に何度か線路の付け替え工事が行われた。ニセコ駅を挟んで昆布側と比羅夫側で、それぞれ樹叢に覆われた旧線跡や、トンネルを見ることができる。

ニセコ～比羅夫

　比羅夫側の旧線跡は、ニセコ駅から約2kmの地点から尻別川に沿って分岐して、すぐに現在の函館本線の182.6キロポスト付近、第3尻別

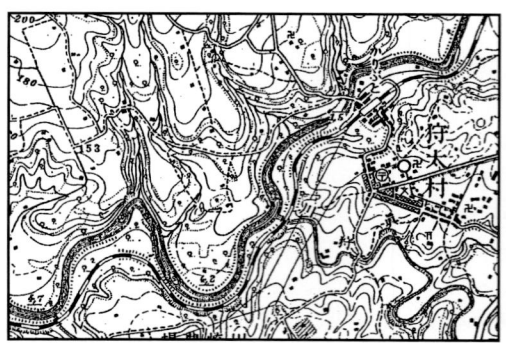

1/5万地形図「狩太」(T6測図、T9.3.30発行)原寸

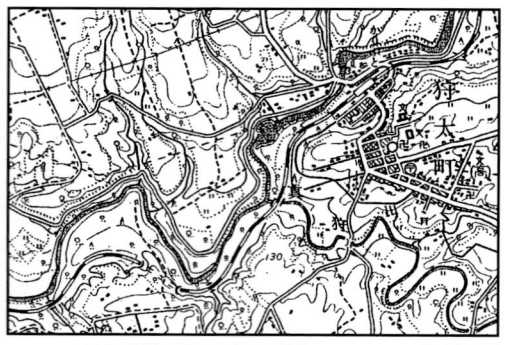

1/5万地形図「狩太」(S32測量、S35.10.30発行)原寸

【E地点】小川に石積みの橋台が残っている

【F・G地点】尻別川左岸の林の中を進む旧線跡

【I地点】比羅夫トンネルの脇から尻別川に沿って旧線が分かれていく

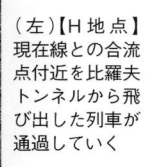

（左）【H地点】現在線との合流点付近を比羅夫トンネルから飛び出した列車が通過していく

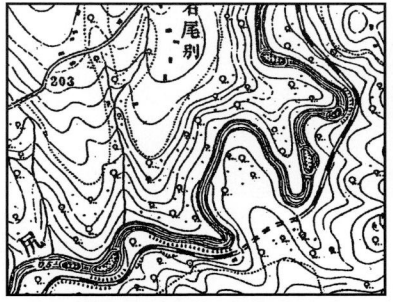

1/5万地形図「狩太」(M42部修、M43.9.30発行)原寸

川橋梁の手前で現在線をクロスする(Ⓐ)。この分岐点から現在線とクロスする部分までは、深い藪に覆われてたどることができないが、クロス地点から約600m比羅夫方にある旧真狩トンネル(Ⓒ・Ⓓ)までは、しばらく藪に悩まされるが、やがて右手から自然観察路が近づき、旧線跡に沿って楽に旧真狩トンネルの坑口にたどり着くことができる。

この旧真狩トンネルは、曲線改良のために

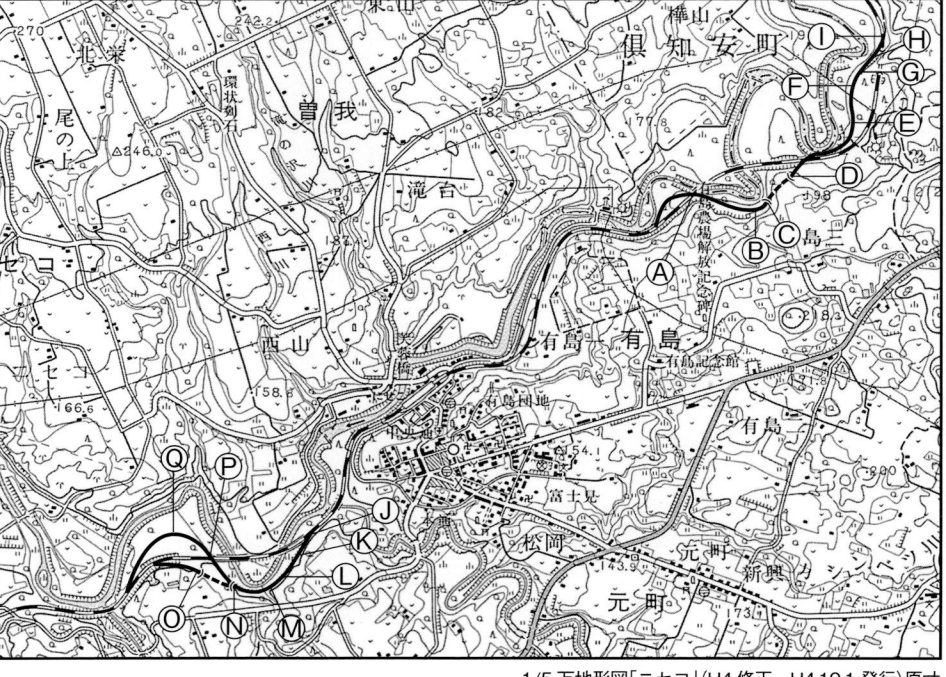

1/5万地形図「ニセコ」(H4修正、H4.10.1発行)原寸

【J地点】笹藪になって現在線に近づく旧線跡

(右)【K地点】路盤に生える木々が長い年月を感じさせる

【L地点】ポツンと薪ストーブが残された小屋の跡

【M地点】路肩が尻別川に崩れ落ちている場所もある

(上2点)【O地点】坑門部の壁面に距離を示す数字のペイントも残っている狩太トンネル昆布側

(右)【P地点】第5尻別川橋梁から尻別川に沿った旧線跡を見る

(左)【N地点】苔むす旧狩太トンネルのニセコ側の坑門と擁壁。旧狩太トンネル入り口は双方ともふさがれている

【Q地点】現在線をクロスした旧跡は築堤になって林の中を進む

大正末に掘られたもので、トンネル老朽化と曲線改良のために昭和33年(1958)11月に、現在線に切り替えられるまで使用されていた。

旧真狩トンネルを抜けた線路跡は、現在線の切通し部分でクロスして尻別川側に移り、183と1/2キロポストがある付近から再び現在線と離れて、比羅夫トンネルの先で合流する(Ⓘ)。この区間の旧線跡は、昭和10年(1935)に切り替えられたもので、旧線跡は、一部が発電所関係の道路としても利用されており、小川の渡渉地点に小さな石積みの橋台を見ることもできる(Ⓔ)。

なお、クロス地点の旧線跡の路盤は、現在線の3mほど上部にあり、新線は、旧線跡の路盤もろとも山を開削して建設されたことが分かる。したがって、真狩トンネルの比羅夫側坑口(Ⓓ)も、切通し部分の上に口を開けており、比羅夫方面に12‰、ニセコ方面に16‰の勾配標がある付近の斜面を登ると、

【R地点】現在線の切通し部分からクマザサの列になって分岐する旧線跡

【S地点】国道5号までのわずかな距離だが路盤が残っている

【T地点】国道を渡ると広い道路になって直進する

【U地点】一直線に田園地帯を抜ける旧線跡の道路

【V地点】未舗装の道の先にある農家の付近に保線の官舎があった

旧線の路盤跡に立てる。

ニセコ～昆布

昆布側の旧線跡は、昭和50年(1975)11月に付け替えられたもので、ニセコ駅から1.2kmほど先にある第4尻別川橋梁手前から左に分岐する(Ⓙ)。尻別川の左岸に沿って伸びる旧線跡は、しばらく笹藪に覆われるが、約100m進むと、笹藪が刈り取られてバラストもしっかり残る路盤が現われて歩きやすくなる。しかし、浅い切通しを抜けた旧線跡は、保線小屋の跡らしい建物の残骸がある付近(Ⓛ)から再び笹藪に覆われる。路盤が削られて尻別川へ崩落しかけている場所もあり(Ⓜ)、線路跡をたどるのに苦労する。

約700m進むと旧狩太トンネルのコンクリート製の坑門が口を開けている(Ⓝ)。この旧狩太トンネルは、大正末期に行われた曲線緩和工事で掘られたもので、開業当初の線路跡は、さらにトンネルの右側の尻別川左岸に沿って進んでいる。トンネルの坑口付近で消えている開業時の線路跡(旧旧線)は、トンネル上部を乗り越えるとすぐに姿を現すが、いち早く自然に還った線路跡を歩くのは、さらに困難を極める。

第5尻別川橋梁の昆布方で現在の函館本線とクロスした旧旧線は、やがて未舗装の道となり(Ⓠ)、現在線との合流点付近まで続く。また、177と1/2キロポストの昆布側に、旧狩太トンネルへ向かう二代目の旧線跡の分岐点があり、トンネルの昆布側坑口(Ⓞ)までたやすくたどることができる。

熱郛～目名

この旧線は、明治37年(1904)に北海道鉄道の一部として開業したが、明治40年(1907)に北海道鉄道(函館～小樽間)が国によって買収され、明治42年(1909)に函館本線(函館～旭川)として制定された区間の一部で、大正2年(1913)8月8日に目名川支流の郡界沢川の鉄橋付近で脱線事故が起こり、これに伴う線路付け替えによって廃止となった。なお、昭和59年(1984)3月30日までは、熱郛～目名間に上目名駅があり、当時の付け替え廃止区間は、上目名～目名間になる。

目名駅側の旧線跡は、目名駅から、1.9kmほど熱郛寄りの地点から分岐する(Ⓡ)。切通しになって高度を下げながらカーブを描く現在線と分かれた旧線跡は、一軒の民家を抜け、国道5号を渡って道幅の広い舗装道路に変わる(Ⓣ)。約2km先で右にカーブする舗装道路と離れた旧線跡は、砂利道となって農家の庭先にぶつかる(Ⓥ)。この農家裏手

143

【X地点】旧線の築堤上はびっしりとクマザサが覆っている

【W地点】今なお姿を保つ郡堺沢川の橋梁の橋脚と橋台

【Y地点】国道5号を渡ると旧線跡は砂利道になる

【Z地点】右手から現在線の築堤が近づいて旧線に合流する

　の水田の先が、廃線になる原因の事故が起こった郡界沢川の鉄橋跡だ。

　廃線跡の舗装道路は、「旧線」と呼ばれており、この農家の庭先に保線の官舎があり、水田を拓いたときに当時の井戸が現れ、今もその井戸のあった場所にだけアヤメが咲く。また、農家の倉庫下を抜けた旧線跡は築堤になって鉄橋まで通じており、戦時中は築堤に防空壕が掘られたという話を、この農家の主人に聞いたことがある。現在は築堤も崩されて水田になっている。

　郡界沢川の鉄橋跡には、石積みの橋台と橋脚が残っているが(Ⓦ)、熱郛川の橋台は、崩れてしまって見あたらない。

　郡界沢川を渡った旧線跡は、深い笹藪に覆われた築堤になって国道5号まで続く(Ⓧ)。この築堤は以前、木材搬出に使われたそうで、築堤から降りたトラックが、内山沢川の河床を走って山奥に入っていったという。

　国道から先の旧線跡は、地形図に記されている道路にしたがってたどることができる(Ⓨ)。現在の函館本線の150キロポスト付近で合流するが(Ⓩ)、線路に沿って500mほど作業道路が続いており、これも旧線跡の一部であると思われる。

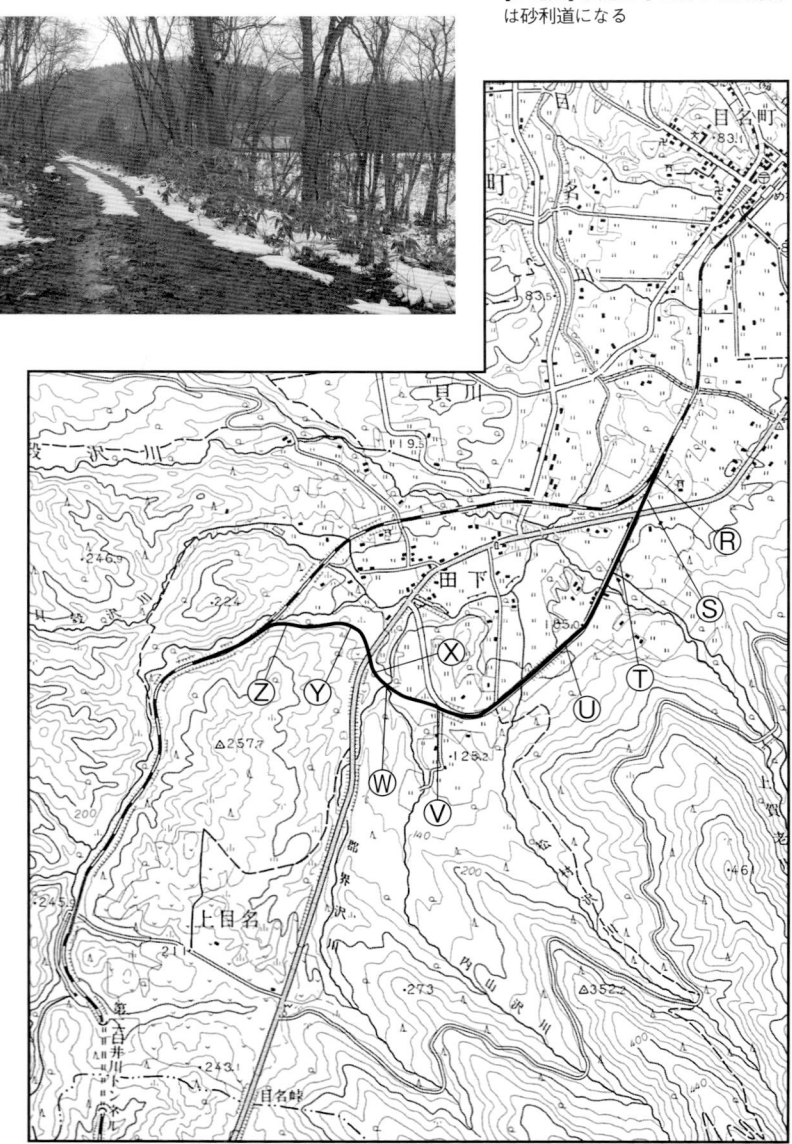

1/5万地形図「歌棄」(H14修正、H15.9.1発行)原寸

144

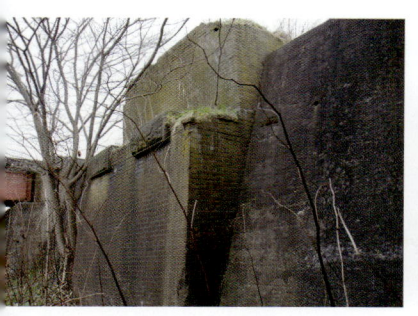

【a地点】現在線の2つの橋梁に挟まれて残る野田追川の煉瓦橋台

【b地点】現在線と分かれて旧線跡の道が真っすぐに丘の上に駆け上がる

【c地点】落部駅前の線路と国道に挟まれた広い空き地が旧線の駅の位置を示す

【d地点】旧線跡と分かれて第5石倉トンネルに突入する特急「スーパー北斗」

（左）【e地点】緩やかなカーブで岬を回る

【f地点】海辺の民家の間を旧線跡が伸びる

（左）【g地点】国道に上がる階段は旧線の本石倉駅の階段だ

【h地点】国道脇の民家の間に旧線の線路跡がわずかに残っている

野田生～石倉～石谷～桂川

JR函館本線の森～長万部間といえば複線区間を、最高時速130kmで特急「スーパー北斗」が駆け抜ける高速路線である。

しかし、もともとは小樽と函館を結んだ北海道鉄道が明治36年（1903）に単線で開通させた区間で、特に野田生～桂川間は、海岸線にはり出した段丘崖の下や段丘上に敷設されていたため、曲線や勾配が輸送のネックとなった。そのため、戦時中および戦後の輸送力増強策として、線増・別線切り替えによる複線化などが行われ、現在の特急街道が築かれた。

野田生駅南方の野田追川橋梁には、現在線の上下線に挟まれた形で開通当時からの旧線の橋梁跡が残っている（ⓐ）。また、プレートガーダーにコンクリート橋脚の上り線（海側）は、昭和20年（1945）7月の複線化時のものである。

【i地点】石倉トンネルに続く旧線跡の錆びたレールの柵が続く

（上）【j地点】オーバークロスする旧国道の下に石倉トンネルの坑口がある

（左）【k地点】桂川トンネルの脇から海沿いに進む旧線跡路

（右）【l地点】海岸に沿って敷設されていた旧線の様子がよく分かる

（左・上）【m地点】（右）【n地点】擁壁には設置された年によってさまざまなタイプがある

　やがて、旧線跡は東野集落の踏切から海側に向かう複線の現在線と分かれ、未舗装の道路となって真っすぐ築堤を登る（ⓑ）。登り切ると国道5号に突き当たるが、この先の旧線は国道にすっかり転用されてしまう。石倉駅西方の栄浜集落で国道が現在線から大きく離れるまでの約7kmの区間は、廃線跡の雰囲気はみじんもない。

　このように廃線跡の痕跡は実にシンプルな区間だが、複線化と付け替えの変遷は、複雑怪奇で興味深い。まず昭和20年（1945）に、戦時中の輸送力増強のため、段丘上に敷設された旧線の海側に、海岸沿いの単線を建設して線増した。この新線は、第3落部トンネルで旧線の下をくぐり、落部駅は旧駅の西側に別の駅を設けた（ⓒ）。落部を出ると、また第2、第1トンネルをつらねて旧線をくぐり、海外沿いに石倉に達した。段丘上を避けて海岸線に敷設することで、勾配を避けたのだ。

　ところが、この新線は落部〜石倉間の2つのトンネルを含め、路盤にいたるまですべて複線で建設されたのに、第3落部トンネルだけはなぜか単線断面で掘削されている。そのためせっかくの複線路盤は活用されず、旧線を下り線、新線を上り線として複線化し、落部駅は上下別々に設けられた。

　落部〜石倉間は、昭和33年（1958）に、新線の複線トンネルを活用して腹付け線増し、旧線を廃止した。しかし、野田生〜落部間は単線トンネルがあり、すぐには線増できず、旧線を廃止したために単線に戻ってしまい、直後に旧線路盤は国道5号に転用された。新たに新第3トンネルを掘削してこの区間が再び複線化されたのは、昭和43年（1968）のことである。

　石倉から桂川にかけての区間は、石谷駅前後を除いて全面的に、旧線の背

(右)【o地点】桂川トンネルを抜けた現在線と海岸線を迂回した旧線が合流する

(下)【p地点】桂川トンネルのすぐ先を流れる桂川に煉瓦積みの橋台が残っている

後の山腹にトンネルを掘削して別線で複線化された。石倉～石谷間は昭和48年(1973)から翌年にかけて、石谷～桂川間はひと足早く昭和46年(1971)に現在線に切り替えられている。

石倉駅から石谷側に向かうと、現在線が第5石倉トンネルでショートカットする岬をぐるりと回る旧線路敷と、護岸を見ることができる(ⓓ)。国道の下を通って第5石倉トンネルに入る現在線と分かれた旧線跡は、緩やかに岬を回り(ⓔ)、やがてそのまま民家の間を縫う細い道となって残っている(ⓕ)。この区間も野田生～石倉間と同じく、国道改良と同時に複線化が行われたため、本石倉駅付近では旧線路盤が国道に転用されている。

旧本石倉駅跡には、駅前のコンクリート製の階段と、ホームの残骸が残っている(ⓖ)。本石倉駅から先は、国道の拡張等で廃線後の面影はないが、石倉トンネル北口周辺は、坑口がその上をオーバークロスする旧国道と共に残っている(ⓙ)。すっかり土に覆われた石倉トンネルの南口を過ぎると、第2石倉トンネルを抜けてきた現在線に廃線跡は吸収されて石谷駅に至る。

石谷駅から先は、現在線が桂川トンネルに入るまで腹付け線増された区間となる。また、石谷駅自体は若干南に移動している。桂川トンネルの北口から、旧線は海側に分かれ、海岸線沿いに湯ノ崎を回る砂利道となって残っている(ⓚ)。護岸はかつてのままなので実に立派で、その先には、これまた堅牢な土留擁壁が現存しており(ⓜ)、これらの擁壁は、残された年号からさらに古いものもあるようだが、昭和23年(1958)頃から昭和35年(1960)頃にかけて区切りながら順次工事が行われていったようだ。

現在線の桂川トンネル南口の先を流れる桂川には、煉瓦積み橋台が現存している(ⓟ)。旧線跡は、やがて簡易乗降場の雰囲気を残す桂川駅に至る。

■村田正博(河野哲也)

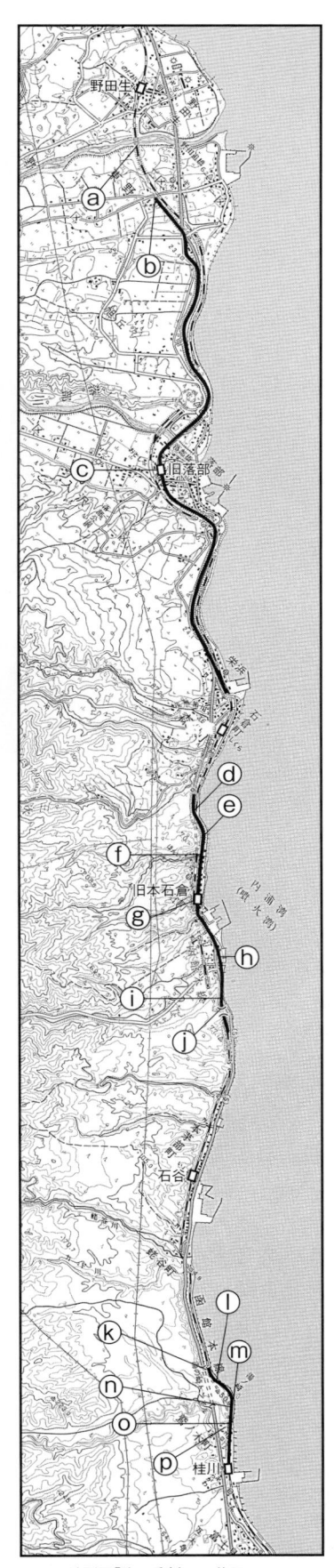

1/5万地形図「駒ヶ岳」(H20修正、H20.10.1発行)+「八雲」(H14修正、H16.2.1発行)+「濁川」(H18修正、H19.12.1発行)×0.75

世界初の大規模掘り込み港湾の発展を支えた臨海鉄道
苫小牧港開発臨海鉄道・日高本線旧線
【新苫小牧～石油埠頭】　　　　　　　　　　　　　　　【苫小牧～勇払】

(左)【A地点】かつての石炭埠頭は国際コンテナターミナルとなったが、石炭の積み下ろしもある

(上)【B地点】新苫小牧駅の駅舎はなくなったが機関庫はそのまま残っている

(上)【C地点】室蘭本線や日高本線と並行して臨海鉄道のヤード跡の敷地が広がる

(左)【D地点】藪に覆われているが線路跡のバラストも残っている

苫小牧港開発臨海鉄道
【新苫小牧～石油埠頭】

苫小牧港開発の臨海鉄道が敷設された苫小牧は、昭和26年(1951)に世界初の大規模内陸掘り込み式港湾として着工され、昭和38年(1963)4月に開港した。開港後、まず敷設されたのが、室蘭本線苫小牧駅から分岐して石炭埠頭などへと続く公共臨港線で、石狩炭田からの石炭車が大量に到着するようになった。苫小牧港開発では、5両のディーゼル機関車と80人の従業員により、この公共臨港線での入れ換え業務にあたった。

さらに、苫小牧港を取り囲むように、化学工業や石油各社が進出するようになると、それらの企業から臨海鉄道敷設の要請が寄せられるようになり、同社では、昭和43年(1968)12月に新苫小牧駅から石油埠頭駅までの10.2kmの臨海鉄道を開業した。途中には、一本松、港南の各駅が設けられ、のちに港北駅も新設された。臨海鉄道は旺盛な需要に支えられて、新苫小牧駅の広大なヤードはタンク車で埋め尽くされ、最盛期の昭和51年(1976)には、石油類や飼料、硫酸などを中心に、取扱貨物量は167万tにも達した。

一方、公共臨港線での石炭積み出しも順調に取扱量を伸ばし、昭和45年(1970)には年間400万tにまで達して、全国1位にまで登りつめた。しかし、

【F地点】北海道トヨタの前に広大な空き地が広がる港南駅跡付近

(左)【E地点】幅広い空き地が広がる港北駅跡付近の脇を日高本線の列車が走り抜けていく

【G地点】線路跡に植物が植える作業が行われている

【H地点】北海道トヨタへの道路に踏切の痕跡が残っている

【I地点】きれいな砂利が敷かれている日高本線の線路跡を利用した区間

その後急速に石油や海外輸入炭に押されて取扱量が減少し、公共臨港線の営業は平成5年(1993)9月限りで30年の歴史に幕を下ろした。石炭の積み下ろしに活躍した引込線やローダー、ベルトコンベアなどの諸設備は撤去され、現在は国際コンテナターミナルとして、新たな物流の拠点となっている。

臨海鉄道のほうも、港の油槽所から直接タンクローリーに積み込むようになるなど、輸送形態の変化のあおりを受け、主要輸送品目であった石油類の輸送は減少の一途をたどるようになった。特に、平成に入ってからは30万tを割り込むようになり、最盛期の5分の1にまで取扱量が減少した。その後も輸送量は減り続け、平成10年(1998)3月には、ついに石油類の輸送が取り止められることになった。このことで、鉄道そのものの存続が困難となり、平成10年4月1日付けで臨海鉄道は休止となった。30年間の総輸送量は、2387万tに上った。その後も、会社側では鉄道再開を夢見て、施設などもそのまま存置していたが、ついに復活することはなく、平成13年(2001)3月31日限りで廃止となった。

室蘭本線の苫小牧駅の東方に広がっている広大な更地は、かつてタンク車で埋め尽くされていた新苫小牧駅のヤードの跡で、現在は、一本松団地造成地として土地の活用が進められようとしている。新苫小牧駅の駅舎は取り壊されてしまったが、機関庫はいまだに残されており(Ⓑ)、建物には番線を示す数字も残っている。

新苫小牧駅から2kmほど先にある陸橋付近までは、広いヤードの敷地跡が続くが、その先は、単線の線路跡となって港北駅の跡(Ⓔ)へと続く。港北駅跡付近は幅広い空き地が広がるのみで、駅の痕跡は何も残っていない。また、隣接する工場への引込線の跡も踏切施設も消滅している。

臨海鉄道の線路跡は、港を巡る道路の外側に沿って続いていたが、港の最奥部付近に向かって右にカーブする地点付近から路盤の跡は不明瞭になる。港南駅の跡は、北海道トヨタの工場の前に広大な空き地なって広がっているが(Ⓕ)、こちらも駅舎をはじめとした施設は一切ない。ただ、発電所の脇を抜けていた線路跡は明瞭で、トヨタの駐車場や工場に通じる2カ所の踏切跡(Ⓗ)もしっかり確認できる。また、この付近の線路跡はバラストも撤去されて植物の苗が植栽され、緑の帯に変えられるようだ(Ⓖ)。

企業の広い敷地を抜ける線路跡を追うのはなかなか難しいが、臨海鉄道が

【J地点】出光石油への入り口付近に残る踏切跡

【L地点】苫小牧港の入口で鉄路は終っていた

(左)【K地点】タンク車が連なっていた石油埠頭駅の跡は広大な空き地と施設の作業場に利用されている

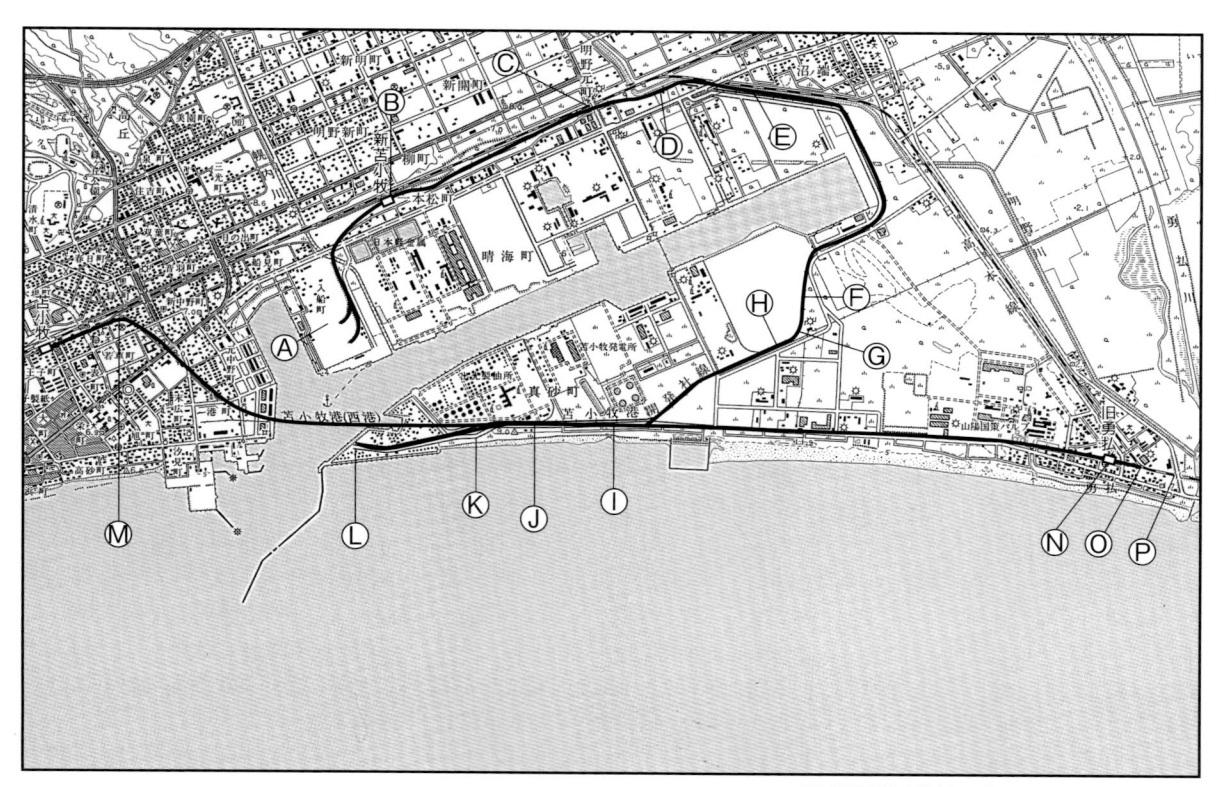

1/5万地形図「苫小牧」(H5修正、H6.4.1発行) × 0.65

【M地点】緩いカーブで線路跡と分かる旧日高本線の跡

【N地点】勇払パブリックセンター脇の空き地付近に旧線の勇払駅があった

【P地点】現在線と並行する旧線跡が畑に利用されている

【O地点】日高本線の現在線は直進する旧線と分岐して北にカーブして苫小牧へ向かう

　太平洋の海沿いを走る区間になると、線路跡を追うのはたやすい。やがて石油タンク群が近づいてくると臨海鉄道の終点であった石油埠頭駅の跡(Ⓚ)に至る。かつてタンク車が列を成していた広大な敷地はコンビナートの機材などの作業現場などに使われているが、ここも駅舎などの痕跡はない。線路跡はさらに石油分配基地の間を通って(Ⓛ)港の先端までたどることができる。

日高本線旧線【苫小牧〜勇払】

　さて、石油埠頭駅まで続く海沿いの区間だが、この部分はかつての日高本線の旧線跡をそのまま臨港線が利用した区間である。内陸掘り込み式の苫小牧港が造られる以前の日高本線は、苫小牧港の北側を回り込む現在線とは異なり、砂浜の海岸に沿って通っていたが、港の掘り込みによって分断されることになり、現在線の経路に移ったのだ。

　昭和35年(1960)7月から開始された内陸掘り込み工事が日高本線に到達したときは、旧線の線路を一時北に迂回させ、しゅんせつ船の東明丸が入る水域を線路の北側に掘って船を移動し、鉄橋を架けて日高本線を元に戻す工事が行われたという。そして、日高本線が現在線に移ったのは、昭和37年(1962)12月1日であった。

　苫小牧駅側の旧線跡は、室蘭本線の線路からカーブを描いて分岐する道路(Ⓜ)になっている。この線路跡は国道36号を渡って市民文化公園を抜け、再び道路となって埠頭に向かう。

　一方、勇払側の旧線跡は、安平川を渡った500mほど先で北西にカーブする現在線と分かれ、直進して苫小牧を目指していた。線路跡は住宅地の中に姿を消すがすぐに道路となって現れ、現在線の南側に並行する道路と、勇払パブリックセンター前を抜ける旧線跡の道路が交差する空き地付近に、旧線時代の勇払駅があった(Ⓝ)。

　旧線跡の道路は700mほどで途切れ、海岸沿いの道路に沿って西に向かうが、道路や沿道の工場の敷地に取り込まれたのか、臨海鉄道に利用された部分に至るまでその痕跡は見つからない。

■村田正博(笹田昌宏)

昭和新山の隆起に追われ迂回を重ねて生き延びてきた鉄道
胆振線【倶知安〜伊達紋別】【京極〜脇方】

　函館本線の倶知安と室蘭本線の伊達紋別の間を結んでいた胆振線の歴史は、大正8年(1919)11月15日に開業した倶知安〜京極間の京極軽便線の開通に始まる。さらに、京極町脇方の日鉄鉱山から産出する褐鉄鋼の運搬を目的に、日本製鋼所が京極〜脇方間に鉄道を敷設、鉄道院に寄付し、大正9年7月15日に開通した。なお、大正11年(1922)9月2日には倶知安〜脇方間を京極線と改称している。

　また、農林業および鉱山の中心地であった喜茂別と京極線を結ぶ目的で、六郷の雑貨商の手により胆振鉄道が設立され、昭和3年(1928)10月21日に京極〜喜茂別(初代)間が開通した。

　さらに、これらの線と室蘭本線とを結ぶべく、胆振縦貫鉄道の建設が伊達

【A地点】函館本線の分岐点付近には住宅が立ち並ぶ

【B地点】枕木を使用した柵が雪の下の路盤の位置を教えてくれる

【C地点】六郷駅跡に展示されている9669の動輪。オハ46とヨ7913も保存されている

【D地点】線路跡は畑になったがホームの跡が残っている寒別駅跡

【E地点】待合所だけが畑の中にポツンとたたずむ北岡駅跡

【F地点】石積みの坑口はコンクリートでふさがれている

（右）【I地点】北鈴川駅西側の跨線橋は取り壊されて国道は平面化されたが羊蹄山の姿は変わらない

（上）【G地点】空き地になった南京極構内跡にイチイの木が残っている

（右）【H地点】山際を一直線に伸びる胆振線の跡

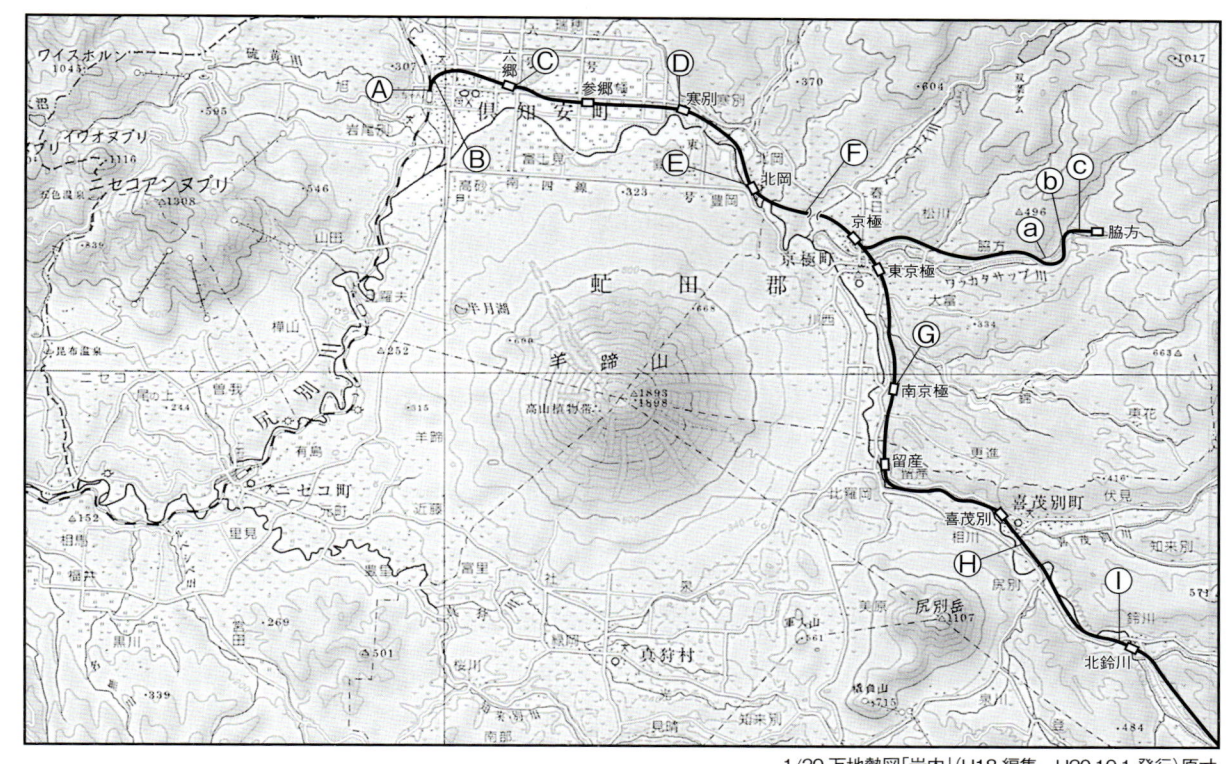

1/20万地勢図「岩内」(H18編集、H20.10.1発行)原寸

【J地点】おろえんトンネルの北鈴川側の坑門付近は線路跡の両側に落石防護柵が続く

【K地点】三階滝付近で見られる長いトンネル状の落石避け

【L地点】落石防護柵が湿地状の路盤に崩れ落ちている

【N地点】北湯沢〜蟠渓間のトンネルの延長にある落石避け

（左）**【M地点】**新大滝駅の優徳側に残る引込線高架橋。駅構内の一部は「平成ふるさとの道」公園として整備されている

153

【O地点】トンネルの前の路盤からは温泉が染み出ている

【P地点】ホームや構内に上る階段などが当時の面影を強く残している蟠渓駅跡

【Q地点】蟠渓駅を出るとすぐに白水川を渡る

【R地点】レルコマベツ川に架かる上路式ガーダー橋

【S地点】広々と整地されて線路跡が道路になった壮瞥駅跡

（右）【T地点】土地の隆起により移設する前の国鉄胆振線の跡を示す案内塔

紋別側から始まり、昭和15年（1940）12月15日に伊達紋別～徳舜瞥間が開通、翌年9月27日に胆振鉄道を合併し、同年10月12日の徳舜瞥～西喜茂別間の開業によって伊達紋別～京極間の全線が結ばれた。やがて、戦局が緊迫の度を増す昭和19年（1944）7月1日、胆振縦貫鉄道は国によって買収され、京極線を編入して伊達紋別～倶知安間83.0km、および京極～脇方間7.5kmの国鉄胆振線が誕生した。なおこのとき、0.7kmの盲腸部分になっていた西喜茂別～喜茂別（初代）間を廃止し、分岐駅だった西喜茂別を喜茂別に改称している。

しかし、こうした変遷を経るなか、胆振線の存在をゆるがす天災が襲いかかる。それは昭和新山の突然の誕生であった。

昭和18年（1943）に有珠山北麓一帯に起こった地震をきっかけに、胆振縦貫鉄道が通る字フカバ地区を含めた「九万坪台地」が急激に隆起を始め、昭和20年（1945）9月20日までの間に、標高407m（当時）の昭和新山が誕生した。

この昭和新山の誕生は、胆振線（当時は胆振縦貫鉄道）の線路に大きな打撃を与えたが、鉄鉱石等の物資を室蘭製鉄所に運ぶ輸送ルートとして、重要な使命を帯びていた鉄道であっただけに、土地の隆起や断層に伴う被害を受けながらも、何度も線路の迂回、付け替え工事を行い、必死に線路を守り続けた。結局、火山活動が終息する頃には、線路は長流川の川岸ギリギリにまで追い詰められ、元々の線路跡は、隆起した丘の一部に取り残されていた。

札幌からの循環急行「いぶり」なども運転された胆振線だったが、昭和45年（1970）11月1日に京極～脇方間を廃止、さらに伊達紋別～倶知安間も昭和61年（1986）11月1日に全線廃止となり、その使命を終えた。

倶知安～伊達紋別

倶知安駅を小沢側に進んだ胆振線は、約500m先でカーブして函館本線と分かれていく（Ⓐ）。分岐点付近の線路跡には、新しい住宅が建てられて痕跡が消えているが、すぐにカーブを描く細長い空き地となってその姿を現す（Ⓑ）。まもなく国道5号の琴平跨線橋の下を潜っていたが、京極側は、国道の拡幅工事による土盛によってふさがれている。その先、明確に残る線路跡をたどれば、やがて六郷駅に着く（Ⓒ）。

その先線路跡は、水田やビート畑の中に取り込まれて不明瞭になるが、ホームが残る寒別駅跡（Ⓓ）、ポツンと待合所だけが残された北岡駅跡（Ⓔ）、コンクリートで閉鎖された北岡～京極間のトンネル（Ⓕ）などに胆振線の跡をたどることができる。

巨大な「JAようてい食用馬鈴しょ集出荷貯蔵施設京極センター」の敷地になった京極駅跡から、約500m喜茂別側に進んだ京極町公民館の裏手が、脇方への支線との分岐点。低い築堤となって残る本線跡は、ワッカタサップ川を渡って空き地になった東京極駅跡に至る。次の南京極駅前は、駅前に植えられたイチイの木だけが当時の面影を伝える（Ⓖ）。新しいアパートが建てられた喜茂別駅跡までは、畑や拡幅された道路の中に線路跡は姿を消し、途中の留産駅跡も畑の中だ。

喜茂別から北鈴川、御園にかけては、畑の中にところどころ残された築堤によって線路跡をたどることができるが、喜茂別川や尻別川に架かっていた橋梁は撤去されてその痕跡を見つけられない。また、北鈴川駅跡には新しい住宅が建ち、御園駅跡は道南バスの転回場になっている。

御園〜新大滝間の13.4kmは、広島峠の峠越え区間で、峠の核心部分は長大なおろえんトンネルで抜けていた。この区間の線路跡は、一部が林道に利用されながらもよく残っており、コンクリート橋や小さなガーダー橋などの構造物も見ることができる。おろえんトンネルは、コンクリートで入り口を封鎖されており、新大滝側は坑門部が延長されている。

　おろえんトンネルを抜けた線路跡が峠を下っていくと、長流川と三階滝川が合流する付近にトンネル状の落石避けがあり、国道から長流川の対岸に見上げることができる（Ⓚ）。国道が長流川を渡った先から線路跡をたどることができるが、線路跡は自然に還りつつあり、その手前にある落石防護柵は崩れ落ちている（Ⓛ）。

　新大滝駅は、徳舜瞥鉱山から掘り出される褐鉄鉱および硫黄鉱の積み出し駅で、優徳側の外れには、引込線のコンクリート高架橋が残っている（Ⓜ）。

　新大滝駅跡から700mほど優徳寄りの地点から線路跡はサイクリングロードの「平成ふるさとの道」になり、約5.5km先の旧優徳跨線橋の先に架かる橋梁を渡る付近まで続く。長流川の名勝「白絹の床」近くにあった北湯沢駅付近には、立派な温泉ホテルが建てられている。1kmほど先でトンネルをくぐった線路跡は、すぐに長流川の橋梁を渡っていたが、トンネルの坑口は閉鎖され（Ⓞ）、橋梁部分も撤去されている。

　蟠渓温泉がある蟠渓駅に跡は、構内に緩くカーブしたホームも残され、当

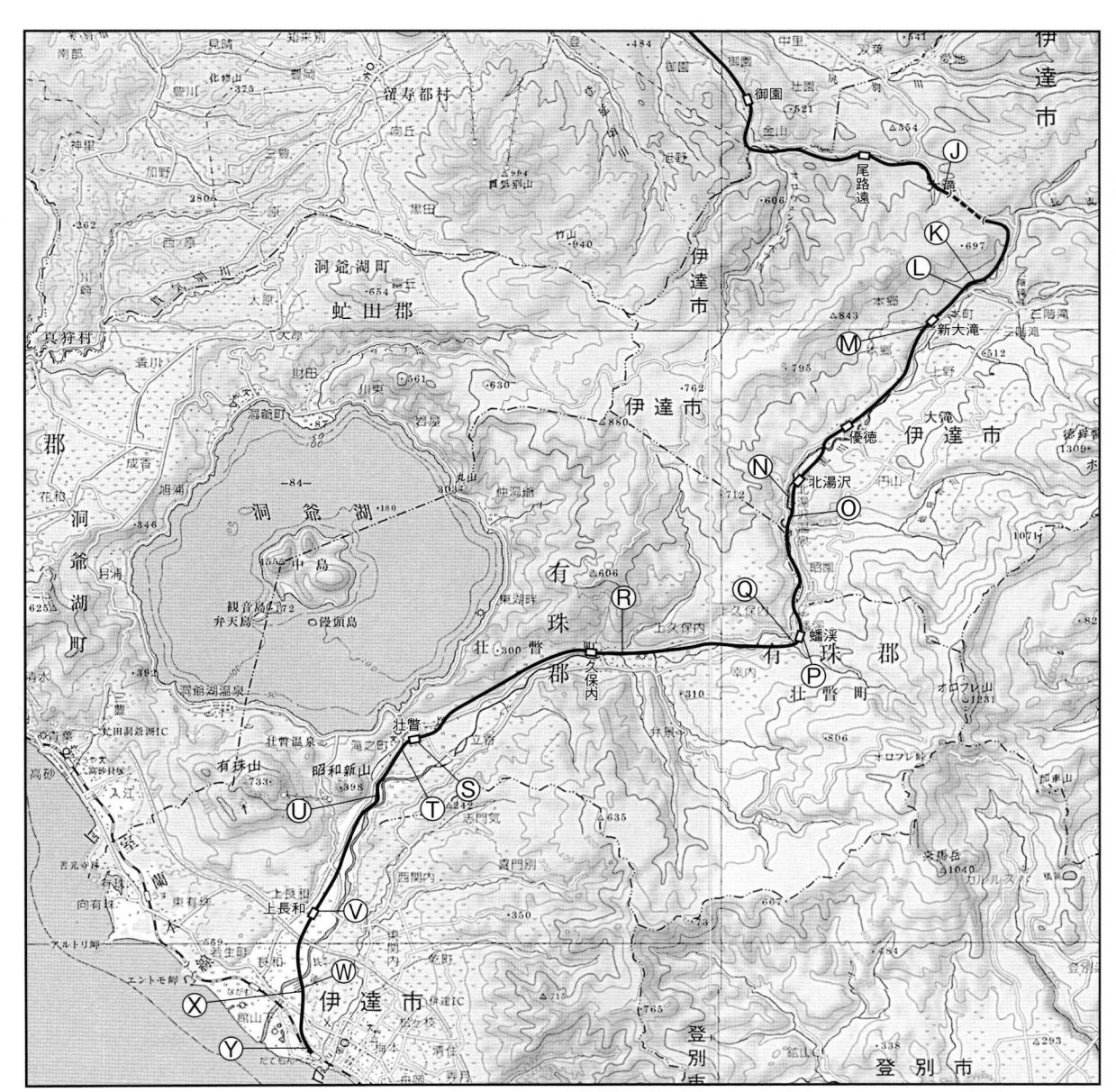

1/20万地勢図「岩内」(H18編集、H20.10.1発行)＋「札幌」(H18編集、H20.12.1発行)＋「苫小牧」(H18編集、H20.9.1発行)＋「室蘭」(H18編集、H20.10.1発行) 原寸

【W地点】振り返れば線路跡のうしろに昭和新山（右手）と有珠山がそびえ立つ

（上）【U地点】昭和新山鉄橋遺跡公園に整備され簡単に見ることができるようになったコンクリート橋台　（下）【V地点】サイクリングロードの終点も近い上長流駅跡

（左）【X地点】2キロポストがサイクリングロードの脇に立っている　（右）【Y地点】サイクリングロードの起点付近は踏切警報機や胆振線の沿革などを記した案内板などがある

（下）【a地点】ワッカタサップ川を渡った倶楽橋の橋台が残る
（右）【b地点】2本の橋脚がそびえ立つ

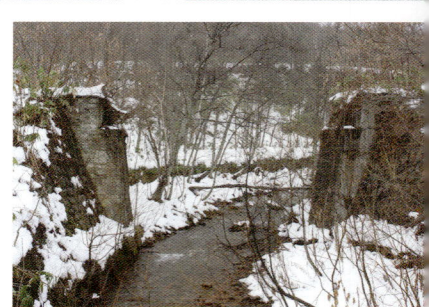

【c地点】白井川を渡った橋の橋台が残る

時の雰囲気をよく残している（Ⓟ）。蟠渓駅から久保内駅へは長流川に沿って進むが、途中で渡る白水川（Ⓠ）やレルコマベツ川（Ⓡ）には、ガーダーの橋桁が今も残っている。久保内駅から壮瞥駅にかけての線路跡は、イタドリなどの藪が覆う。廃止後も2本のホームが残っていた壮瞥駅の構内跡周辺には、壮瞥町役場などの施設が建ち、ホームや線路の跡は道路に変わっている（Ⓢ）。

壮瞥駅から上長和駅にかけての区間は、前述のとおり、昭和新山による土地の隆起によって線路の付け替えが行われた区間で、国道沿いには、かつての線路跡を示す案内解説の柱が立てられ（Ⓣ）、昭和新山の山麓には、国道沿いの駐車場から散策路を歩いて30mほど登った所に昭和新山鉄橋遺跡公園（Ⓤ）がある。

線路跡のサイクリングロードの脇に、石造りの模擬ホームとトイレがある上長和駅跡（Ⓥ）から、室蘭本線との分岐点近くにあるサイクリングロードの起点（Ⓨ）までは、約4.2kmの距離。途中にある伊達温泉付近には2キロポスト（Ⓧ）がある。

京極～脇方

京極町公民館付近の分岐点から胆振線の本線と分かれた線路跡は、いったん住宅地の中に姿を消し、すぐに舗装道路になって復活する。しかし、T字路の先で畑の中に消えた線路跡は、その跡をたどるのが難しくなり、脇方への道路がワッカタサップ川を渡る倶楽橋付近からやっと線路跡が明確になり、橋台が残っている（ⓐ）。

築堤になった線路跡は、再びワッカタサップ川を渡り返すが、ここにはコンクリート2本の橋脚と橋台が残っている（ⓑ）。さらに橋台が残る支流の白井川を渡って（ⓒ）脇方駅跡に至るが、脇方駅跡は京極町の一般廃棄物最終処分場になっている。

　■村田正博

複線化と線形改良に捨てられた「海線」の原形は廃トンネル銀座

室蘭本線旧線【洞爺～豊浦～大岸～礼文】

（左）【A地点】現在線が洞爺トンネルに入る手前に洞爺川の旧線のコンクリート製橋台がある

（右）【B地点】現在線の上り新クリヤトンネルの奥に旧線の黒岩トンネルの坑口が開いているのが見える

（左）【C地点】黒岩トンネルの坑門が延長されているのが分かる

（下）【D地点】展望台から現在線の新クリヤトンネルに入る上り特急「スーパー北斗」と旧線の赤岩トンネル洞爺側を眺める

（上）【E地点】石積み坑門部に同じ形態のトンネルが2つ並ぶ赤岩トンネルの洞爺側　（下）【F地点】豊浦側の赤岩トンネルは山側の坑門がアーチ状に延長されている

長万部と輪西（現・東室蘭）を結ぶ輪線として建設された室蘭本線長万部～東室蘭間は、複線化とその際の線形改良により10本ものトンネルが廃止された廃トンネル銀座である。
　長輪線は、急勾配・急曲線が連続し輸送上の隘路となっていた函館本線長万

（左）【G地点】旧線が伸びる先に現在線の上り線の第2チャス落石覆いと新チャストンネル、上に下り線の第1チャストンネルが見える　（右）【H地点】旧線は上り線に一度吸収されて奥に見える新チャストンネルの脇から海沿いに分離する

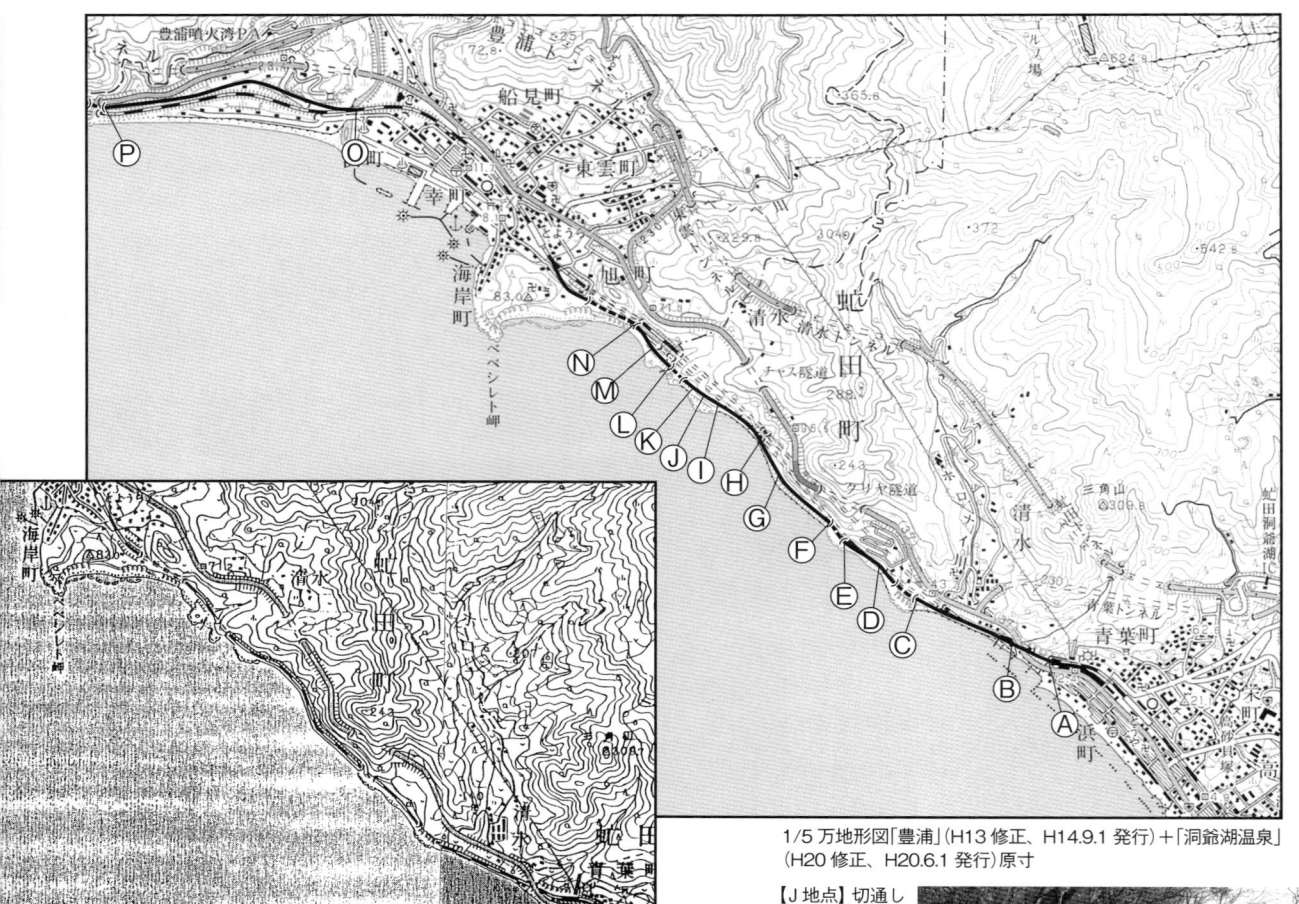

1/5万地形図「豊浦」(H13修正、H14.9.1発行)＋「洞爺湖温泉」(H20修正、H20.6.1発行)原寸

1/5万地形図「豊浦」(S43編集、S45.3.30発行)＋「虻田」(S44編集、S45.3.30発行)×0.9

【J地点】切通し部分に落石防止柵も見られる

(左)【I地点】茶志内トンネル側から洞爺方面を見ると上り線の第2チャス落石覆いと新クリヤトンネル、その上に下り線のクリヤトンネルが見え、旧線は新クリヤトンネルの脇に続いている

(右)【K地点】海を左手に見ながら延長98mの茶志内トンネルを抜ける

【L地点】重厚な石積みの茶志内トンネルの坑門

【M地点】旧線は上り線の線路とクロスして現在線の山側に口を開けている第2茶志内トンネルに入る

【N地点】現在線上りの第2茶志内トンネルと旧線の第2旧茶志内トンネル

158

【O地点】貫気別川では旧線の橋梁がそのまま下り線に使用されている

【P地点】現在線の弁辺トンネルの山側にある旧弁辺トンネルを砂浜から見上げる

【Q地点】旧弁辺トンネルを抜けると木々に囲まれた切通しに出る

(左)【R地点】警戒色のペイントも残っている旧豊泉駅跡のホーム
(右)【S地点】築堤状の旧線の跡を車でたどることができる区間もある

部～小樽に対して、函館と道央およびそれ以奥への輸送力向上、時間短縮を目的として建設され、昭和3年(1928)9月10日に静狩～伊達紋別が開通して長万部～岩見沢間が全通し、樺太連絡を担う稚内港行き急行が同線経由となるなど、北海道内の輸送経路に変革をもたらした。

しかし、昭和36年(1961)に北海道内初の特急「おおぞら」が誕生するまでは小樽回りの優等列車のほうが多く、開通後すぐに室蘭本線が函館本線にとって代わったわけではなかった。のちに「海線」ともいわれた室蘭本線がメインルートの地位を得るには、複線化と改良により線路容量を増大し、最急勾配10‰という、「山線」にはない恵まれた線形を生かすことが必要であった。

洞爺～豊浦

この区間は、まず在来線より山側に単線の新線(現在の下り線)を建設し、在来線の廃止・新線への切り替えが行われた後、旧線の路盤を利用しながらトンネルとその前後のみ新線に切り替える方法で、上り線の線形改良がなされた。そのため旧線の廃線跡は、現在の上り線と分離・合流を繰り返している。

先行建設された現在の下り線への切り替えで旧線が廃止されたのが昭和43年(1968)9月28日、その旧線路盤を利用した現在の上り線が開通し複線化されたのが、昭和45年(1970)6月30日である。長大トンネルで直線的に通過する現在線と異なり、旧線は4カ所でトンネルを通るものの、断崖が続く海岸線を忠実にたどっており、災害が多かった。

現在線の洞爺トンネル手前から旧線は海側に分岐するが、トンネル手前の虻田川にはコンクリート製橋台が残っている(Ⓐ)。現在線がトンネルで抜ける崖の横を通り抜けると現在線と合流し、その先は海岸沿いの上り線の路盤として利用されている。現在線の黒岩トンネルの手前から旧線は再び海側に分岐し、200mほど進んだ所に延長123mの旧黒岩トンネルがある(Ⓒ)。場所打ちコンクリート製のやゝカーブしたトンネルを出ると、ほどなく現在線の黒岩トンネル西口に路盤は吸収される。

赤岩トンネルは、建設後極めて早い時期に同じ断面・構造のトンネルがもう1本建設され、前後の明かり区間と共に行き違い設備として使われていたらしい(Ⓓ)。石積みの2つのトンネル内は3カ所の連絡通路で結ばれており、建設当時の写真から海側のものが増設されたと思われる。西口付近はやゝ広くなっており、待避設備の跡をうかがわせる(Ⓕ)。

ここから旧線は崖下にへばりつくように進み、突端部を回り込むと現在線の第2チャス落石覆い、新チャストンネル坑口、さらにその上部に下り線の第1チャストンネル坑口が見えてくる(Ⓖ)。旧線は、新クリヤトンネルの脇から再び分岐し、崖下の海岸沿いにやゝ高度を上げながら進んでいく。

延長98mの茶志内トンネルを抜け(Ⓚ・Ⓛ)、豊浦駅側に出て、築堤の上を現在線の新チャストンネル西口付近まで進むと、現在線建設時のトンネルズリと思われる土砂により不自然な勾配がある。それを越え現在線の第3茶志内トンネルの脇を切通しで抜ければ、現在線と交差し、現在線の第2茶志内トンネルの山側で旧線第2茶志内トンネルの坑口に吸い込まれる(Ⓜ)。

この第2茶志内トンネルは、温泉沃土状の泥土のために、陥没や埋没が相次ぐ難工事の末に完成した。そのためか、トンネル内はSカーブを描き、豊浦側の坑口は現在線より海側にあった(Ⓝ)。現在線の第2茶志内トンネルは、Sカーブを描く旧トンネルの中央部を直線的に横断している。旧トンネルの豊浦側の坑口は、付近に土砂が堆積し見ることができない。新トンネル建設

【a地点】道路トンネルに生まれ変わった旧線跡の達古武トンネル

【b地点】茶津トンネルも道路トンネルに変わって面影はない

【T地点】現在線との合流も近い平地に出てもしっかり線路跡が分かる

【c地点】坑門部が延長されている岩見トンネルの大岸側

【d地点】岩見トンネルの坑門部から道路を渡る付近まで旧線の落石避けが残っている

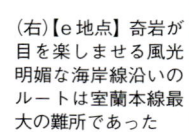

【U地点】ホームからは駒ケ岳も正面に望める大岸駅構内

（右）【e地点】奇岩が目を楽しませる風光明媚な海岸線沿いのルートは室蘭本線最大の難所であった

の際のズリにより埋められたものと思われる。

豊浦～大岸

　この区間は、海岸線を2つの複線長大トンネルで貫く現在線とは異なり、弁辺トンネルで内陸の豊泉川流域に抜けて大岸の海岸に至るルートであった。10‰の勾配区間が8割を占め、急曲線も多かったことから、昭和45年（1970）6月30日に付け替えられている。
　貫気別川橋梁までは、腹付け線増されており、下り線の橋梁が開通当時からのものである（⓪）。橋梁西側から、旧線は現在線の山側をカーブでやや迂回していたのだが、現在では付近の道路が改良されて、その跡は不明瞭となっている。弁辺トンネルの東口は砂浜の海岸線を走る現在線のトンネルのすぐ山側に隣接しているが、3mほど高い位置にある（Ⓟ）。
　全長1504mある旧弁辺トンネルの旧豊泉駅側に回ると、切通しの奥にコンクリートブロック積みの坑口が現存している（Ⓠ）。坑口から700mほどの所には豊泉駅の相対式ホームと、駅舎の土台、それに2階建ての元駅官舎の建物が現存する（Ⓡ）。豊泉は、戦時中の輸送力増強のために、室蘭本線の単線区間に設置された信号場群の一つで、昭和19年（1944）10月に豊住信号場として開設され、昭和35年（1960）に豊泉駅に昇格している。しかし、この線路付け替えに伴い、昭和43年（1968）に廃止された。
　ここから大岸駅東方の小鉾岸川まで、旧線は築堤と切通しで下っており（Ⓢ）、大岸小学校裏の崖を回り込み、民家の裏を通って（Ⓣ）、小鉾岸川を渡った所で現在線に合流していた。

大岸～礼文

　断崖が迫ったこの区間の旧線は海岸沿いに護岸を築いて通過していた。風化した断崖からの落石や、波浪による護岸擁壁の劣化、並行する道路と交差する見通しの悪い踏切など、安全性の確保に問題があったため、山側に複線を建設して昭和50年（1975）10月22日に現在線に切り替えた。その際、3つあったトンネルのうちの2つを1本の長大トンネルにして、崖下の海岸線を通過する危険を解消している。
　旧線は、現在線が築堤を登り始める大岸駅西方約800m付近から築堤の海側に沿って西進し、じきに大岸と礼文

(左)【f地点】奇岩が多い礼文華海岸は室蘭本線を走るSLの撮影の名所でもあった
(右)【g地点】礼文浜トンネルと旧線跡の道路の間にトンネルの安全を誓う碑が立てられている

を結ぶ道路に吸収される。この道路は現在線の新達古武トンネルの海側を真新しい新しいトンネルで抜けるが、このトンネルの位置に旧線の達古武トンネルがあった（ⓐ）。次の茶津トンネルも同様に新しい道路トンネルとして生まれ変わっている（ⓑ）。

両トンネルともさらに海側に旧道路トンネルが現存しているほか、達古武トンネルがある茶津岬にはアイヌのチャシがある。「チャシ」とはアイヌ語で砦のことで、たいていこのような見晴らしの良い丘の上に設けられていた。また、茶志内トンネルは、「チャシ・ナイ（チャシの・川）」からと思われ、実際に現在線の第3茶志内トンネル東口付近の谷に川が流れている。

茶津トンネルを抜けると、道路の改良もここまでで、山側に旧線路盤と岩見トンネルの坑口が見えてくる（ⓒ）。この先は、奇岩が海面に突出する断崖絶壁の直下を縫うように通過する、室蘭本線最大の難所であった。

岩見トンネルを抜け、先ほどの道路と交差すると、海岸に築かれた護岸の上の廃線跡となるが（ⓔ）、ところどころ波の侵食によって護岸が崩壊している。もう一度道路と交差するあたりから廃線跡は不明瞭となり、礼文浜トンネル西口付近で現在線と合流している。

■村田正博（河野哲也）

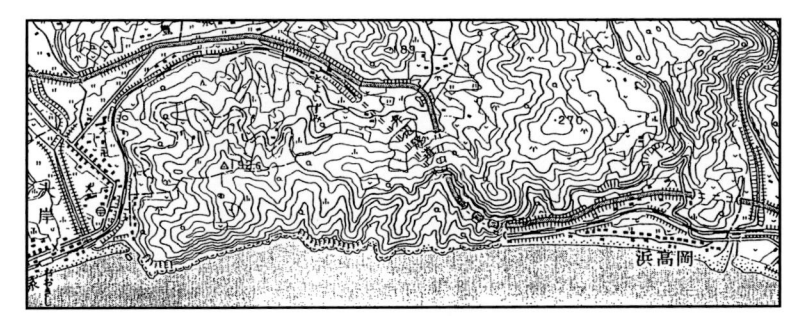

1/5万地形図「豊浦」(S43編集、S45.3.30発行) × 0.9

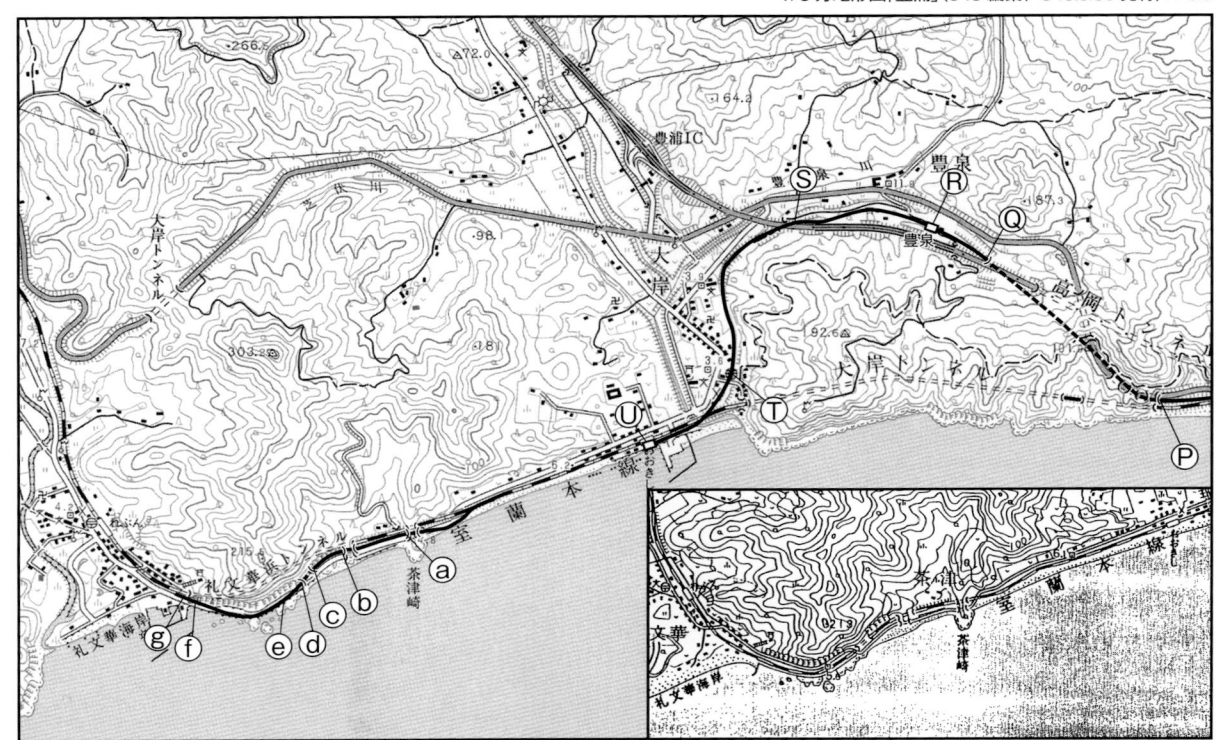

1/5万地形図「豊浦」(H13修正、H14.9.1発行)＋「洞爺湖温泉」(H20修正、H20.6.1発行)原寸 & 1/5万地形図「豊浦」(S43編集、S45.3.30発行) × 0.9

函館本線と日本海の港町を結んだ渡島半島横断路線

瀬棚線【国縫〜瀬棚】

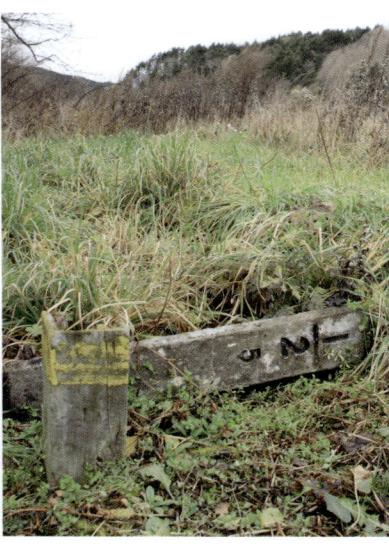

(左上)【A地点】当時と変わらぬ木造の跨線橋が残る国縫駅　(左下)【B地点】函館本線との分岐点を特急「北斗」が走り抜けていく　(右)【C地点】茶屋川駅跡付近に5と1/2のキロポストが倒れていた

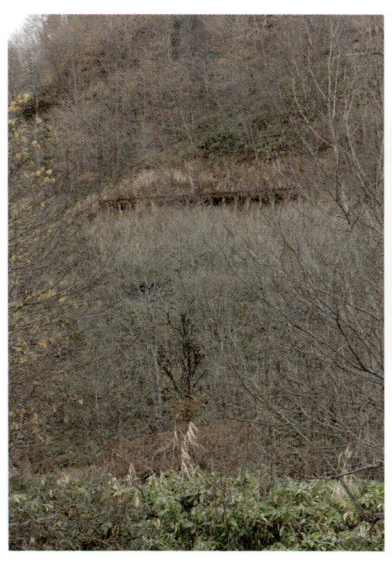

(上)【D地点】国縫川支流に残るコンクリート橋台

(右)【E地点】沢筋にIビーム橋梁が残っている

(左から)【F地点】国縫川を挟んだ対岸の木立越しに落石避けのシェッドが見える　【G地点】山瀬トンネルの坑門部は埋められてしまった　【H地点】赤い三角屋根の駅舎が印象的だった美利河駅の跡は何もない

　函館本線の国縫駅から日本海に面した港町の瀬棚まで48.4kmの距離を結んでいた瀬棚線は、大正15年(1926)6月6日に着工し、昭和4年(1929)12月13日に国縫〜花石間が開通、さらに翌年の10月30日に花石〜今金間が開通し、残る今金〜瀬棚間も昭和7年(1932)11月1日に開通して全線が結ばれた。開業当初からC12やC11などのタンク機関車が使用されてきたが、昭和31年(1956)には、早くも旅客列車がディーゼル化され、昭和41年(1966)10月1日には、函館〜長万部・瀬棚間に急行「せたな」が運転されるほど活況を呈した。

　しかし、道内のローカル線の例に漏れず、大きな赤字を抱える瀬棚線は、昭和58年(1983)9月に貨物営業が廃止され、さらに昭和62年(1987)3月15日限りで、国鉄から新生JRに引き継がれることなく、全通から56年の歴史に終止符を打った。

　瀬棚線の起点となる国縫駅は、1番線と3番線ホームが瀬棚線に割り当てられ、すべての列車が長万部から直通運転されていた。

　国縫道路踏切の先から函館本線と分かれた瀬棚線は、国縫川の右

(左上)【I地点】道路のトンネルに生まれ変わった花石トンネル付近に鉄道の臭いはない
(左下)【J地点】山を降りて北住吉駅跡を過ぎるとしっかりした廃線跡の路盤が現れる 
(右)【K地点】田園地帯の路盤にキロポストが残っている

(左)【M地点】メップ川に架けられた3連のガーダー橋は撤去されたが、立派な築堤が伸びている
(右)【N地点】遊歩道の「オランダ通り」になって今金駅跡を目指す線路跡

【L地点】種川駅跡で短い駅前通りが途切れる

【O地点】周辺の駅の標示板が並び駅の存在を示す今金駅跡

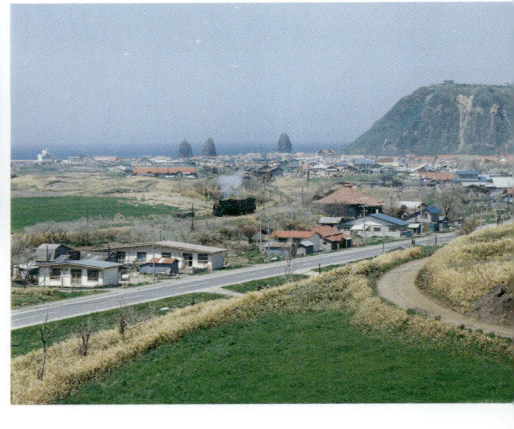

(右) 三本杉岩を背景にC11が貨物を牽引する。瀬棚〜北檜山。昭和49年5月18日／写真：奥野和弘

　岸に渡って北上し、再び国縫川を渡って茶屋川駅に至るが、国縫川に架かっていた2カ所の鉄橋跡は、橋台部まで撤去されている。茶屋川駅跡は、バス停が駅前の位置を示しており、崩れたホーム跡が草に覆われ、人家の裏に倒れたキロポストが放置されている(Ⓒ)。
　茶屋川駅から瀬棚方面に向かう瀬棚線は、分水嶺になっている美利河峠を山瀬トンネルで抜ける。山瀬トンネルと抜けた先に美利河駅があったが、今は広い空き地と道路になって何もない(Ⓗ)。また、山瀬トンネルの美利河側坑口付近は埋め立てられて、延長部が伸びていた坑門部はなくなった(Ⓖ)。なお、美利河駅の北側には、瀬棚線が走っていた当時はなかった美利河ダムの細長い堰堤が続いている。
　花石駅跡から北住吉駅跡付近にかけては、瀬棚線の跡地を利用した国道230号のバイパスとなり、区間内の鉄橋はすべて架け替えられ、花石トンネルも広げられて道路のトンネルに利用されている(Ⓘ)。北住吉駅から先の

山間部を抜けた線路跡は、水田地帯の中の低い築堤となって残っている(Ⓚ)。小さな駅前商店街の様子をとどめる種川駅跡を挟んで、下ハカイマップ川とメップ川が流れており、ここには、それぞれガーダーの橋桁が残されていたがいずれも撤去された(Ⓜ)。
　今金駅跡は、駅舎跡に函館バスの待合所が建てられ、風車を模した今金町のシンボル「デ・モーレン・いまかね」が空にそびえている。また、構内跡の一部には、レールと今金町内にあった6駅の駅名標示板が設置されて、かつて今金駅があったことを後世に伝えてい

る(Ⓞ)。なお、周辺の線路跡は、「オランダ通り」と名づけられた遊歩道に整備されている(Ⓝ)。
　今金駅から北檜山駅までの間は、畑の中に路線跡をたどることができ、利別目名川と冷水川などにもガーダー橋が残っていたが、これらの鉄橋も撤去されている。また、丹羽駅跡は、空き地となっているが、残された農業倉庫が当時の駅周辺の雰囲気を残している(Ⓢ)。
　北檜山駅跡は、駅舎がバスターミナルとして残されており、線路跡は埋め立てられてしまったが、駅舎の庇の下

163

(左上)【P地点】土の高まりと樹木が神丘駅のあった位置を示す
(左下)【Q地点】神丘駅の丹羽寄りに25キロの速度制限表がかろうじて残されている
(右)【R地点】利別目名川の脇の小川に橋台が残っている

(上段左から)【S地点】丹羽駅の構内跡地に37と1/2のキロポストが立っていた 【T地点】丹羽駅の先の公園を抜けると小さなコンクリート橋がある 【U地点】バスの駅として利用されている北檜山の駅舎

(下左)【V地点】海辺の砂丘地帯に出た線路跡の先には風力発電の風車が並んでいる
(下右)【W地点】瀬棚駅跡の先には名所の三本杉岩が望める

付近にホームの一部が見られる。また、背後には倉庫群があり、往年の駅周辺の雰囲気をよく残している(Ⓤ)。

北檜山駅を出た瀬棚線は、やがて北に大きく進路を変え、日本海に沿って砂丘地帯を進む。築堤の線路跡からは、日本海も眺められ(Ⓥ)、瀬棚駅に進入する列車の正面には、名勝の三本杉岩も顔をのぞかせていた。

終着の瀬棚駅跡は、瀬棚町総合福祉センターやすらぎ館の敷地に利用されており、記念碑と駅名標示板、48キロポストがその跡に立てられている(Ⓦ)。線路跡の延長線上に真っすぐ港に下っていけば三本杉岩だ。　■村田正博

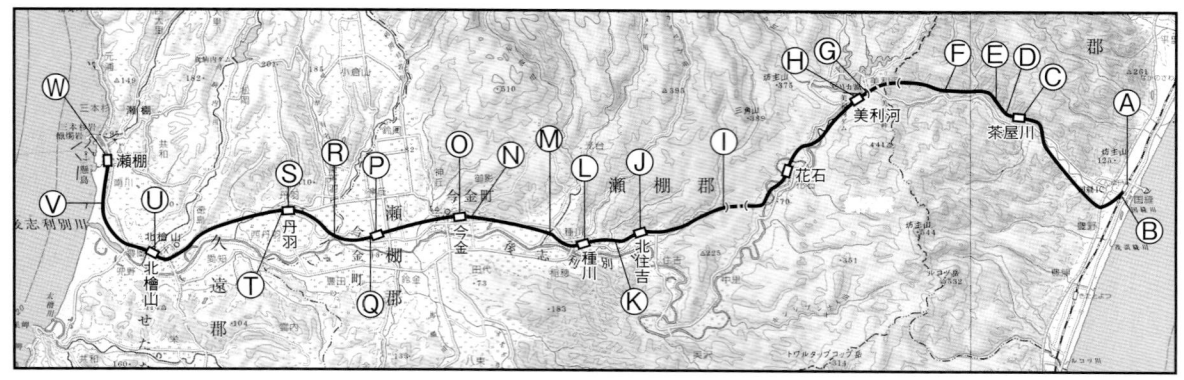

1/20万地勢図「室蘭」(H18編集、H20.10.1発行)＋「久遠」(H18編集、H20.5.1発行)×0.7

廃止後一度は復活した道南の小私鉄
大沼電鉄【大沼〜鹿部】

(左から)【A地点】大沼公園駅前の駐車エリア付近に大沼電鉄のホームがあった 【B地点】池田園駅と思われる付近にコケに覆われた施設の擁壁が見られる 【C地点】苅澗川に大沼電鉄の橋台が残っている

(左)【D地点】わずかな区間だが切通しと低い築堤が残っている (中)【E地点】大沼電鉄の線路が取り込まれた道路から流山温泉にある200系新幹線車両が望まれる (右)新幹線の北海道への延長を願ってJR北海道により設置された流山温泉駅の200系新幹線車両

　駒ケ岳の秀麗な姿と、大沼小沼の湖水に魅了される景勝地の玄関口である大沼公園駅を起点とし、大沼の湖畔から折戸川の渓谷に沿って間歇泉で知られる太平洋岸の町・鹿部まで結んでいたのが、大沼電鉄である。当時、ほとんど知られていなかった鹿部温泉を売り出して大沼公園を訪れる観光客を呼び込み、併せて鹿部で採れる海産物を輸送しようというのがこの鉄道施設の目的であった。

　昭和4年(1929)1月5日、大沼電鉄は大沼公園〜新本別間約15.3kmを開業し、同月31日には新本別〜鹿部間19.3kmを開業して全通した。ところが、開業後半年も経たない6月には、駒ケ岳が大爆発を起こし、留の沢の変電所の焼失をはじめ路盤の大部分が溶岩流と降灰によって埋め尽くされ、運転休止となってしまった。

2カ月ほどしてやっと運転が再開された時には、噴火によって荒廃した風景を見物に函館方面から多くの見物客でにぎわったという。その後は昆布など海産物輸送の伸びなどもあり、補助金を受けながらも何とか営業していたが、戦時中の函館本線輸送力増強を目的とした渡島砂原回りの函館本線(通称・砂原線)の開通に伴い、昭和20年(1945)5月31日に廃止された。

　しかし、砂原線に設けられた鹿部駅は鹿部の市街地から7kmも離れた駒ケ岳の山裾にあり不便であること、廃止後に富山地方鉄道新湊線に譲渡される予定だった車両と軌道資材が、戦局悪化による青函航路の輸送状況悪化で大沼駅に留置されたままだったこともあり、大沼電鉄は昭和23年(1948)1月16日に砂原線の銚子口駅を起点にほぼ旧道床を利用して復活した。しかし、復活した鉄道も路線バスの台頭によりわずか約5年後の昭和27年(1952)12月25日に再び廃止となった。

　昭和23年(1948)発行の5万分の1地形図を見ると、大沼電鉄の大沼公園駅は、函館本線の大沼公園駅前正面の斜め北側にあるが、この頃にあった展望塔から撮影された写真を見ると、斜め南側位置し、線路の南先端部で函館本線に接続しているのが分かる。

　また、当時は現在の大沼公園駅が大沼駅を、大沼駅が軍川駅を名乗り、大沼電鉄は開業時から大沼公園駅だったため、国鉄大沼駅の前に電鉄大沼公園駅があった。さらに鹿部駅も戦後の復活時には国鉄に鹿部駅があったことから、鹿部温泉駅として開業し、昭和24年(1949)2月20日に国鉄駅を鷹待駅と改称して元の鹿部駅に戻っている。なお、大沼電鉄廃止後の昭和31年(1956)

165

（左上）【F地点】大沼公園からの線路跡は銚子口駅の標識の立つ位置で函館本線とクロスする　（右）【G地点】函館本線を渡った線路跡が藪の中に伸びる　（左下）【H地点】銚子口駅を出た線路跡は左にカーブして折戸川を渡っていた

（上左）【I地点】現在の函館本線の銚子口駅前に大沼電鉄の銚子口駅があった　（上右）【J地点】銚子口から鹿部へ向かう線路跡は舗装道路になって坂を下る　（右）【K地点】住宅地の裏手で再び沼尻川を渡る地点に橋台と橋脚が残っている

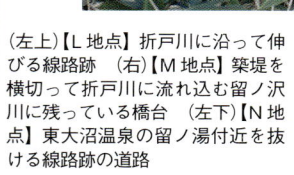

（左上）【L地点】折戸川に沿って伸びる線路跡　（右）【M地点】築堤を横切って折戸川に流れ込む留ノ沢川に残っている橋台　（左下）【N地点】東大沼温泉の留ノ湯付近を抜ける線路跡の道路

に国鉄鷹待駅は再度鹿部駅に改称して現在に至っている。

　大沼公園駅(Ⓐ)から銚子口へ向かう線路跡は、ほぼ湖畔に沿った道道43号に取り込まれているが、一部にその痕跡を見ることができる。函館本線(砂原線)の北海道で一番短いトンネルとして知られる池田園トンネルは、東方の精進川上流で産する硫黄を大沼電鉄の池田園駅に運ぶ索道が砂原線の真上を通ることになるために、安全を期して設けられたものだそうで、道道から池田園トンネルに向かう道道の入り口付近には、苔むす擁壁とその上に平坦地があり、かつての池田園駅の積み込み施設か索道に関する施設の痕跡とも思われる(Ⓑ)。

　また、苅澗川には、湖と反対側にかつての橋台(Ⓒ)を見ることができ、その先で、ふれあい牧場の背後から続く線路跡のわずかな切通しと低い築堤(Ⓓ)を確認することができる。

　大沼公園からの線路は、銚子口付近の沼尻川の手前で砂原線とクロスするが(Ⓕ)、ちょうど線路跡が作業道に利用されており、砂原線の線路を渡った先も草藪中の作業道(Ⓖ)になって、舗装道に利用されている留ノ湯方面への線路跡に続く。また、作業道と舗装道が接続する付近で、砂原線の銚子口駅を起点に復活したときの線路跡が接続し、沼尻川には築堤と橋台(Ⓗ)が残っている。

　舗装道になった線路跡は、住宅地の先で再び沼尻川を渡り(Ⓚ)、その先は深い藪に覆われて折戸川の流れに沿って留ノ湯を目指す。舗装道路の脇に続き、すぐに藪が払われた道になった線路跡(Ⓛ)は、やがて築堤となって留ノ沢川をまたぐ。ここには片側だけ橋台が残されている(Ⓜ)。留の沢駅(復活時に大沼温泉と改称)から先は、道路に転用されているが、折戸川沿いの渓谷地帯で落石の危険があるため、そのほとんどが通行止めとなっている(Ⓞ)。

(左上)【O地点】線路跡の道路はこの先から落石の危険のために通行止めになっている
(右)【P地点】大沼電鉄に電力を供給した函館水電第1発電所の建物が畜産倉庫として残っている
(左中)【Q地点】留ノ湯温泉から折戸川左岸を進む線路跡の道路はこの地点まで通行禁止
(左下)【R地点】折戸川橋上流の右岸の藪の中に橋台が埋もれている

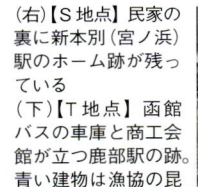

(右)【S地点】民家の裏に新本別(宮ノ浜)駅のホーム跡が残っている
(下)【T地点】函館バスの車庫と商工会館が立つ鹿部駅の跡。青い建物は漁協の昆布製品の倉庫

　廃線跡は現在の鹿部飛行場があるあたりまでは、舗装道路として比較的よく残っている。折戸川の左岸を南下した大沼電鉄は、国道278号の折戸川橋の上流約50mの地点で川を渡っており、右岸に沿った廃道の脇に藪に包まれた橋台(R)が残っている。

　折戸川鉄橋から路線は南東へ進み、国道に並行した地点に新本別駅(復活時に宮ノ浜駅と改称)があった。ここには、郵便ポストがある民家の裏に今でも崩れたホームが残っている(S)。宮ノ浜を過ぎると市街地の中で廃線跡は不明瞭となり、終点の鹿部駅跡地が、函館バスの車庫となって往時の雰囲気をとどめている(T)。

■村田正博(河野哲也)

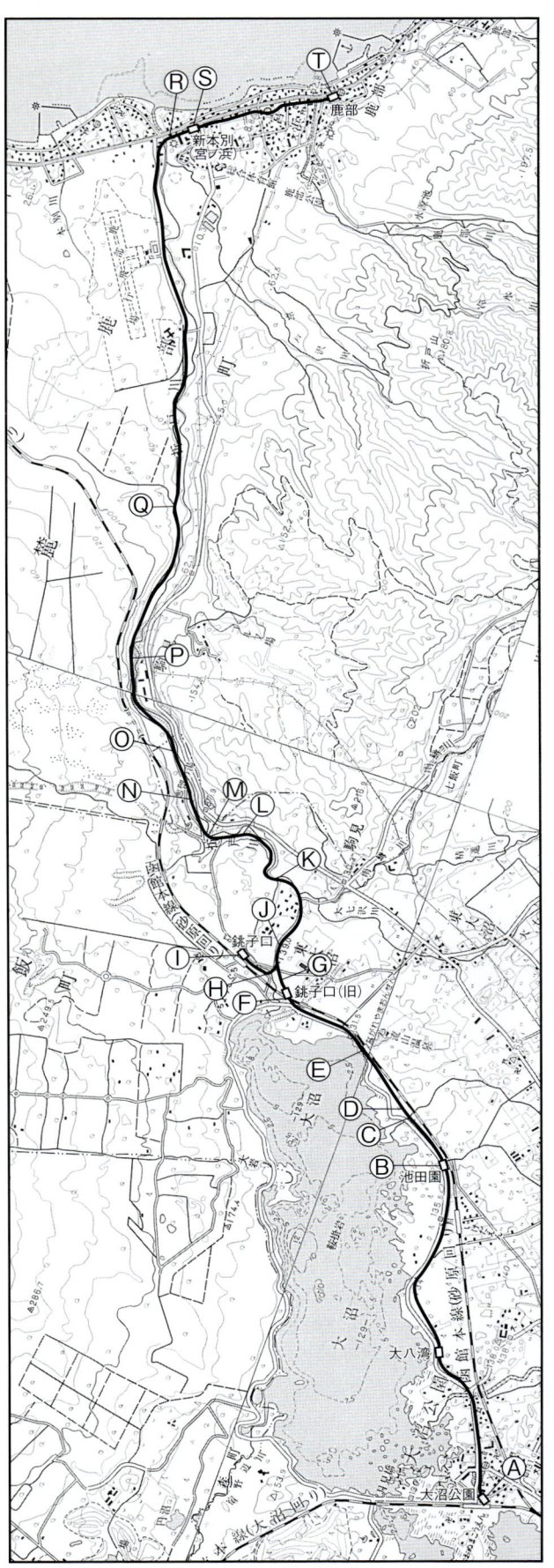

1/5万地形図「駒ヶ岳」(H20修正、H20.10.1発行)+「大沼公園」(H20修正、H20.5.1発行)+「鹿部」(H8修正、H9.9.1発行)+「臼尻」(H14要修、H15.8.1発行)×0.8

津軽海峡線開通の陰に消えていったローカル線
松前線【木古内〜松前】【未成区間：松前〜江良】

【A地点】かつて1キロポストが立っていた津軽海峡線との分岐点付近

【B地点】函館バスの営業所がある渡島知内駅の跡は頻繁に路線バスが発着する

【C地点】渡島知内駅跡の外れを流れる新重内川の架かる短いコンクリート橋

（左上）【D地点】津軽海峡線の特急「スーパー白鳥」が走る高架橋下を線路跡の路盤が伸びる

（左下）【E地点】1対残っていた第2知内川橋梁のコンクリート橋脚も消えてしまった

（右）【F地点】延長部の天井のスリットから光がもれる福島トンネルの千軒側坑門

江差線の木古内駅から松前まで50.8kmの距離を結んでいた松前線は、昭和11年（1936）11月の江差線全通後、福山線の名で工事が始まり、昭和12年（1937）10月に木古内から渡島知内まで開通。しかし、江戸時代より北海道で唯一の城下町を形づくっていた松前まで線路が伸びたのは、意外に遅く昭和28年（1953）11月であった。

しかし、特定地方交通線の第二次廃止路線に指定された松前線は、昭和63年（1988）2月1日をもってバスに転換され廃止となった。なお、松前線と共通区間ともいえる五稜郭〜木古内が含

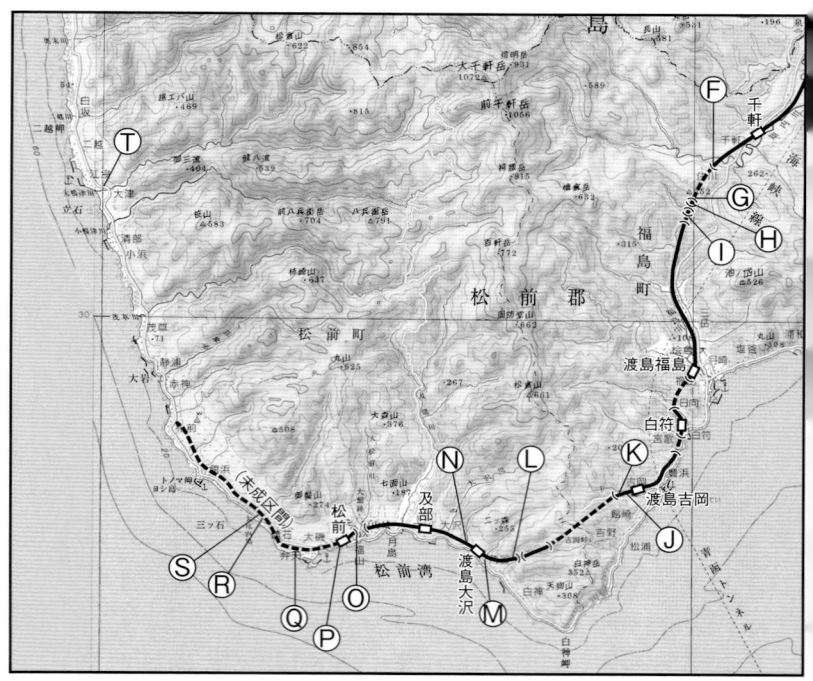

1/20万地勢図「函館」（H18編集、H21.1.1発行）×0.75

(左)【G地点】コンクリートでふさがれている福島トンネルの渡島福島側坑門　(中)茶屋トンネルを出るとすぐに短いガーダー橋を渡る　(右)【H地点】福島トンネルと茶屋沢トンネルの間には短いガーダー橋が2本架かっている

【I地点】長大な第1福島川橋梁のガーダー橋は松前線跡に残る貴重な存在

【J地点】吉岡川に残る立派なコンクリート橋台

【K地点】白神トンネルの吉岡側の坑門は採石会社の採石場構内にひっそりたたずんでいる

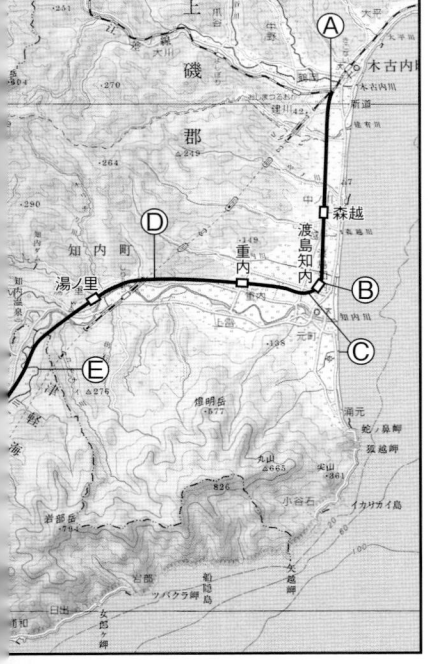

1/20万地勢図「函館」(H18編集、H21.1.1発行) × 0.75

まれる江差線は、この区間の利用者が多いために廃止を免れ、松前線と明暗を分けている。

木古内〜松前

松前線の廃止と入れ替わるように誕生した津軽海峡線(正式名は海峡線)の列車が停車する。木古内川を渡った先で津軽海峡線と分岐した松前線の線路跡は(Ⓐ)、作業道や細長い荒地になって渡島知内に向かう。渡島知内駅の跡は函館バスの営業所(Ⓑ)に変わっているが、重内側の新重内川に小さなコンクリート橋が残っている(Ⓒ)。

渡島知内から湯ノ里にかけての区間も、水田の中の荒地や築堤となって残る線路跡は明確だが、重内駅跡も湯ノ里駅跡も何も残っていない。線路跡は湯ノ里と千軒の間で2度、知内川を渡っており、千軒側の第2知内川橋梁跡には橋台部分のみが残っている(Ⓔ)。

また、大千軒岳への登山口でもあった千軒駅跡には、登山者のための休憩施設が建てられている。千軒駅から渡島福島方面に向かう線路跡は、再び第3知内川橋梁で知内川を渡って福島トンネル(Ⓕ)に入っていった。

全長1110mの福島トンネルを抜けた松前線は、福島川上流の山中に飛び出し、2つのガーダー橋(Ⓖ・Ⓗ)を渡り、茶屋沢トンネルを抜けて長大な第1福島川橋梁(Ⓘ)を渡る。松前線に残されていたガーダー橋がほとんど撤去されてしまったなかで、ここに残された鉄橋群は貴重な存在だ。その中でも第1福島川橋梁は見応えがある。この付近は熊の巣窟でもあるが、かつての殿様街道の古道をめぐる探訪とコースの一部として整備もされており、以前より訪れやすくなった。

福島川に沿って平坦地に出た線路跡は、明白な路盤をたどることができる。福島の市街地に入る手前に架かる第2福島川橋梁は撤去されて何の痕跡もなく、渡島福島駅跡には町役場が建てられている。白符から渡島吉岡にかけては海岸線に沿って進むが、川を渡る鉄橋はすべて撤去され、橋台のみが残っている。

渡島吉岡は、かつて青函トンネル掘削の基地になった所で、渡島吉岡駅の近くには、作業員宿舎がずらりと並び、全国から集まった作業者で大変なにぎわいだったそうだが、今はその跡地に吉岡温泉が建てられている。また、駅

169

（上段左から）【L地点】ススキノ沢川に沿った斜面に長い落石避けのシェルターが残されている　【M地点】ガーダー鉄橋が取り外されても偉容を誇る荒谷川橋梁の橋脚　【N地点】海岸線に沿って残る櫃ノ下橋梁の橋脚群

【O地点】城と同様の石垣で封鎖されている福山城址を抜けるトンネルの坑門

【P地点】松前駅跡にはホームの一部が残っている

【Q地点】国道228号を渡った未成線の跡は生活道路の一部となる

【S地点】小尽内川には両側の橋台と2本のコンクリート橋脚が残されている

【R地点】大尽内川付近に残る未成線の橋台

【T地点】坑門部に玉石を使った未成線のトンネルが大鴨津川付近で見られる

の構内跡は青函トンネル完成後に造られた砕石会社の作業場になっている。

松前線最長の白神トンネル（2980m）の渡島吉岡側の坑口は、同じ砕石会社の敷地内にある（Ⓚ）。反対側に抜けた線路跡は、やがてススキノ沢川に沿って海辺に出るが、そこには、立派な落石避けの覆いが残っている（Ⓛ）。また、海岸沿いに出ると、線路跡は一段高い海岸段丘の上を走るが、そこには、全長72mの荒谷川橋梁（Ⓜ）と櫃ノ下橋梁（Ⓝ）が架かっていた。

松前の福山城手前にある鉄橋は、松前線を代表する撮影ポイントであったが、鉄橋は橋脚を含めてすべて撤去されて跡形もなく、城の下をくぐるトンネルの坑口も消えている。なお、反対側のトンネル坑口部分は残っているが、城の石垣と同様の石で封鎖されている（Ⓞ）。松前駅に近づくと線路跡は新しい車道に姿を変えてしまう。松前駅の跡は、小さな空き地の一角に「松前駅跡」の石碑が立ち、線路跡の道路沿いにホームの一部を確認することができる（Ⓟ）。

未成区間：松前〜江良

さて、松前駅の先には未成線が残っている。戦時中、松前町から江差町にかけての沢沿いで発見されているマンガン鉱を中心にした鉱物資源を運搬するために建設を急がせていたもので、江良付近まで飛び飛びに建設が進んでいた。しかし、工事の半ばにして終戦を迎え、松前より先にはレールが敷かれることなく終わっている。

また、この鉄道敷設工事の陰には、大陸より連れてこられた朝鮮人労働者の悲しい犠牲もある。

折戸海岸から札前付近までの間では、大尽内川（Ⓡ）と小尽内川（Ⓢ）に架かっていた橋梁の橋台や橋脚が見られ、小尽内川の先から草地が開けた段丘に上がった路盤跡は、小道となって残っており、札前付近までたどることができる。

札前の先にも橋脚や橋台が残っていたというが、今は取り壊されてその姿を消している。ただ、大鴨津川の河口付近に唯一のトンネルの跡を見ることができる（Ⓣ）。玉石を積み重ねた珍しいポータルを持つこのトンネルは、50mほど掘り進んだ所で工事は中断され、反対側に抜けていない。また、現在は坑口から15mほどの所で坑内が崩れているという。　　■村田正博

250kmに及んだ日本初の森林鉄道
津軽森林鉄道 【青森貯木場～蟹田貯木場～喜良市貯木場】

(左から)【A地点】青森市森林博物館はかつての青森営林局の建物で明治41年(1908)建築　【B地点】線路跡の道路脇に立てられていた津軽森林鉄道記念碑　【C地点】野木和公園に続く津軽森林鉄道跡の小道

(左上)【D地点】野木和公園に残る森林鉄道を越えていた橋。下の掘割は埋められている
(右)【E地点】平野と丘陵の境を走っていた軌道跡。防風林に切れ目に線路が通っていた
(左下)【F地点】津軽線瀬辺地～蟹田間でJRと並行していた。単線のコンクリートの橋台が見える

　日本三大美林として名高い津軽半島のヒバ材輸送に活躍した津軽森林鉄道は、日本で最初に敷設された森林鉄道として知られている。

　藩政時代から「御留山」として伐採を禁じ、保護育成されてきた豊富な森林資源を大々的に利用開発することを目的に計画され、明治39年(1906)6月に、まず津軽半島の脊梁山脈を横断する蟹田～今泉間で工事が始まり、明治40年から今泉～喜良市間、明治41年から青森貯木場～蟹田間と順次工事を開始、明治42年(1909)11月30日には、青森貯木場～喜良市貯木場間は67.2kmの幹線全線が、わずか3年5カ月の工期で完成している。

　翌43年5月より運用が開始された森林鉄道だが、その後も幹線から次々に支線が延ばされ、総延長が254.6kmにも及ぶ大森林鉄道網が形成されていった。また、ほかに頼る交通手段がなかった時代は、ヒバ丸太材を中心にした木材ばかりでなく、沿線住民の生活路線としての役割を担い、戦後の戦災復興資材の輸送にも活躍している。しかし、木材輸送も自動車に取って代わられるようになり、昭和42年(1967)11月をもって58年間にわたる使命を終えた。

　津軽森林鉄道の起点であり、機関庫もあった青森貯木場駅跡は、ルネッサンス洋式の旧青森営林局庁舎(「青森市森林博物館」)(Ⓐ)から沖館川を隔てた対岸一帯にあった。現在は団

(上段左から)【G地点】広瀬川を渡る森林鉄道のガーダー橋。前後に築堤が続く 【H地点】蟹田駅の南側、蟹田土場踏切に森林鉄道の蟹田貯木場駅があった 【I地点】清水股支線に朽ち果てた木橋が残る。その先はJR津軽線

(下段左から)【J地点】津軽山地に残る相の股隧道。蟹田側は煉瓦造りだった。明治42年(1909)に開通 【K地点】深い森の中にあった相の股隧道の西側坑口 【L地点】今泉で相内支線と分岐していた。山に沿って軌道跡の道が伸びる

地が並ぶ住宅地になっていて、その痕跡を探すのは難しい。しかし、貯木場から蟹田方面へ向けて北上する森林鉄道跡は、一部が市街地の細道となって残っており、道路脇に「津軽森林鉄道碑」が立てられている(B)。

道路になった廃線跡は新城川を渡り、東北新幹線の大規模な施設が完成した津軽線の下をくぐっていく。野木和公園の前後には、畑の中に明確な線路跡が残っており(C)、遠い昔を彷彿させるムードが楽しめる。また、野木和湖の脇を抜けていた切通し部分は埋められており、かつての切通し部分に架かっていた公園の橋がその位置を示している(D)。

蟹田を目指して北上する線路跡は、一部区間が圃場整備によって消滅しているが、断続的に農道となって残っている(E)、ちなみに野木和公園付近で軌道があえて丘陵地帯に寄っているのは昭和7年(1932)に着工された旧青森飛行場(終戦により廃止)を避けたためで、それ以前は東よりの平地を走っていたという。その先、蓬田村に入った軌道跡は津軽線郷沢駅の北方からJR線と併走し(F)、広瀬川の橋(G)や青森川に築堤を残している。

蟹田貯木場駅跡はJR津軽線蟹田土場踏切近くにあった(H)。今では蟹田森林事務所があるだけだが、かつて(津軽線敷設以前)機関庫もあったという。森林鉄道敷設工事中は、まずこの蟹田にボールドウィン社やシェイ式ライマー社製の蒸気機関車が陸揚げされ、機関庫で組み立てられて、鉄道開設工事やその後の木材輸送に従事していた。

蟹田から西に進路を変えた森林鉄道跡は、脊梁山脈を横断して今泉に至る「六郎越」の山岳区間に入る。この区間には、相の股隧道と六郎隧道の2つのトンネルがあり、渓流には多くの木橋が架かり(I)、沿線でも最も森林鉄道らしい風景が展開する区間であった。

しかし、県道の拡幅整備に伴って多くの橋梁跡は姿を消し、六郎隧道の跡も見つけることはできない。ただ、相の股隧道は、半分土砂に埋まりながらもその姿をかろうじて残している。(J・K)。やがて湿地(休耕田)の中の農道になった線路跡は、今泉の土場跡に至る(L)。この付近は、今泉から分岐して十三湖の湖岸に沿って小泊方面に向かう相内支線の跡も明確に分かる。

今泉から喜良市にかけての区間は、ほとんど田園地帯の中を抜けており、線路跡は、用水路に利用されている部分が多い(M)。また太宰 治の誕生地・金木の東側にある喜良市の土場跡は今もはっきりしており、近くには製材所もある。この喜良市へは、幹線のほか中里支線(N)、小田川支線(O)、金木川支線が伸びており、さらに、津軽鉄道の金木駅方面へも線路が伸びている。津軽鉄道が出来てからは、今泉方面からも喜良市へ木材を運び、ここで方向を転換して金木の土場で木材を降ろし、津軽鉄道を利用した輸送も行われたという。

なお、津軽森林鉄道で使用した車両は、「青森市森林博物館」(P)に昭和2年(1927)から使用されていた協三工業製のDL、現地視察・学者輸送用の客車「あすなろ」号、運材貨車が展示保存されているほか、中里町総合文化センター「パルナス」内の「中里町博物館」に協三工業製のDLが復元されている(Q)。さらに、金木町芦野公園にある「金木町立歴史民俗資料館」の前にも、酒井工作所製C-19形5t機関車が保存されている(R)。　■杉﨑行恭(村田正博)

【M地点】今泉から南下する津軽森林鉄道は水田に真っすぐ伸びていた

【N地点】津軽中里の南側、津軽鉄道の下をくぐっていた中里支線

【O地点】小田川支線の森林軌道跡。喜来市付近に農道となって続いている

（左から）【P地点】青森市森林博物館に保存されている木造客車 【Q地点】「中里町博物館」の協三工業製DL 【R地点】芦野公園に展示されている酒井製DL

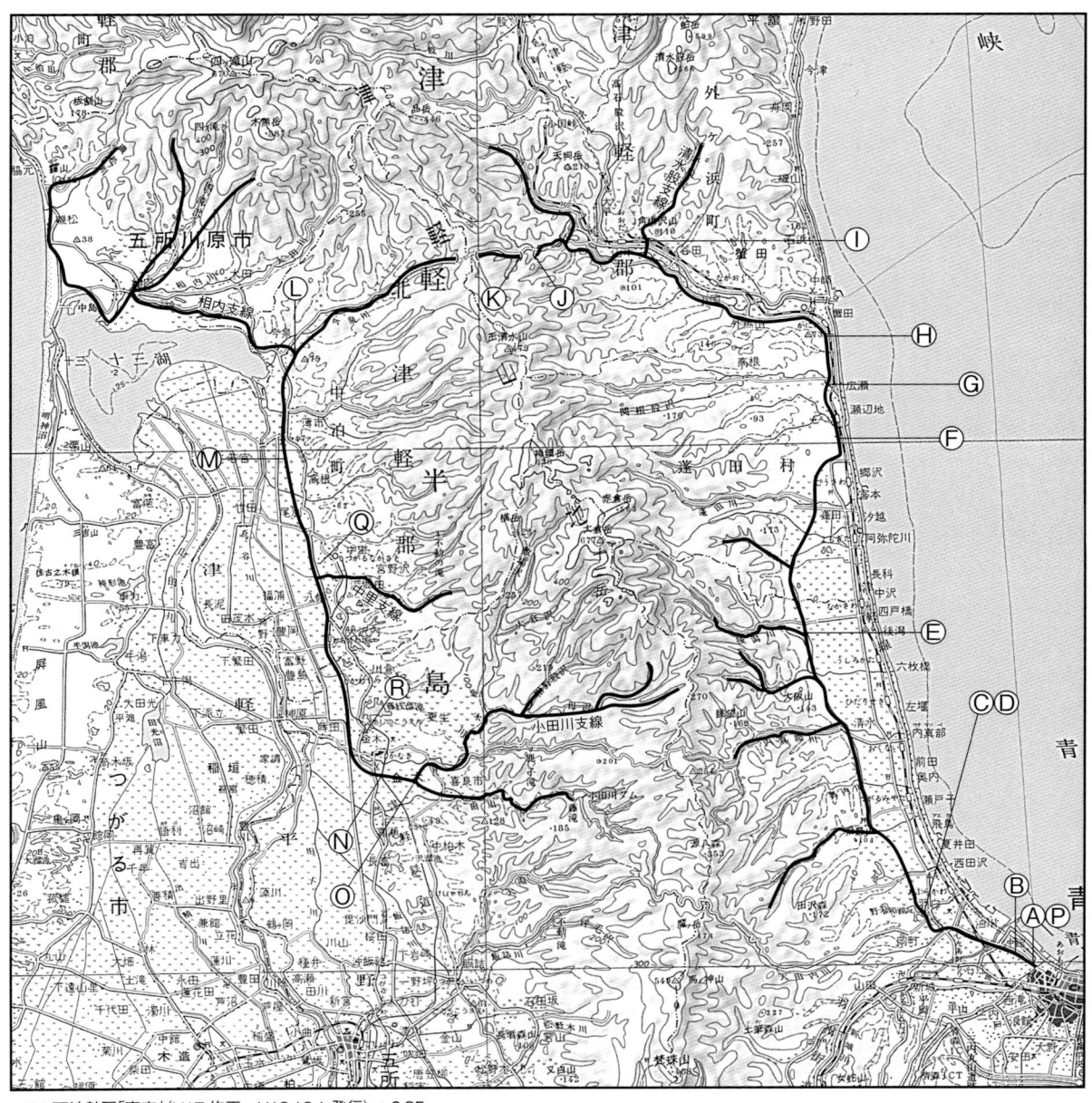

1/20万地勢図「青森」(H17修正、H18.10.1発行) × 0.85

新ルートへの切り替えで消えた三代にわたるトンネルとD51の舞台・矢立峠

奥羽本線旧線 【大釈迦〜鶴ケ坂】【津軽湯の沢〜陣場】

（左上）【A地点】大釈迦トンネル弘前側坑口付近。列車が走る現在線と右手が二代目トンネルに続く休止線　（右）【B地点】二代目トンネルは370mのスノーシェッドで坑口まで続いていた　（左下）【C地点】初代の線路跡が畑の中を峠に向かって伸びていく

（左）【D地点】焼過煉瓦が美しいアーチの暗渠。明治20年代の貴重な鉄道構造物だ　（右上）【E地点】大釈迦峠に向かう旧線跡。民家の裏の空き地になっている　（右下）【F地点】羽州街道の国道101号沿いにあった鉄道用地の杭。うしろに防雪林が残る

　昭和30年代から40年代にかけて、全国の国鉄幹線で勾配緩和を目的としたルート変更が実施されたが、奥羽本線でも、新ルートに切り替えられた所がいくつかある。今回は大釈迦〜鶴ケ坂間の大釈迦トンネル周辺と津軽湯の沢〜陣場間の矢立峠越えを取り上げる。

大釈迦〜鶴ケ坂

　大釈迦〜鶴ケ坂間も、全長274mの旧大釈迦トンネル南側入り口を頂点にして、最大25‰の急勾配という難所であった。そのため、全長1768mの新トンネルを掘って最急勾配を10‰に緩和することになり、昭和38年（1963）7月31日から現在線に移行した。いわゆる「奥羽本線」の中では、比較的早く

（左）【G地点】煉瓦のポータルが見事な初代大釈迦トンネルの鶴ケ坂坑口。暗い谷底にある　（上中）【H地点】休止中の二代目トンネル鶴ケ坂側。まだ路盤にレールも残っている　（上右）【I地点】左の三代目と右奥の二代目大釈迦トンネル。いまだ複線化の夢は果たされていない　（下中）【J地点】大釈迦トンネルの北側を併走していた線路跡は消えかかっている　（下右）【K地点】鶴ケ坂駅南方の集落に旧線のコンクリート橋があった

切り替えられたルートである。しかし、この二代目トンネルも単線であったためこの区間が輸送上のネックとなり、昭和59年（1984）に二代目に並行するように全長2240mの三代目のトンネルが設けられた。ところが複線化の目的で掘られたにもかかわらず、二代目トンネルが休止扱いとなり、現在も三代目トンネルのみの単線区間となって続いている。

大釈迦駅から路線に沿って青森方面へ歩くと、現在線の三代目大釈迦トンネルと休止中の二代目トンネルに続くスノーシェッドが、並んで口を開いている（Ⓐ・Ⓑ）。しだいにせり上がる地形のために切通しとなっている現在線の右手に、築堤が分かれているのが見える（Ⓒ）。これが旧線跡で、現在は農道になっている。この道を歩くのも面白いが、注目すべきは水路を渡る2つのアーチ橋で、焼過煉瓦という色の濃い特殊なレンガを使ってつけられた模様が印象的だ（Ⓓ）。そのすぐ横にあるアーチ橋も、重厚感のある煉瓦積みである。

旧線跡の道は、現在線との分岐点から500mほど進んだ所で民家裏手の空き地に入って（Ⓔ）、歩けなくなる。だが、旧線は羽州街道の国道101号に沿っているので、そちらから観察することは可能だ（Ⓕ）。

旧大釈迦トンネルの大釈迦側入口は、山を切り崩した際に失われてしまったようで、今はその場所も定かではない。しかし、峠を越えたカーブの右斜面（「サークルK」の前）を下ると、草むらの中にトンネルの鶴ケ坂側入口が残っていた。歴史を感じさせる煉瓦積みの坑門が、訪れる人もなく、虚しく口を開けている。このトンネルは全長274mだったが、現在は、ほんの数十mで行き止まりとなっているようだ

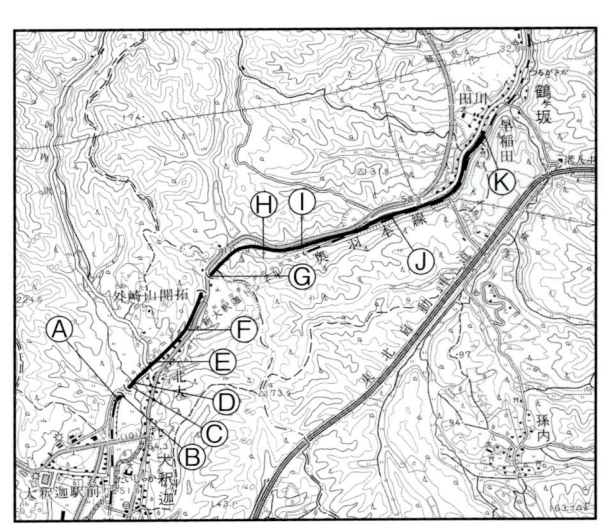

1/5万地形図「青森西部」（H8修正、H9.10.1発行）×0.7

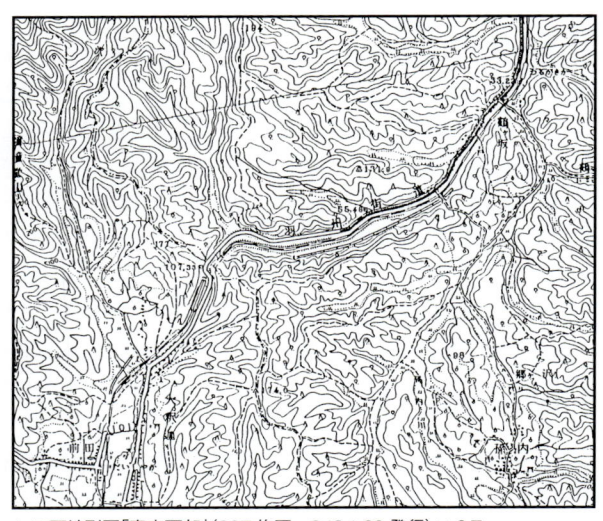

1/5万地形図「青森西部」（S37修正、S40.1.30発行）×0.7

(左上)【a地点】新線の津軽湯の沢駅。ここから300mほど北側が新旧の分岐点だ　(右)【b地点】旧線をくぐる煉瓦アーチから奥羽本線の貨物列車を見る　(左下)【c地点】コンクリートの擁壁が残る旧津軽湯の沢駅跡。なぜか人気のない住宅地になっていた

(左上)【d地点】ドライブイン「峠」の廃墟。鉄道用地をまるごと利用していた。右は国道を越えるコンクリート橋　(右上)【e地点】第1矢立トンネルの北側坑口は廃屋の先にあった。石積みが明治のトンネルの風格　(左下)【f地点】第1矢立トンネルの南側。別荘地の倉庫として利用されていた　(右下)【g地点】斜面が切り取られた第2矢立トンネル跡。国道沿いに空き地となっている

(Ⓖ)。ここは明治27年（1894）の建設当時、砂層が地下水で流され崩落事故が起きる難工事だったという。

トンネル坑口からしばらくの間は、笹が茂った小径が谷底に続いている。やがて坑口が柵でふさがれた二代目トンネルが姿を現し(Ⓗ)、そこから続く一本道の旧線跡が現在線の三代目トンネル鶴ケ坂口の脇に続いていた(Ⓘ)。

この旧線跡は、国道7号のバイパスと旧国道が分岐する田川付近で、いったん現在線と合流するかのように見えるが(Ⓙ)、ここでは合流せず、22.7‰の勾配で田んぼの中を抜けていた。その跡は、今では判然としない。どうやら、田んぼと道路に化けてしまったらしい。

旧国道を鶴ケ坂駅目指して歩いていくと、山本橋という跨線橋があり線路はカーブにさしかかる。そのカーブを曲がりきった所にある、小さな神社の前あたりで現在線と合流していたようだ(Ⓚ)。かつては、重い蒸気機関車がドラフト音を響かせて、あえぎながら上った峠道を、今はEF81形電気機関車に牽かれたコンテナ列車が、苦もなく走り去っていく。

現・旧合流地点を過ぎると、鶴ケ坂駅まではすぐである。

津軽湯の沢～陣場

秋田県と青森県の県境にある標高258mの矢立峠は古くから出羽と陸奥を結ぶ要所だった。地理的に見ても、奥羽山脈と白神山地が奇跡のように高度を下げた、道を通すにはまさにここしかないという地点で、国道7号と奥羽本線もそろって通過している。

その奥羽本線がこの峠を越えて全通したのが明治38年（1905）のこと。以来、峠の前後にある大鰐や大館から約200mの標高差を越えるために25‰の勾配と多数のトンネル、そして半径400mのカーブを繰り返す奥羽本線の難所になった。往時はD51の重連や三重連が見られ、全国からファンを集めた鉄道写真の"古戦場"でもあった。

国鉄はこのネックを解消するために全長3180mの矢立トンネルと2404mの松原トンネル（下り線）を掘り抜いて勾配を10‰に抑え、昭和45年（1970）11月に複線化された新線に移った。その結果、津軽湯の沢～陣場間の5.8kmに「山中に見捨てられた、彫りの深い様相」と、宮脇俊三さんに言わしめた一群の廃線跡がとり残された。

その鉄道遺跡ともいえる矢立峠の廃線跡を北側の津軽湯の沢駅から訪ねてみた(ⓐ)。すでに深い山間に

(左上)【h地点】第3矢立トンネルは民家の裏手にある。青森側は鉄道用地の利用が進んでいるようだ　(右)【i地点】矢立峠最長の第4矢立トンネルの北側。右手上に国道のガードレールが見える。見事なポータルだ　(左下)【j地点】第4矢立トンネルの壁。赤煉瓦の上からコンクリートで補修されている

(上左)【k地点】第4矢立トンネルの南側坑口。上は「道の駅やたて峠」周辺の建物　(上中)【l地点】第5矢立トンネルは矢立温泉の奥にあった。坑口の上には旧国道が通っていた　(下左)【m地点】矢立温泉の上を通過していた旧線。右手に第6矢立トンネルが見える　(下中)第6矢立トンネルを出てガーダー橋にさしかかるC61牽引の下り列車。昭和45年3月23日／写真：大野雅弘　(右)【n地点】藪をかき分けて見つけた第6矢立トンネルの陣場口。移転後に手が加えられたようだ

ある津軽湯の沢駅のホーム脇に変電施設がある。その隣に口を開く煉瓦造りのアーチが旧奥羽本線の築堤をくぐる通路だ(ⓑ)。ここから旧線は新線と分かれて国道7号に沿って進んでいく。路線移設の際に津軽湯の沢駅も移転しており、その駅跡には民家が並んでいた(ⓒ)。そのまま築堤上を進むと国道を越えるコンクリート橋があり、その奥には線路跡をふさぐようなドライブインの廃墟があった(ⓓ)。

かつて矢立峠には7つのトンネルがあったが、その最北の第1矢立トンネル(124.7m)が廃墟の裏手にひっそりと口を開いていた(ⓔ)。その反対側の坑口はすべて無人の別荘が並ぶ奥にあった(ⓕ)。このあたりでは鉄道移転後にリゾート開発が行われたようだ。この先にあった第2矢立トンネルは昭和初期に崩されて消滅している(ⓖ)。国道の反対側に廃業した相乗温泉が見える所に第3矢立トンネル(51.3m)が

あり、民家の裏手に石造りのポータルが残っていた(ⓗ)。

いよいよ峠に近づく付近では旧線跡に土砂が積み上げられて、今後何かの工事が行われる模様だ。その土砂の壁を下って行くと掘割が現れ、列車が峠を越えていた第4矢立トンネル(702m)が姿を現した(ⓘ・ⓙ)。坑口からは今もこんこんと清水があふれ、明治時代の難工事を思わせる。

第4矢立トンネル内部で県境を越え

（左から）【o地点】第7矢立トンネルの付近は国道のバイパスになっている 【p地点】国道7号の下にひっそりと隠れていた小陣場橋梁の橋台 【q地点】陣場集落に見た小さなアーチ。明治時代の鉄道らしい遺構だ

（左）【r地点】第2下内川橋梁が陣場集落の入口に残されていた。矢立峠の鉄橋では最大の遺構だ

（右上）【s地点】かつて峠越えに備えて石炭を補給したであろう石炭槽の跡。矢立はD51やC61が活躍した峠だった

（右下）【t地点】陣場駅前の旧線跡はJRの架線工事の訓練施設になっていた。レールの先は奥羽本線

た奥羽本線は「道の駅 やたて峠」の一群の建物の下から顔を出し（ⓚ）、第5（135.7m）（ⓛ）、第6（191.3m）矢立トンネルと、たて続けに抜けていた。この付近はまさに旧線のハイライトである。特に5・6トンネル（ⓝ）の間には、湯治場の雰囲気を残す矢立温泉があり、橋脚に寄りかかるように宿が建っていた（ⓜ）。

しかし、その先は国道7号のバイパス化に旧線跡が飲み込まれ（ⓞ）、第7矢立トンネル（移転後に崩された）も分からなくなっている。しかし1kmほど下った小陣馬の小橋梁跡から再び確認できた（ⓟ）。その旧線は中世に津軽勢が陣を構えたという陣場集落の裏手を通り（ⓠ）、米代川水系の下内川に5連トラスが見事な第2下内川橋梁（60.9m）を残している（ⓡ）。

砂利道となった旧線のラインはそのまま奥羽本線陣場駅の駅前に伸び、半ば廃墟になったコンクリートの貯炭槽脇に続いていた（ⓢ）。現在この旧線は架線工事訓練所として100mほどの線路が設けられていた（ⓣ）。

現在の矢立峠も国道7号の難所の一つで、国道改良工事で旧線跡も影響を受けていた。それでもおおむね遺構は残っている印象だが、かつて、宮脇俊三氏が「城門のようだ」と表した第1下内川橋梁はすでになくなっていた。

■杉﨑行恭（浅野明彦）

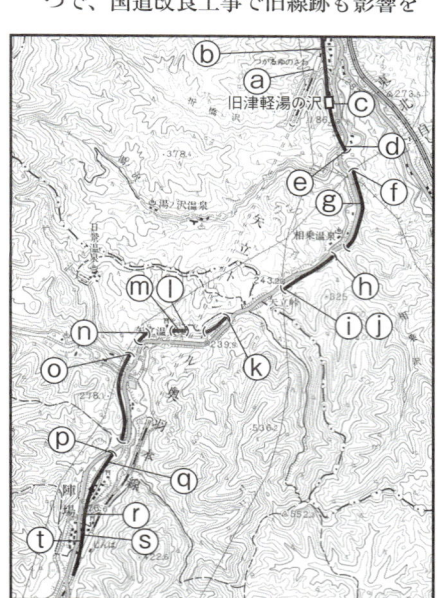

1/5万地形図「碇ヶ関」（S63修正、S63.11.30発行）×0.7

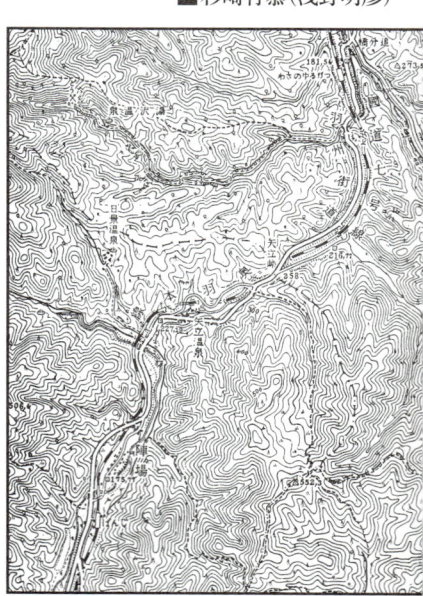

1/5万地形図「碇ヶ関」（S42資修、S42.6.30発行）×0.7

付け替えによって生まれた明治時代の路線跡

東北本線旧線 【金田一温泉～目時】
【西平内～浅虫温泉～青森】

(左上)【A地点】IGRいわて銀河鉄道の金田一温泉駅。長いホームの本線規格の駅だ　(左下)【B地点】金田一トンネルを走る電車。右手のクルマの奥の道が旧線跡だ　(右)【C地点】鉄道用地の国鉄用地境界標が旧線跡に残っている

(左上)【D地点】国道4号と共に旧線跡は馬淵川沿いを進んでいた。コンクリートの擁壁が残る　(右上)【E地点】旧線跡の掘割を利用した国道。右手の旧道にはリンゴのモニュメントも　(右下)【F地点】国道の青岩大橋は鉄道旧線の上に架橋されている。橋の下には鉄道時代の煉瓦が見える

明治時代に開通した東北本線だが、のちに各所で線路改良に伴うルート変更が行われて、高速化が進められてきた。今回は岩手県と青森県の県境、金田一温泉～目時間と、青森駅手前の浅虫温泉駅周辺の地滑り地帯の付け替え部分を歩いてみた。

金田一温泉～目時

この区間は日本鉄道によって明治24年(1891)9月1日に、盛岡～青森間の一部として開通したが、当時は金田一(現・金田一温泉)駅も目時駅もなかった。明治42年(1909)10月18日に金田一駅が開業(当初の実態は仮設、旅客・貨物は同年11月25日から取扱い開始)した。一方、目時は大正13年(1924)12月20日に信号場として開設され、戦後の昭和23年(1948)10月1日から駅に昇格した。

だが、曲線改良と複線電化を目的としたルート変更によって、昭和42年(1967)12月14日、同駅間のうち2.3kmが新線に切り替えられ、目時駅は約600m北東に移転した。

新旧切り替え地点は金田一温泉駅(Ⓐ)から約2km八戸方の、金田一トンネル(1240m)手前である(Ⓑ)。いかにも廃線跡らしい小径が続き、国鉄用地であることを示す用地境界標が立っていた(Ⓒ)。

その先は、馬淵川沿いに国道4号と並行して進む。国鉄が設置したと思われる法面防護壁が今も残っていたが、地滑り多発地帯らしく、かなり強固な造りだった(Ⓓ)。

さらに進むと、かなり大きな駐車場(タイヤチェーン脱着場)があり、ここで廃線跡は国道4号に呑み込まれてしまう。国道の旧道はその廃線跡の切通

179

(左)【G地点】青岩大橋の対岸には煉瓦の擁壁が築かれている

(右)【H地点】昭和10年（1935）完成の旧国道の青岩橋。土木遺産に指定されているトレッスル橋である

【I地点】畑の中に消えている旧線跡。ここはもう青森県だ

【J地点】旧目時駅前の商店が県道沿いに残っていた。この道路が旧線跡だ

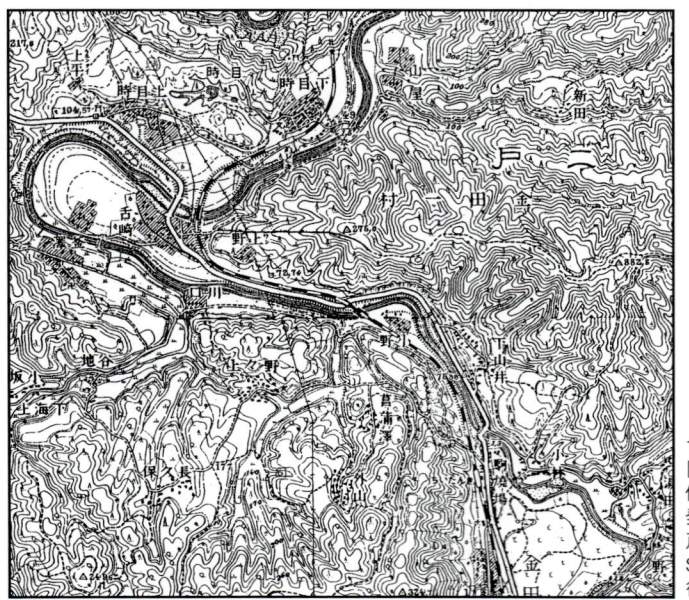

1/5万地形図「三戸」(H15要修、H17.2.1発行）+「一戸」(H15要修、H16.7.1発行）×0.8

1/5万地形図「三戸」(S28応修、S34.8.30発行）+「一戸」(S28応修、S32.5.30発行）×0.8

しを巻くように残っており、かつては県境にあったリンゴのモニュメントが残っていた。鉄道の路線変更で空いたスペースを利用して、国道4号を拡幅したのだ。その切通しの緩いカーブは、何となく鉄道のそれを彷彿させる（E）。

切通しを抜けると、岩手・青森県境の馬淵川を渡る。現国道の青岩大橋は、鉄道の橋梁跡に架けられており、橋台をのぞくと、煉瓦積みのものをそのまま利用していた（F）。対岸（左岸）を見ると、こちらも橋台は鉄道時代のものを利用しており、高くそびえ立つ煉瓦積みが美しい。これだけのものを明治中期に構築できた土木技術に感服する（G）。

（上から）【K地点】昭和24年（1949）の「目時駅舎竣工記念碑」。今も地域の人々によって守られている　【L地点】今は無人駅になっている目時駅。ここでIGRいわて銀河鉄道と青い森鉄道が接続する　【M地点】旧線跡の小道が現在線に向かって伸びていた。その向こうを貨物列車が通過する

（上）【a地点】土屋集落付近では築堤の中ほど、路肩の擁壁の上に旧線跡が伸びていた
（下）【b地点】見事な煉瓦で造られた土屋隧道。ポータル上部の扁額も健在だ

（左）【c地点】浅虫川を渡っていた旧線。現鉄道橋の手前に単線分の橋台が残る　（右）【d地点】国道4号善知鳥崎トンネル（左手）は鉄道トンネルを拡幅したもの。右手に旧国道トンネルが見える

　話は変わるが、この青岩大橋より上流に古風なトレッスル橋脚をもつ道路橋が架かっているのが見える。これは旧国道の青岩橋で、昭和10年（1935）に完成したもの。昔、当地の道路交通は不便で、住民の強い要望によって架けられたところから、俗に「請願橋」とも呼ばれた。有名な山陰本線の余部橋梁ほどではないが、なかなか見応えのあるトレッスル橋脚（高さ20m。余部橋梁は41m）だ。また、道路橋にこの構造が使われている例は日本では数少ない（H）。
　「起点（東京・日本橋）から622.8km」の標識を見ながら橋を渡り終えると、旧線は北東に緩いカーブを描いていたようだが、現在は国道拡幅のためにその痕跡はない（I）。曲がりきった所で廃線跡は畑の中の県道となる。そのまましばらく行くと、数軒の商店や工場などがある集落に出る。ここが旧目時駅跡だ。ホームや駅舎などは残っていないが、高橋商店という南武煎餅店で聞くと、ここに目時駅があったという。店の建物は駅があった頃からの懐かしい「看板建築」だった（J）。そして、少し引っ込んだ路地のかたわらに「目時駅竣工記念碑」が立っていた（K）。日付は「昭和24年11月1日」となっており、信号場から駅に昇格して1年後に立てられたものである。
　この県道をさらに進むと、新幹線の八戸延長で東北本線盛岡～八戸間が第3セクター化された「IGRいわて銀河鉄道」と「青い森鉄道」の境界駅となる現・目時駅にぶつかる。境界駅といっても駅員は無配置で、折り返し設備もない（L）。
　目時側の現在線と旧線の合流地点はどこかと思えば、八戸方に草むらが続いており、自然に合流していた（M）。

西平内～浅虫温泉～青森

　北に向かう東北本線は、その最後に野辺地から夏泊半島の基部を横断して、浅虫から青森湾に沿って山裾を縫うように走り、青函連絡船が待つ青森駅に入っていた。車窓に広がる海岸は、長旅のエピローグにふさわしい風情あるものだったが、浅虫（現・浅虫温泉）～野内間は地滑りが多く、また、野内～青森間は市街地を走り、複線化用地を確保することが難しかったため、複線・電化を機に新ルートへ切り替えられた。
　このうち西平内～浅虫温泉間は昭和

(左)【e地点】久栗坂から海岸に沿って走っていた。国道脇の橋台が線路のあったことを示している　(右上)【f地点】久栗坂付近では旧路線の築堤が緩やかにカーブして離れていく　(右下)【g地点】旧浦島トンネルの青森側坑口。ここも坑口の煉瓦が見事な単線トンネルだった

(左)【h地点】野内駅の構内にあった鉱石積み出し用の施設。現在撤去工事が進行中だ
(右上)【i地点】旧線が「遊歩道緑地」として分かれる地点。このあたりから青森市街地に入っていく
(右下)【j地点】「昭和38年」とプレートにあった旧鉄道用の橋。これ以外に遊歩道に鉄道の痕跡は少ない

40年(1965)9月24日に複線化され現在線へ移行、浅虫～野内間は昭和42年(1967)3月8日、野内～青森間は昭和43年(1968)7月21日に新線へ移行し、野内～青森間にあった浪内駅と浦町駅は廃止された。

　陸奥湾のホタテ養殖発祥である平内町だが、西平内駅は水田地帯の中にあった。ここから大平石の小さな峠を越えると車窓に青森湾が広がってくる。その海に出る淀川集落と高々と築かれた東北本線の築堤の間に細々と保線用の道が並行して続いている。これが複線化以前の線路跡だ(ⓐ)。

　やがて車窓に国道4号のほたて大橋が見えてくると青森湾に張り出した白根崎が迫ってくる。ここに旧線は立派な煉瓦ポータルの土屋隧道を残していた(ⓑ)。反対側は浅虫駅北方の造成地になっていて坑口は消えていた。

　さて、浅虫駅で合流した旧線と現在線は、浅虫温泉駅のホームを離れるとすぐに分かれてしまう。今も浅虫川に旧線の橋台が残っている(ⓒ)。その先、善知鳥崎付近の景勝地は、線路跡が国道4号の拡幅時に転用されて面影はないが(ⓓ)、久栗坂付近に線路跡の築堤が残っており、歩くこともできる(ⓔ・ⓕ)。

　根井川橋梁の手前で、いったん旧線と現在線は合流するが、久栗坂トンネルを抜けた所で再び分かれる。旧線の築堤と、旧浦島トンネルの坑門が残っているが(ⓖ)、前者はセメント工場内、後者はプロパンガス基地のアプローチ道路沿いにあり、むしろ列車の車窓からのほうがはっきり確認できる。

　かつて上北鉱山と索道で運ばれていた野内駅だが、構内の積み出し施設は撤去工事が進んでいた(ⓗ)。その野内～青森間の旧線は、野内川を渡った原別付近で現在線と分かれる。ここから造道付近までの2.5kmほどの線路跡は長い「遊歩道緑地」という散歩道になっており、5月の連休前後には、桜が見事に咲き、目を楽しませてくれることだろう(ⓘ)。

　途中の八重田3丁目付近には遊歩道下に鉄道の橋台も隠れている(ⓙ)。この遊歩道が国道4号と合流して途切れた地点から少し行った、青い森信金浪打支店のある場所が、旧浪打駅のあっ

（上から）【k地点】左の銀行付近に旧浪打駅があったという 【l地点】堤川の渡河地点は遊歩道用の橋に架け替えられていた 【m地点】浦町駅の跡はケヤキの公園になっていた。かつてあった農業倉庫もすでにない 【n地点】緩やかにカーブする駐車場が廃線跡。この先はJRの青森車両センター

た所である（ⓚ）。

ここからしばらく線路跡は判然としなくなるが、国道4号の栄町付近から、再び「遊歩道緑地」になって続く。堤川を渡り（ⓛ）、いかにも駅跡らしく敷地が広がっている平和公園一帯が旧浦町駅の構内だった所だ（ⓜ）。

線路跡はさらに遊歩道となって続いているが、やがて県民福祉プラザの駐車場となり、そのまま現在線にぶつかって終わっていた（ⓝ）。この先は、もう青森駅の構内になる。

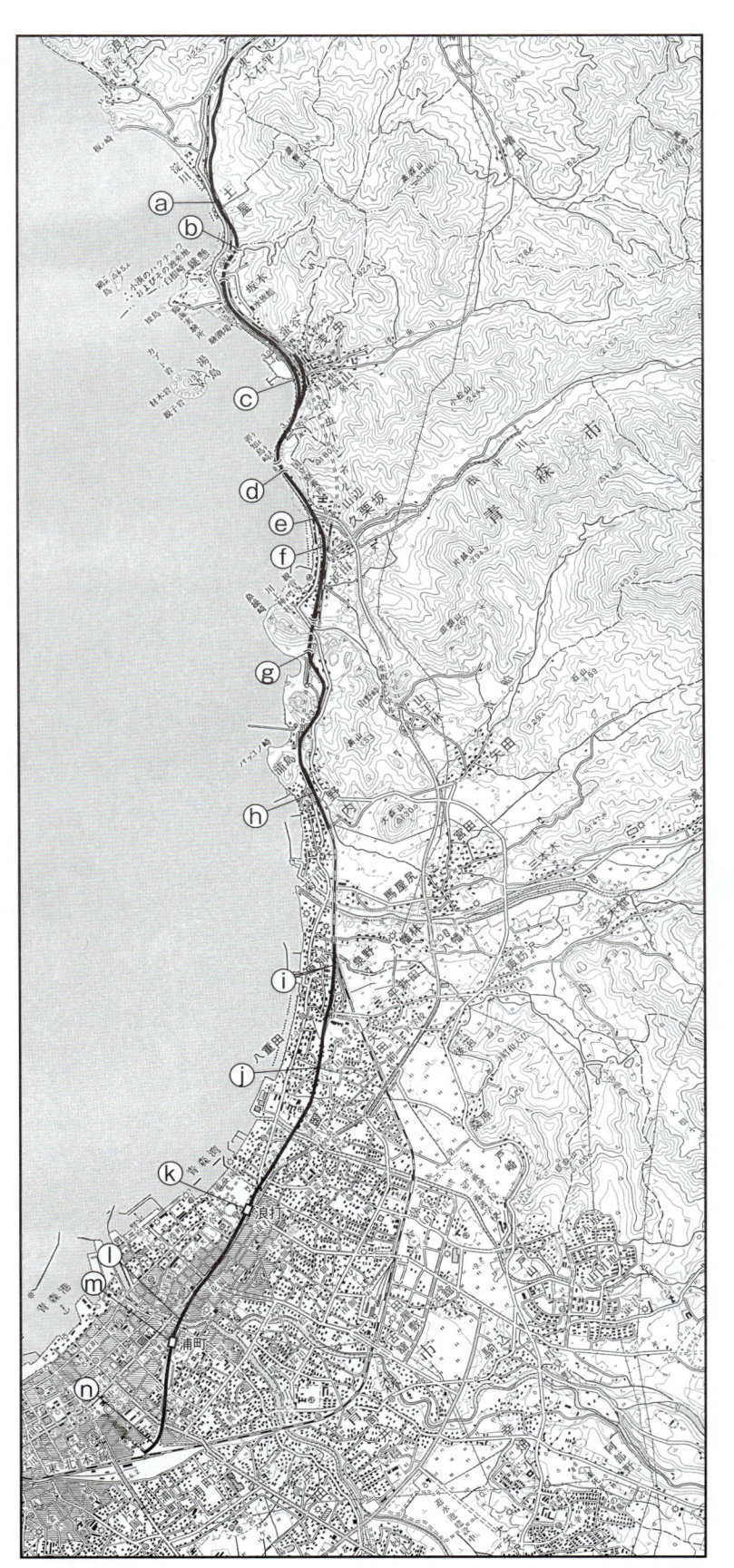

■杉崎行恭（浅野明彦）

1/5万地形図「浅虫」（H4修正、H5.10.1発行）+「青森西部」（H8修正、H9.10.1発行）+「青森東部」（H8修正、H8.12.1発行）×0.5

小さなレールバスが走った路線の一部は元は東北本線の旧線

南部縦貫鉄道・東北本線旧線
【野辺地～七戸】　【旧千曳（現・西千曳）～現・千曳】

（上右）【A地点】南部縦貫鉄道の野辺地駅は手前の草地にあった。東北本線のホームとは跨線橋で連絡していた　（上左）【B地点】野辺地駅を出たレールバスはしばらく東北本線と並行して走った。左は鉄道記念物の野辺地防風防雪林　（中右）【C地点】高々とした築堤とガーダー橋で野辺地川を渡っていた。南部縦貫鉄道の主な橋はすでに撤去されている　（下左）【D地点】西千曳までの国鉄貸代区間。石坂付近の踏切跡から草地になって続く　（下右）【E地点】西千曳駅跡。国鉄時代（旧千曳駅）のホームが湿地帯に残っている

　東北本線の野辺地駅の片隅から、「レールバス」と呼ばれる小さな気動車が、七戸までの20.9kmを結んでいた。南部縦貫鉄道である。
　この鉄道は昭和28年（1953）、東北本線のルートから外れた陸羽街道（国道4号）沿いに、東北本線千曳と十和田市の間を結ぶため、沿線自治体の首長を中心に設立された。まず、千曳（のちの西千曳）～七戸間（15.3km）を着工したが、資金不足で中断。だが、政府出資の東北開発株式会社が、沿線の天間林村で産出される砂鉄を原料にした製作所（むつ製鉄）のプロジェクトを計画し、同社がこの鉄道を輸送ルートとして使用するため、南部縦貫鉄道に出資することになった。その結果、昭和37年（1962）10月20日、千曳（のちの西千曳）～七戸間が開業した。
　昭和39年（1964）から実際に砂鉄輸送が開始されたものの、安価な鉄鉱石が大量に輸入されるようになったため、「むつ製鉄」の計画は昭和40年（1965）に中止と決まった。一方、旅客輸送は鉄道開業の時点で、すでに並行する国道4号に路線バスが運行されており、小型のレールバスで間に合う程度の輸送量しか想定されていなかったようだ。国鉄との接続駅が、普通列車しか停まらない千曳駅であったところにも、旅客輸送はそれほど重視されていなかったことが感じられる。
　さて、昭和43年（1968）10月1日の東北本線全線電化に向け、短絡化などのため、国鉄の千曳駅が移転することになった。南部縦貫鉄道では、この機会に優等列車も停まる野辺地駅までの延長を計画、昭和42年（1967）11月8日に野辺地～千曳間の免許を申請した。翌43年5月16日の十勝沖地震で大きな被害を受け、全線運休となったが、同年8月5日の復旧と同時に、野辺地～西千曳（旧千曳）間5.6kmが開業した。この区間は旧東北本線の路線を国鉄から貸与されたものである。同じ日から、

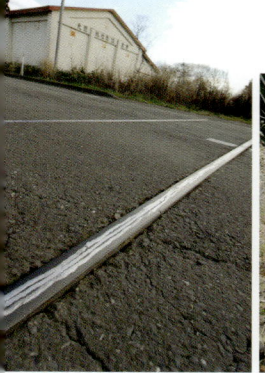

(上左)【F地点】坪駅跡に残る踏切の線路。レールバスが軽いので車両検知が途切れるのを防ぐためレールに肉盛り溶接を施していた
(上右)【G地点】坪川駅跡の築堤上に残っていた枕木の柵。小さな駅全体が藪に埋もれている　(左)【H地点】坪川駅の全景と坪川橋梁の橋台。鉄道模型などで再現されることが多い小駅だった

(左)【I地点】道ノ上駅から天間林の台地に登っていく線路跡。レールバスが一生懸命走っていた所だ　(右)【J地点】建設業者の資材置き場にあった天間林駅のホーム。鉄道は消えたが立派な倉庫群が並んでいる。七戸町の役場が近い

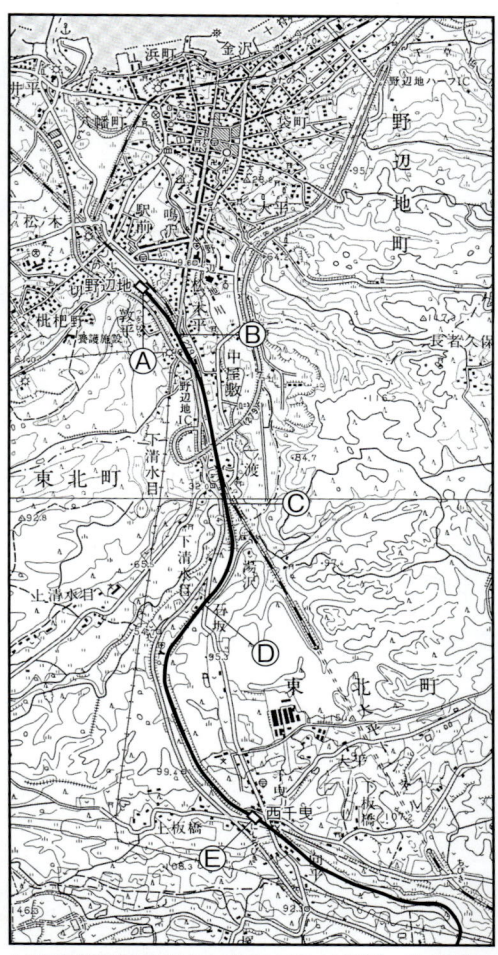

1/5万地形図「野辺地」(H18修正、H20.4.1発行)＋「七戸」(H2修正、H3.8.1発行)×0.75

　国鉄線は現行ルート経由となり、千曳駅は旧駅(＝西千曳駅)の東約2kmの地点に移転した。

　南部縦貫鉄道の経営は厳しく、鉄道事業のほかに学校給食の調理やゴミ収集といった、自治体からの委託業務などで赤字を補填していた。それでも、東北新幹線が青森まで延長される際には、営農大学校前駅の北1kmの地点に新幹線駅(七戸十和田駅)が設けられる予定であるため、その暁には新幹線連絡輸送を行う……という夢があったものの、時間だけが経過した。

　平成8年(1996)、当時の国鉄清算事業団から、野辺地〜西千曳間の鉄道施設を買い取るよう要請されたが、当初提示された価格では折り合いが付かず、

会社側は列車運行継続を断念し、平成9年(1997)5月5日限りで全線休止とした。しかし、将来の新幹線開業への期待もあり、廃止ではなく「休止」としたものの、結局平成14年(2002)に廃止となった。

南部縦貫鉄道【野辺地〜七戸】

　さて、南部縦貫鉄道の野辺地駅ホームは、同駅の南側にあり、JR線ホームからは長い跨線橋が続いていた。この跨線橋は、現在では途中で切断され、駅舎ともども撤去されている(Ⓐ)。ちなみに駅舎の裏手には、鉄道記念物に指定されている野辺地鉄道防雪林がある。

　野辺地駅を出て、構内の外れまでは

南部縦貫鉄道が建設した区間だが、数百m先から西千曳までの約5kmは、以前の国鉄線貸与区間となる。廃線跡はしばらく東北本線と並行し(Ⓑ)、築堤上を真っすぐに伸びている。休止後、しばらく残されていたレールも撤去され、野辺地川に架かっていたガーダー橋もすでに橋台だけの姿になっている(Ⓒ)。

　この東北本線との並行区間は約2km続き、右にカーブして離れると山裾を回り込むように下り(Ⓓ)、切通しの中を進む。国道4号のそばを通っているが、国道から線路は見えない。

　草だらけの廃線跡をたどると、湧き水の中にコンクリート製のホームが現れた(Ⓔ)。これが国鉄の旧千曳駅ホー

（上左）【K地点】中野川橋梁もガーダーや橋脚が撤去されて築堤だけになっていた　（上中）【L地点】営農大学校前駅の跡地。「奥州街道」の石碑の裏手に小さなホームがあった　（上右）【M地点】平成22年（2010）12月に開業予定の真新しい東北新幹線が線路跡（右手からの小道）を貫いていた

（下左）【N地点】南部縦貫鉄道の営農大学校前駅から500mほどの所に建設中の東北新幹線七戸十和田駅　（下右）【O地点】看板だけが残っていた盛田牧場前駅。すでに跡形もない

（左上）【P地点】ここも橋台だけになっていた高瀬川橋梁。バリケードで閉鎖されている　（右）【Q地点】七戸駅構内だけが現役時代のままだった。正面の車庫にレールバスが動態保存されている　（左下）【R地点】貴重な2両のキハ101、102のレールバス。昭和37年（1962）の富士重工製

ムで、南部縦貫鉄道も使用していた。だが、末期には集落に近い位置に短いホームが新設されたため、この旧ホームは使われていなかったという。

さて、ここから先は純粋に南部縦貫鉄道が建設した区間である。

次の後平駅は崩れたホームだけ、坪駅は隣接する農業倉庫とレールが残る踏切跡しかなく（F）、坪川駅は坪川を渡る築堤上のホームが草に埋もれていた（G・H）。道ノ上駅は空き地となり、この地方特産のニンニク畑の中を抜けていくと（I）、途中駅で最も大きかった天間林駅は七戸町前の市街地に

ホームがうち捨てられるように残っていた（J）。かつてここは列車交換が可能な有人駅で、しかも昭和59年（1984）まで貨物取扱駅だった。次の中野駅はすでに跡形もなく、有名な撮影ポイントだった中野川橋梁は橋台だけの姿になっている（K）。

さて、南部縦貫鉄道の沿線で最も激変したのが営農大学校前（L）から盛田牧場前までの間で、ここは東北新幹線七戸十和田駅（N）の新開業に向けて線路跡は新幹線工事で寸断され（M）、営農大学前、盛田牧場前の両駅も消えてなくなっていた。

わずかに盛田牧場前駅跡の脇を通る道は、「東北自然歩道」に指定されており、旧建設省が設置したレールバスに関する説明板（なんと2ヵ国語）が残っていたが、これはなぜかピカピカだった（O）。

盛田牧場前から高瀬川橋梁（P）までの区間は、人間の背丈を越える草が茂り倒木も多いため、探索は難しくなっている。それでも高瀬川からは比較的歩きやすくなって終点の七戸に着く。

七戸駅構内（Q）には今もレールやポイントが健在で、車庫には2両のレールバス（R）とキハ104（国鉄キハ10形）

（上から）【S地点】西千曳の踏切跡。左手に伸びる旧東北本線跡の道。この先で南部縦貫鉄道が右手に分かれていた
【T地点】路線変更後に放棄された線路跡。歩きやすい一直線の農道になっていた
【U地点】千曳駅から100mほど八戸寄りの所が新旧路線の分岐点だったが今は判別できなくなっていた

1/5万地形図「野辺地」（H18修正、H20.4.1発行）＋「七戸」（H2修正、H3.8.1発行）×0.75

が南部縦貫レールバス愛好会の手によって動態保存されていた（通常は非公開）。かつての七戸駅舎も縦貫タクシーの本社として使われ、駅の風景はほぼ現役当時に保たれている。この七戸駅のレールバスはイベント時には公開され、今では地域の人気者になっている。売上金が保存に活かされる記念グッズも駅2階事務室で販売しているので、廃線跡を訪ねた折りにはぜひ協力してほしい。

東北本線旧線
【旧千曳（現・西千曳）～現・千曳間】

東北本線の千曳駅が昭和42年（1967）8月5日から現在地に移転したことと、野辺地～旧千曳（のちの西千曳）間が南部縦貫鉄道に貸与されたことは前述した。

しかし、現・千曳と、旧千曳の間の約2kmは、国鉄線としての使命も終え、南部縦貫鉄道にも貸与されることなく、完全な「廃線」となってしまったが、これを旧・千曳側から歩いてみることにする。

廃線跡は、すぐに七戸方面への南部縦貫鉄道の旧線路と分かれ（Ⓢ）、水路を挟んで東へ向かう。途中までは農道として利用されているのか草もなく、むしろ南部縦貫鉄道の線路よりも歩きやすいほどだ（Ⓣ）。だが、この道は現・千曳駅の手前で雑木林にぶつかり、その先に進むのは非常に難しくなる。

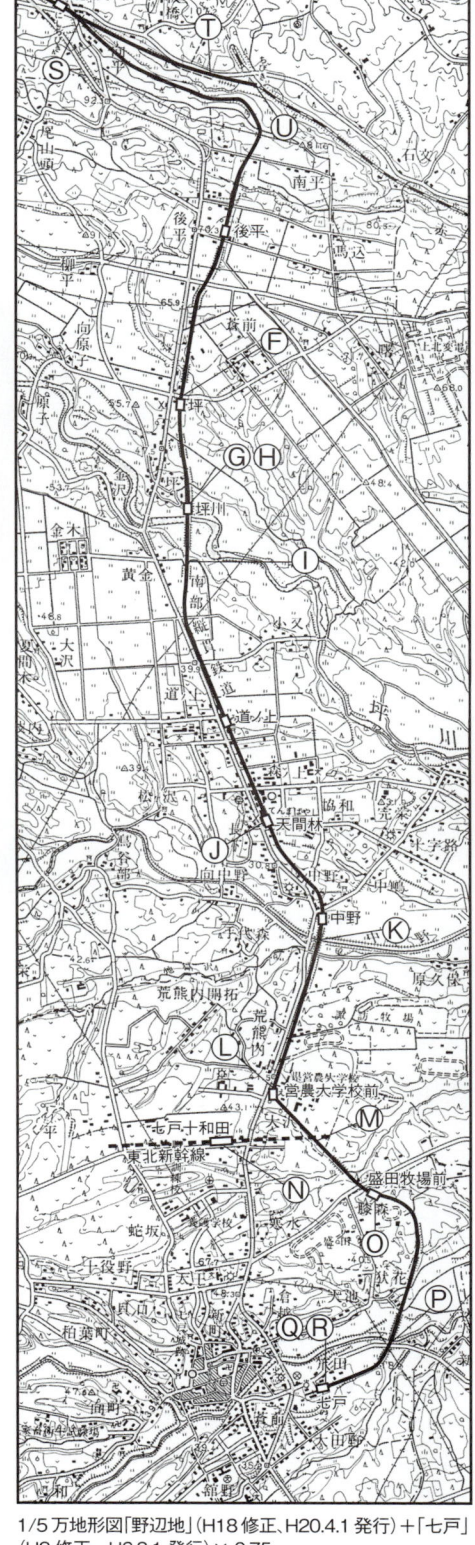

無理をして草木をかき分けながら進むと、杉の防雪林があり、東北本線（現在線）の脇に出た。保線用らしい側線があり、これが現・旧分岐点と思われる（Ⓤ）。ちなみに現在の千曳駅周辺に人家はなく、駅としては極めて寂しい状況になっている。

■杉崎行恭（浅野明彦）

脱硫技術の革新と共に消えた松尾鉱山の硫黄鉱石運搬鉄道
松尾鉱業【大更～東八幡平】

（上段左から）【A地点】松尾鉱業の大更駅の跡は駐輪場やアパートになったが、ホームが残っている　【B地点】国道を渡ると道路の脇に路盤が現れる　【C地点】石材店の石がずらりと置かれている線路跡

（左上）【D地点】昔ながらの農家の脇を線路跡が伸びていく

（左下）【E地点】コンクリートブロックの外壁が残る田頭駅の待合所跡

（右）【F地点】正面の白い建物の前の空き地付近に鹿野駅舎があり、右の倉庫付近に先代の駅舎があった

　花輪線の大更駅から屋敷台（のちの東八幡平）まで12.3kmを結ぶ松尾鉱業の専用鉄道は、ボールドウィン製のB6タンク機関車を導入して、昭和9年（1934）3月に開通した。

　しかし、鉱石を搬出する鉄道そのものの歴史はもっと古く、大正3年（1914）12月に屋敷台～好摩間に計画された軌道の一部が開通して、手押しトロッコによる硫化鉄鉱の輸送が始まっている。大正6年（1917）11月には、平館～好摩間の岩北軌道が開通、屋敷台から大更を経由して好摩まで、馬力による一貫した輸送が可能になった。さらに、昭和4年（1929）にはガソリン機関車による輸送に切り換えられていた。

　一般的に松尾鉱山鉄道と呼ばれていたこの専用鉄道が地方鉄道となったのは、昭和23年（1948）であった。地方鉄道になった3年後の昭和26年（1951）7月には、電化工事が完成し、さらに輸送力アップが図られた。

　安定した輸送を保っていた鉱山鉄道であったが、やがて海外からの硫黄輸入が増加し、公害防止の排煙脱硫や重油精製の脱硫副産物として硫黄が回収されるようになると硫黄鉱石採掘も不要になって、昭和43年（1968）に松尾鉱業は倒産した。鉄道自体は、昭和44年（1969）に運休し、その後硫化鉱の貨物輸送のみ再開となったが、昭和47年（1972）10月にその使命も終え、38年余りの歴史に幕を閉じた。

　花輪線の大更駅から少し平館寄りにあった松尾鉱業鉄道の駅跡には、アパートや住宅が建って痕跡はないが、当時使用されていたホームが残っている（Ⓐ）。500mほど花輪線に並行して走った松尾鉱山鉄道は、津軽街道（国道282号）を渡る付近から緩く左にカーブを描いて西に進路をとり、鉱石運搬基地の東八幡平駅（後年屋敷台から改名）を目指し、岩手山を横に眺めながら八幡平の裾野を登っていった。なお、松尾鉱山で掘り出された鉱石は、屋敷

188

(左上)【G地点】線路跡の砂利道が田園地帯に伸びる　(左下)【H地点】今も線路跡の脇に鹿野変電所の建物がある　(右)【I地点】真っすぐな自転車歩道になった線路跡が東八幡平を目指す

(左から)【J地点】自転車歩道に残る小さなコンクリート橋　【K地点】もっぱら入れ換え作業に使用されたED251が「松尾村歴史民俗資料館」の屋外に展示されている　【L地点】更地になった東日産業の跡地に松尾鉱業鉄道の遺物は残されていない

台まで約4kmの距離を索道で運ばれていた。

線路跡は、国道282号とクロスする付近から明確になり、路盤を確認することができる(Ⓑ)。その先は、しばらく畑の中の砂利道や、細長い荒地となって続く。

大更駅と東八幡平駅の間には、田頭(でんどう)駅と鹿野(しし)駅の2つの駅があったが、田頭駅跡には、畑の中にコンクリート製の小さな待合室の跡がポツンと残っている(Ⓔ)。長い鉱石運搬列車が交換できた鹿野駅の構内跡は、南寄木集落センターの付近にあった(Ⓕ)。駅舎は地方鉄道に昇格するときに移動し、先代の駅舎は南寄木集落センターの前の倉庫付近に、二代目の駅舎は南寄木集落センターの並びのアパート奥の空き地付近にあり、全国の国鉄線内へのきっぷが購入できたという。

ここから屋敷台に向かって2kmほどは、舗装された生活道路になって伸びる。舗装道路が跡切れた先は、細い砂利道となってさらに線路跡が続くが、250m先に進んだ右側に鹿野変電所の跡が残っている(Ⓗ)。

さらに線路跡は、県道23号と後藤川に挟まれた直線の自転車歩道(Ⓘ)となって徐々に高度を上げていき、北に進路を変えた線路跡は、柏台の市街地の西側を通って東八幡平駅跡に到着する。屋敷台の広い構内跡は、さくら公園に整備され、駅の跡は公園のイベント広場付近にあたるという。

また、平成21年(2009)の8月までは、東八幡平機関区があった東日産業の敷地に、作業場に転用された機関庫と2両の客車に3両の貨車が残っていたが、一部の作業場の建物を除いてすべて更地となってしまった(Ⓛ)。なお、「松尾村歴史民俗資料館」には、ED251が展示されている(Ⓚ)。　　■村田正博

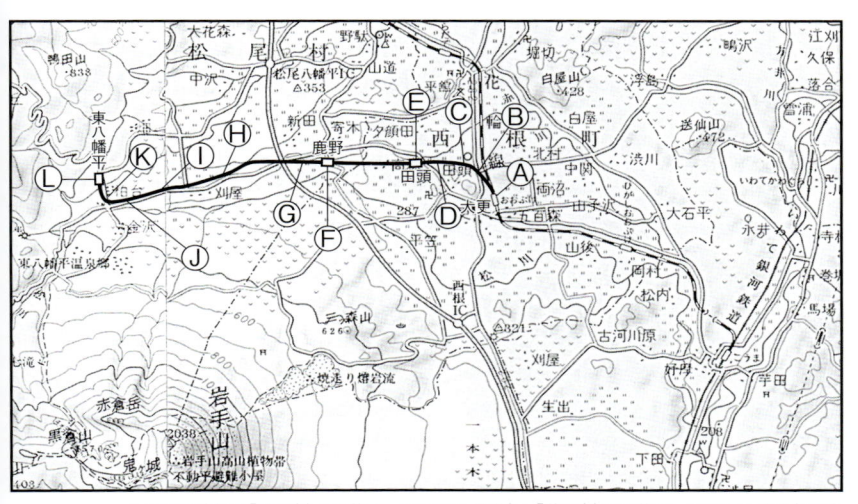

1/20万地勢図「盛岡」(H16修正、H17.7.1発行)+「秋田」(H16修正、H17.5.1発行)原寸

宮沢賢治の銀河鉄道を彷彿させる軽便鉄道

岩手軽便鉄道【花巻〜遠野〜仙人峠】

(左)【C地点】「小友木材」の事務所前に立つ鳥谷ケ崎駅跡を示す石柱
(右)【D地点】城址を回り込むように坂道を下っていく

【A地点】「なはんプラザ」と「ホテルグランシェール花巻」の間に広がる空き地付近が岩手軽便鉄道の構内跡(上左)／「ホテルグランシェール花巻」の横に岩手軽便鉄道花巻駅跡の石柱が立っている(右)　(左下)【B地点】「さいわい橋」の鉄道当時の橋台は残っていない

(左)【E地点】旧瀬川の鉄橋跡を示すのは案内の石柱のみ
(右)【F地点】釜石線の第7似内踏切付近で生活道になった線路跡が合流する

　東北本線の花巻と釜石との間を結ぶJR釜石線の前身であった岩手軽便鉄道は、宮沢賢治の作品の中にたびたび登場し、未完の名作『銀河鉄道の夜』のモデルとしても知られている。

　花巻から遠野を経て仙人峠(杳掛)まで65.4kmを結んでいたこの軽便鉄道は、南満洲鉄道・安奉軽便鉄道の一部の払い下げを受け、大正元年(1912)に工事に着手し、大正2年(1913)10月25日に花巻(初代)〜土沢間が開通、大正3年12月15日に岩根橋まで開通して、大正4年(1915)11月23日に岩根橋〜柏木平間が開通し、すでに大正3年(1914)4月18日に開通していた遠野〜仙人峠間とも結ばれ、岩手軽便鉄道の全線が開通した。さらに、仙人峠と峠を越えた大橋の間に索道が敷設され、大橋〜釜石間を結んでいた釜石鉱山鉄道(当時は田中長兵衛経営の鉱山鉄道)と接続して、岩手県の内陸と海岸部を結ぶ重要な役割を担うことになった。

　しかし、不況に伴う営業不振から岩手軽便鉄道の国有化を求める動きが盛んになり、昭和11年(1936)8月1日に索道とともに買収されて国鉄釜石線となり、同時に762mmから1067mmへの改軌工事が開始された。昭和18年(1943)9月20日には、花巻(初代)〜似内間3.7kmを新線に切り替えて花巻(現在の二代目)〜柏木平間の改軌を完了した。

　さらに、昭和24年(1949)12月10日に遠野までの改軌を完了し、昭和25年(1950)10月10日に遠野〜足ケ瀬間の改軌が完了すると同時に、足ケ瀬〜陸中大橋間の仙人峠区間も開通し、昭和19年(1944)10月11日に開通していた釜石〜陸中大橋間の釜石東線と結ばれて、花巻〜釜石間の釜石線全線が開通になった。

花巻〜遠野

　岩手軽便鉄道の花巻駅構内は、JR花巻駅の駅前広場の南側にある「ホテルグランシェール花巻」から「なはんプラザ」の広場一帯にあり(Ⓐ)、機関庫もこの構内にあった。花巻駅を出発した列車は、やがて左にカーブして現在の旧国道4号をまたぐ「さいわい橋」で切通しを渡り、鳥谷ケ崎駅に到着し

(左)【G地点】北上川橋梁の右岸に残る石積みの橋台　(右上)【H地点】矢沢駅が廃止になり、東北新幹線の乗り継ぎ駅として新花巻駅が誕生した　(右下)【I地点】このあたりの切通しの土砂を利用して築堤が築かれ、小山田～土沢間は勾配が緩和された

【J地点】小説『銀河鉄道の夜』の中で銀河鉄道の出発点になる土沢駅

【K地点】国道の整備により釜石線と国道の間に埋もれるように存在する滝の沢の橋台

【L地点】深い藪の中に姿を隠している宮守隧道

た。「さいわい橋」は、かつての軽便鉄道の橋梁をそのまま利用していたようだが、現在の橋は昭和42年(1967)に架け替えられている。

　鳥谷ケ崎駅があった位置は「小友木材」のある位置で、案内の石柱が立っている(Ⓒ)。

　鳥谷ケ崎神社の脇を抜けた線路跡は、賢治の作品『イギリス海岸』の中にも登場する瀬川の鉄橋を渡っていたが、現在は鉄橋の跡はもちろん築堤もなくなり、賢治が『銀河鉄道の夜』のモチーフとしたであろう風景は、完全に姿を消している(Ⓔ)。また、瀬川自体も流路変更されて、旧瀬川は後川に名を変えている。

　生活道になった線路跡は似内駅の先の第7似内踏切付近からJR釜石線に合流し(Ⓕ)、釜石線の脇に不明瞭な跡が続くが、北上川には、釜石線の橋梁の北側、似内寄りに石造りの橋台が残っている(Ⓖ)。土沢駅の小山田寄りにある築堤は、大正9～10年(1920～21)頃に勾配の緩和を目的に築かれたもので、小山田寄りの切通し部分(Ⓘ)を掘り下げて出た土砂を使用して築いている。

　岩根橋～宮守間と、宮守～柏木平間には、釜石線の隣に宮守隧道(Ⓛ)と鱒沢隧道(Ⓝ)が残っている。また、宮守

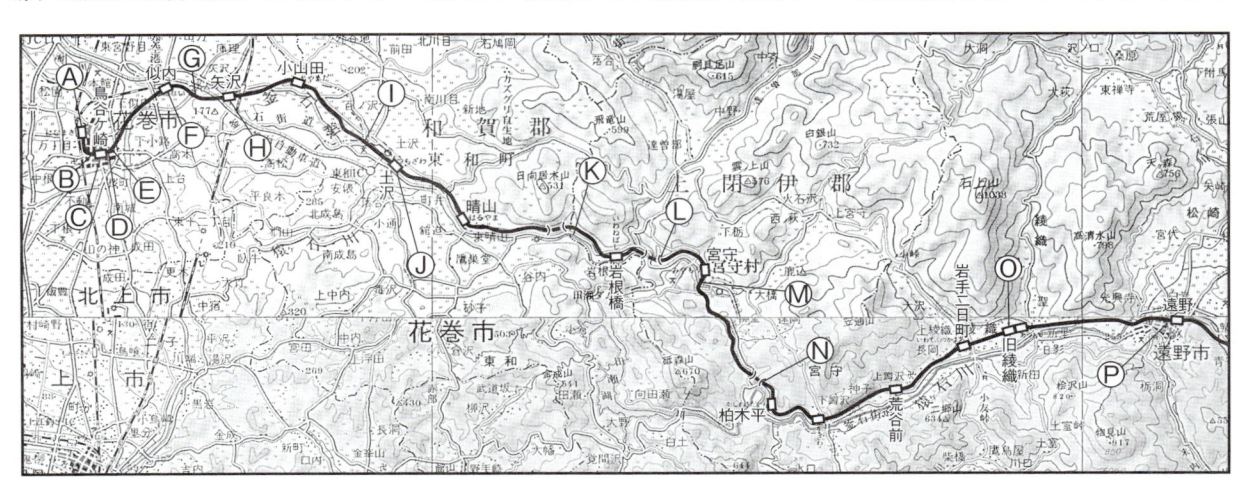

1/20万地勢図「盛岡」(H16修正、H17.7.1発行)+「一関」(H18修正、H19.12.1発行)×0.8

（上）【P地点】民話のふるさとの玄関口であるJR遠野駅
（右）【Q地点】釜石線の第1早瀬川橋梁の横に軽便時代の橋台と路盤が残っている

（上から）【M地点】釜石線を代表する景観の宮守川橋梁の内側に軽便時代の橋脚が立ち上がっている
【N地点】釜石線の鱒沢トンネルの横に口を開けている軽便の鱒沢隧道
【O地点】砂子沢踏切の近くにあった軽便時代の綾織駅跡

駅近くにある宮守川橋梁（Ⓜ）は、釜石線のコンクリートアーチ橋が銀河鉄道のイメージによく使用される場所でもあるが、そのアーチ橋を背景に立つ石造りの3本の橋脚は、岩手軽便鉄道を代表する遺構といえる。

遠野～仙人峠

民話のふるさととして知られる遠野と仙人峠の区間は、軽便鉄道と並行して釜石線の新線が敷設されたため、比較的楽に線路跡をたどることができる。

遠野市街地の中は、住宅が建って線路跡をたどるのは難しいが、早瀬川の鉄橋の脇に、岩手軽便の橋台や橋脚の土台部分を見ることができる（Ⓠ）。また、軽便鉄道の跡は細い道路や線路脇の狭い空地となって足ケ瀬方面に伸びている。

岩手上郷駅付近は、釜石線と並行する駅前の細い道が軽便の線路跡。駅前から約30m仙人峠寄りの商店の裏に岩手上郷駅があったという。また、平倉駅跡は第3盛街道踏切付近にあり、当時の駅舎が民家の一部としてそのまま残っていたが、平成20年（2008）秋に新築されて姿を消した（Ⓢ）。

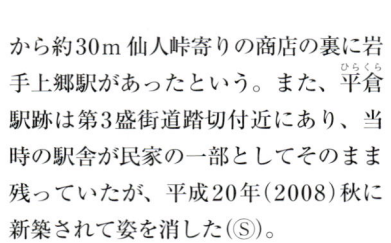

足ケ瀬駅の前後は、国道と釜石線の間に線路跡がはっきりと確認できる（Ⓣ）。また、軽便の足ケ瀬駅跡（Ⓤ）の近くには、沢の水を引いて利用した蒸気機関車の給水施設の跡がある。足ケ瀬から仙人峠にかけての区間は、早瀬川の左岸側をさかのぼり、途中で右岸に渡って仙人峠を目指していたが、砂防ダムが出来て当時の線路跡はほとん